suhrkamp taschenbuch 3333

Ödön von Horváths erstes Bühnenstück *Mord in der Mohrengasse* wirkt »wie eine Ouvertüre zum gesamten Werk« und »wie ein früher Schlüssel zum späten Werk«, schreibt Dieter Hildebrandt.

Revolte auf Côte 3018 und *Die Bergbahn* stehen am Anfang von Horváths Absicht, »so etwas wie eine Fortsetzung, Erneuerung des alten Volksstückes« zu schaffen, »in dem Probleme auf eine möglichst volkstümliche Art behandelt und gestaltet werden, Fragen des Volkes, seine einfachen Sorgen, durch die Augen des Volkes gesehen«.

In der »bitteren Komödie« *Zur schönen Aussicht* demaskiert Horváth, so Benno von Wiese, »eine morbide und entwurzelte Gesellschaft«, einen »Sumpf von Korruption und Verlogenheit«.

Mit *Rund um den Kongreß* greift Horváth das Hauptthema seines Gesamtwerks, den »gigantischen Kampf zwischen Individuum und Gesellschaft«, in Form eine Posse auf. Es ist, so Michael Glaser, »ein Blick in die Werkstatt eines geborenen Dramatikers«.

Diese Edition der Werke Ödön von Horváths trennt die Theaterstücke von den Prosawerken, ordnet die Texte dann chronologisch an, unter Beigabe der Pläne, Skizzen und Varianten. Anmerkungen zur Entstehung, Überlieferung und Textgestaltung sowie den heutigen Forschungsstand berücksichtigende Erläuterungen ergänzen jeden Band.

Ödön von Horváth, am 9. Dezember 1901 in Fiume geboren, starb am 1. Juni 1938 in Paris. Sein Werk erscheint im Suhrkamp Verlag.

Ödön von Horváth
Gesammelte Werke

Kommentierte Werkausgabe in Einzelbänden
Herausgegeben von Traugott Krischke
unter Mitarbeit von Susanna Foral-Krischke

Band 1

Ödön von Horváth
Zur schönen Aussicht und andere Stücke

Suhrkamp

Umschlagfoto:
Anna Riedl als Christine,
Bayerisches Staatsschauspiel, München 2001
Foto: Winfried Rabanus, München

suhrkamp taschenbuch 3333
Erste Auflage 2001

Druck: Nomos Verlagsgesellschaft, Baden-Baden
Printed in Germany
Umschlag nach Entwürfen von
Willy Fleckhaus und Rolf Staudt

1 2 3 4 5 6 – 06 05 04 03 02 01

Inhalt

Ein Epilog

Die Menschen: Das Mädchen und
Der junge Mann

Der Raum: Die Dämmerung

Das Mädchen und der junge Mann sehen sich an: Profil. Eine lange Stille.

DER JUNGE MANN – Wie lange ist das jetzt her?

DAS MÄDCHEN Sieben Tage. *Sie senkt den Kopf.*

DER JUNGE MANN Mit Sonnenaufgang kam dein Schreiben und sah in meine Augen auf denen tiefdunkle Schleier der Nacht rauschten. Und langsam lösten sie sich und lange glitten sie entlang an mir und leise aus weiter Ferne sah ich rufen: mich aus dir –
Es waren nur wenige Worte, – Mutter –
Es ist mir als sang ich wie morgensonnenerschaute nebelbefreite Gefilde –
Du senkst den Kopf im Glück –

DAS MÄDCHEN *hebt den Kopf und sieht ihn an:* Was ist Glück?

DER JUNGE MANN Weißt du das nicht –?

DAS MÄDCHEN Nein.

DER JUNGE MANN *mit rieselndem Lächeln:* – – Mutter –

DAS MÄDCHEN – Sieben Nächte träume ich: – laufe von unsichtbaren Feinden verfolgt durch unendliche, enge Straßengewirre. Und die Erde zittert und die himmelstrebenden Bauten werden Trümmer im Staube. Ich fühle, daß sie mich nicht zermalmen werden, denn in diesen furchtbaren Augenblicken der Verzweiflung weckt mich gellend jemand aus meinem Traum.
Dann fliehe ich nicht. Ängstige mich nicht: – bin, wie blühende Bäume in der Erde sind, und l e b e –
Und dann murmeln wieder die Zweifel und werden lauter und lauter und kreischen mich an; ob die Straßenwände mich begraben werden –?
Die Angst – –

DER JUNGE MANN Weiß deine Mutter?

DAS MÄDCHEN Alles.

DER JUNGE MANN *wendet sich ab:* – Deine Mutter haßt mich und du hast alles ihr gesagt.

DAS MÄDCHEN *verfolgt ihn mit dem Blicke und nickt: nein:* Sie fühlt es, sagt sie.

Eine lange Stille.

DER JUNGE MANN Ich glaube, wir sind –

DAS MÄDCHEN Hast du denn nie gelernt, daß wir nicht leben können, wie wir wollen? Ruhte noch nie die Hand dessen auf dir, der rücksichtslos all unsere Hoffnungen zerstört und seien sie noch so zart gewebt.

– Dämmert es endlich bei dir?

DER JUNGE MANN *tonlos:* Ja. – Es dämmert –

DAS MÄDCHEN – Manchmal fühle ich ihn –

Wenn in der Einsamkeit die Finsternis gläsern durch die Fensterscheiben stiert, höre ich ihn –

Und wenn Menschen um mich herum stehen, sehe ich ihn –: irgendwo –

Jetzt ist er wieder hier – –

DER JUNGE MANN *leise:* Wer ist das?

DAS MÄDCHEN *ebenso:* Ja: wer?

Ein Strahl der sinkenden Sonne blendet die beiden.

DER JUNGE MANN *streift sich mit der Hand über die Augen:* – – eine Erinnerung.

Ich meine es müßte ein Menschenleben vergangen sein, das alles Erlebte in einer Nacht erträumt hat –

Es war an einem Sommernachmittag als ich dich zum ersten Male sah. Der Sonne Schein hauchte dein Kleid an deine Formen. Und eine heilige Sehnsucht war in mir. Ich lief dir nach: eine Ewigkeit währende Zeit: bis vor das steinerne Haus mit dem schweren Tore aus Ebenholz.

Und stand unten und wartete – wartete.

Und stierte in ein bleiches Licht in einem Fensterrahmen, das mich zu einem andern machte, so daß ich brannte: lichterloh –

Kühl umrauschte die Dämmerung meine pochenden Schläfen. Die schweren dunklen Wolken zerfleischten sich am Himmel und heulten vor unstillbaren Schmerzen und ihr kaltes Blut schoß in meine Wangen.
Doch ich wartete und wartete und kein noch so greller Blitz und kein noch so brüllender Donner konnte mich verjagen –

DAS MÄDCHEN – Du hast mich gesehen.
Das war der Heimweg durch den uralten Wald, als wir am ersten sonnigen Frühlingstage vor die Stadt gingen.
Du schienst mich zu tragen: so wunderleicht schritt ich den Weg dahin, der wie endlos war.
– Stundenlang –

DER JUNGE MANN – Ich hörte einmal ein Märchen erzählen von einer kleinen schwarzhaarigen Prinzessin. Die war die Tochter eines steinreichen Königs, der einem Lande befahl, das eine weite Wüstenei war.
Und er liebte sein Kind so sehr, daß er es vor den Menschen behüten wollte.
»Die lügen –«, knurrte er mit lebendem Barte, wenn Mütter ihre Kinder und Männer ihre Frauen und Söhne ihre Väter beklagten.
Und ein jedesmal, wenn der erste Lichtstrahl die Nacht aus den verdorrten Geästen der schlanken Zypressen scheuchte, daß sie sich reckten und streckten, sah man viele Erhängte.
Doch der König vergaß all das, wenn er sich mit der Prinzessin zu Füßen seines purpurnen Thrones am weichen Eisbärfelle spielte.
Und da geschah es auch, daß er lachte.
Und wurde er einsam, so erkannte er: sie darf nicht erfahren, was leben ist: denn Leben ist Elend.
Und er baute ihr mit des Volkes Händen ein Schlößchen aus edelsten Steinen auf dem höchsten der hohen Glas-

bergketten. Da war alles das Kostbarste: der Boden aus Persien, das Bett aus Zedernholz vom Libanongebirge und die kleinen Pölster und Decken aus Seide aus dem Reiche der Mitte.

Da hauste sie lange Zeit.

Und obwohl sie vom Elend nie etwas hörte noch sah, war sie doch nicht glücklich. Eine Sehnsucht nach etwas Schönem lebte in ihr, das nur so lange schön war, so lange es unbekannt blieb –

DAS MÄDCHEN – Und eines klangvollen Frühmorgens kam ein Prinz weit her über das mächtige wogende Meer. Er ließ sich Schuhe mit eisernen Nägeln anfertigen, die waren so groß wie die Nase eines vertrunkenen Riesen und so scharf, wie die Zähne eines Leoparden.

Und sechsmal mußte er umkehren.

Aber zum siebten Male, nachdem er sieben Nächte und Tage geklettert war und sein Leben in höchster Gefahr schweben sah, erfaßte er den sonnenbeschienenen Gipfel.

Und trat ein in das Schloß.

Und die Prinzessin erschrak furchtbar und wurde ohnmächtig: sie hatte noch nie einen Prinzen gesehen.

Und dann, als sie die Augen in die Seinen hob, staunte sie ihn an und hatte ein Gefühl, das sich ihr bisher nur ahnend offenbarte.

Und sie glaubte, sie habe sich überessen, doch dann sah sie, daß alles unberührt in den goldenen Schüsselchen lag: der Taubenbraten, das saftige Obst und der süße Wein –

Da fühlte sie zum ersten Male, daß sie verliebt war und sie ließ den Prinzen gewähren und sie rutschten hinab an den Gebirgswänden und gingen in die weite Wüste –

Eine Stille.

DER JUNGE MANN Auch du kennst das Märchen –?

DAS MÄDCHEN –

Eine lange Stille.

Die Sonne ist untergegangen und die Nacht webt ihre Schatten um die beiden.

DER JUNGE MANN *legt seine Hände auf ihre Schultern:* Vergessen.

Die lange Nacht wird uns verbergen und wenn es Morgen geworden, erwachen wir in einer fremden Stadt.

Dort sind wir allein.

Mieten uns eine Wohnung und stellen Blumen in die kleinen Fenster –

Mädchen –: jemand ruft mich –

Eine lange Stille.

DAS MÄDCHEN Traum: Wunderbar schön gebaute Gebilde unserer Seele? Die nur in uns atmen können. An die Wirklichkeit gesetzt, verwelken sie langsam an ihr.

DER JUNGE MANN – Komm –!

DAS MÄDCHEN – Kann nicht.

DER JUNGE MANN – Deine Mutter –

DAS MÄDCHEN – Da ich nackt vor ihr stehe, muß ich sie verlassen.

DER JUNGE MANN Ich danke dir.

Eine Stille.

DAS MÄDCHEN Wenig wissen ist dumm und viel ist schädlich. Ich baute auf dich und habe mich gewehrt und doch bin ich durch den Schlamm gezogen worden. Und wurde von dem Schmutze geblendet und nun unfähig das Schöne zu erkennen.

Was ist mir das Leben?

DER JUNGE MANN Wie meinst du das –?

DAS MÄDCHEN Seitdem ich sah, daß heiligstes Glück zu widerwärtigstem Unglücke werden muß, vergaß ich das Hoffen.

Und denke an das Kind und frage dich über seine Zukunft. Meine Mutter haßt es schon in mir.

Du mußt stark sein, willst du mich nicht verlassen, denn ich wende meinen Rücken dem Lieben und dem Hassen –

Denn ich sehne mich nach Ruhe –

DER JUNGE MANN *entsetzt fragend:* – Du –?!

DAS MÄDCHEN *flehend gebietend:* Du – *Reicht ihm einen Revolver.*

DER JUNGE MANN *nimmt ihn, wie im Traume, aus der Hand.*

Eine Stille.

DER JUNGE MANN Du machst mich wieder klein –

Ich war groß und stark, da ich ein Wesen fand, das schwächer war als ich.

Laß mich helfen –

DAS MÄDCHEN *sieht ihn an und entfernt sich langsam von ihm und bleibt stehen.*

DER JUNGE MANN *hebt, wie unter Einwirkung einer fremden Macht, den Revolver und hält ihn starr auf sie gerichtet.*

Eine lange Stille.

DAS MÄDCHEN *wirft plötzlich die Arme in die Höhe und schreit gellend auf:* Nein!! *Greift sich ans Herz und wirft den Kopf zurück und bricht leblos zusammen.*

Eine große Stille.

DER JUNGE MANN *ganz leise und fast stockend:* – Das Leben – *Läßt den Revolver fallen und fährt sich mit der Hand durch das Haar und atmet tief, befreit auf.*

Es ist Nacht geworden –

Und die Bühne schließt sich.

Mord in der Mohrengasse

Schauspiel in drei Akten

Personen: Herbert Müller · Ilse Klamuschke · Mutter Klamuschke · Mathilde Klamuschke · Paul Klamuschke · Wenzel Klamuschke · Drei Dirnen · Ein Verwachsener · Die Altmodische · Ein Polizist · Ein Eisenbahner · Sein Weib · Ein Sechzehnjähriger · Simon Kohn · Zwei Polizisten · Bargäste · Ein Kommissar · Polizisten · Zwei Detektive

Erster Akt: Bürgerliches Wohnzimmer.
Zweiter Akt: Mohrengasse.
Dritter Akt: Bürgerliches Wohnzimmer.

Spielt innerhalb zwölf Stunden.

Erster Akt

Bürgerliches Wohnzimmer.
Im Hintergrunde zwei Türen: die rechts führt in ein kleines Vorzimmer und ist sie offen wird die Haustüre sichtbar. Links über einem runden Tische die Lampe. Rechts ein Fenster neben einem Sofa. An den Wänden Familienfotografien in goldenen Rahmen.
Spätnachmittag.

HERBERT MÜLLER *am Fenster, wartet; erblickt auf dem Tische einen Teller Backwerk; fixiert ihn; nähert sich ihm; lauscht – steckt sich rasch ein Stück in den Mund, kaut.*

ILSE KLAMUSCHKE *achtzehnjährig altklug; tritt durch die linke Türe ein.*

MÜLLER *schluckt.*

ILSE Sogleich kommt Mama. Sogleich.

MÜLLER *verlegen, nur um etwas zu sagen:* Ilse. Ich dachte mir eben wieder: in zwei Jahren.

ILSE *unterbricht ihn:* Man soll nie Pläne machen.

MÜLLER Man muß Pläne machen! Freilich: ob selbe Körperlichkeit annehmen steht in einem besonderen Kapitel.

ILSE *zerbeißt ein Lachen.*

MÜLLER *denkt an das Backwerk:* Warum lachst du?

ILSE Sei nicht böse, bitte. Nur: unlängst fiel mir auf wie häufig du das Wort »Kapitel« gebrauchst. Hör ich es nun, muß ich lachen.

MÜLLER *atmet unterdrückt erleichtert auf:* Folglich erscheine ich dir häufig lächerlich. Danke.

ILSE Aber!

MÜLLER *gereizt:* Folglich ist ein Kapitel für sich, daß – *Er stockt da.*

ILSE *ihn erschrocken anstarrend.*

MÜLLER *lächelt:* Hast es nicht gehört?

ILSE Was?

MÜLLER Das Wort.

ILSE Nein.

MÜLLER *innig und eitel:* Ilselein. Siehst du: Mann soll der Mann sein und die Frau überhört ihr eigenes Lachen und –

ILSE *gereizt:* Quatsch! Ich hab es doch gehört!

MÜLLER Was?

ILSE Das Wort. Wähle nun: lachen oder lügen?

MÜLLER *starrt sie an.*

MUTTER KLAMUSCHKE *tritt durch die linke Türe ein:* Es freut mich Sie endlich begrüßen zu können, Herr Müller. Meine Tochter hat mir vieles über Sie erzählt und ich habe Sie also bereits gekannt eh ich Sie sah.

MÜLLER *verbeugt sich und lächelt überlegen.*

MUTTER *setzt sich und bietet ihm Platz an.*

MÜLLER *setzt sich.*

Stille.

MUTTER Seit mein Mann starb ist es still bei uns geworden, obwohl mein Sohn mit seiner Frau zu uns zog. Sie kennen ja meinen Sohn? Früher: vom Schwimmverein. Das ist nun auch vorbei. Er ist den ganzen Tag über in der Bank beschäftigt. Wir eigentlich warten nur auf ihn.

Stille.

Ich hörte Sie arbeiten an einem wissenschaftlichen Werke –

MÜLLER Oh.

MUTTER Sie tanzen wohl gerne?

MÜLLER Manchmal. *Wichtig.* Ich behandle gegenwärtig auf Grund intuitiver Beobachtungen das Ketzer- und Hexenwesen mit besonderer Berücksichtigung der Schwangerschaft. Seit frühester Kindheit reizt mich nämlich das Verbrecherische irgendwie.

Es dämmert stark.

ILSE *dreht das Licht an.*

MUTTER *starrt ihn an.*

MÜLLER Es ist sehr interessant.

MUTTER *nickt.*

MÜLLER *weicht ihrem Blicke aus: betrachtet seine Schuhspitzen; dann die Lampe.*

MUTTER *erhebt sich:* Sie müssen mich entschuldigen. Es ist sehr interessant. Doch: wenn Ilse noch essen will bevor Sie tanzen gehen –

MÜLLER *verabschiedet sich:* Versteht sich! Dann: in einer guten Stunde hole ich Fräulein Ilse ab. Gnädigste!

ILSE *begleitet ihn ins Vorzimmer; schließt die Türe.*

MUTTER *allein; denkt nach, nickt, murmelt; setzt sich.*

MATHILDE KLAMUSCHKE *ist schwanger im siebenten Monat; tritt von linksher ein; leise:* Ist er fort?

MUTTER *erhebt sich wie geweckt:* Ja.

MATHILDE Wo nur Paul so lange bleibt?

MUTTER Monatsende, Abschluß: das gibt Arbeit. – Hast du die Kartoffeln schon geschält?

MATHILDE Alle Kartoffeln?! Ilse soll doch auch –

ILSE *ist wieder eingetreten; unterbricht sie:* Ich tu schon! Tu schon.

MATHILDE Aber nichts Richtiges! Bücher lesen und so!

ILSE Du Kuh!

MUTTER Schweigt! Der Müller hört das noch ins Treppenhaus!

Stille.

ILSE Ich zieh mich jetzt um.

MATHILDE Und ich soll die Kartoffeln schälen.

ILSE Ach, du Aschenbrödel!

MATHILDE *reißt sich die Schürze vom Leibe:* Eher verhunger ich!

ILSE Einmal geht man aus.

MUTTER Zieh dich nur um.
ILSE *ab durch die linke Türe.*
MATHILDE Was ist denn dieser Müller für ein Mensch?
MUTTER Er scheint recht klug zu sein.
MATHILDE Klüger als Ilse?
MUTTER *ruhig:* Sag: kannst du klagen, daß ich mein eigenes Kind besser behandle?
MATHILDE *boshaft:* Welches Kind?
MUTTER *starrt sie an:* Bist ein schlechter Mensch, Thilde.
MATHILDE Vielleicht bin ich einer geworden. Gewesen bin ichs nicht. Doch, wenn man sieht – und ständig diese Leichenhausmiene seit das Kind unterwegs –
MUTTER *unterbricht sie:* Das ist nicht wahr!
MATHILDE Doch, das ist wahr. Niemand kennt Rücksicht: muß genau so kochen, räumen, schuften –
MUTTER Wer übernahm die Führung meines Hauses?
MATHILDE Nie wollt ich dich verdrängen.
MUTTER Aber du hast es getan.
MATHILDE Glaub: auch ich könnt mich beklagen.
MUTTER Dann nörgle nicht! Sondern tus!
MATHILDE Nein. Es ist ja zwecklos: er ist den ganzen Tag über in der Bank – und ich hätte die Hölle.
MUTTER Die haben wir alle.
PAUL KLAMUSCHKE *tritt in Hut und Mantel verstört von rechtsher ein; läßt die Vorzimmertüre offen.*
MATHILDE Endlich! – Was ist dir denn?
PAUL *zur Mutter: leise:* Er steht drunten.
MUTTER Wer? *Begreift, verstummt; dann leise.* Hast ihn gesprochen?
PAUL *barsch:* Nein, das weißt du! – Nur gesehen: unten am Gitter. Schien zu überlegen ob er uns beehren soll.
MATHILDE Daß er immer wieder kommt!
PAUL Als hätten wir Geld! Als hätt er uns noch zuwenig bestohlen!

MATHILDE Still!

DIE DREI *lauschen.*

Stille; dann ertönt kurz die Glocke.

MUTTER Laßt mich allein.

PAUL *unterdückt:* Aber gib ihm nichts!

MUTTER *nickt nein:* Mathilde: die Kartoffeln.

MATHILDE Nein. Ich werde Wurst aufschneiden. *Ab mit*

PAUL *nach links.*

MUTTER *allein; geht langsam durch das Vorzimmer und öffnet die Haustüre.*

WENZEL KLAMUSCHKE *verwahrlost; tritt ohne Gruß an ihr vorbei in das Wohnzimmer; geht umher; bleibt manchmal vor einem Gegenstande stehen und lächelt.*

MUTTER *folgt ihm mit den Blicken:* Was willst du?

WENZEL Ja –

MUTTER Geld hab ich keins.

WENZEL *fixiert sie.*

Stille.

Schäm dich nicht.

MUTTER Meinst du ich schämte mich vor dir?

WENZEL Ach so.

Er geht wieder umher.

Vor mir darf man sich ja nicht schämen. Bin ja ein Dieb. Hab vom fremden Tellerchen gegessen. Und – Freilich, freilich. Aber dieser Tisch! Am Sonntag gab es Rostbraten mit Endiviensalat. Oder Endiviensalat mit Rostbraten. Und dann stritt man sich dort um den Eckplatz am Sofa. Einer schrie. Einer gab nach und las Lokalnachrichten: immer wieder. Jeden Tag. – Eine soll mir sogar ähnlich sehen wurde behauptet.

MUTTER Bist nur gekommen um wieder weh zu tun?

WENZEL *sachlich:* Nein. Ich wollte auch nie weh tun. Jedoch es ist mein Fehler, daß ich laut denke und tue.

Bin nämlich der verlorene Sohn, nur möcht ich wissen wer mich verloren hat.

MUTTER Wie gerne du dich reden hörst.

WENZEL Ja: wenn man unverstanden bleibt.

MUTTER Boshaft wie immer.

WENZEL Nein: dumm.

MUTTER *horcht auf.*

Stille.

Leise. Wenzel –

WENZEL *unterbricht sie:* Jetzt geh ich.

MUTTER *schlägt um:* So geh! Wir haben doch nichts miteinander gemein.

WENZEL Glaubst du?

Stille.

MUTTER Was willst du noch hier?

WENZEL *sieht um sich:* Wollte nur sehen – wie es euch geht.

Er grinst.

MUTTER *starrt ihn an:* Jetzt wird mir bange.

WENZEL *leise:* Es ist nichts geschehen. Nichts. – Ich ging nur vorbei – *Er geht an die Haustüre und öffnet sie; überlegt einen Augenblick: schlägt die Türe von innen zu und bleibt während des Folgenden im Vorzimmer stehen von Niemandem bemerkt.*

PAUL *von linksher.*

MUTTER *dumpf:* Wieder gehorcht.

PAUL Ja. Er hätte dich auch wieder schlagen – *Er stockt da.*

ILSE *in einem billigen Ballkleid eintritt; zur Mutter:* Da: bitte: den Knopf krieg ich nicht zu.

MUTTER *knöpft ihr am Rücken einen Knopf zu.*

ILSE *ruft:* Mathilde! Das Essen!

MATHILDE *tritt eben mit Schüssel und Tellern ein:* Zu Befehl, gnädiges Fräulein! Zu Befehl! *Sie deckt den Tisch.*

ALLE *setzen sich um ihn und essen.*

WENZEL *hinter der rechten Türe: sieht ihnen eine kleine Weile zu; geht dann indem er die Haustüre geräuschlos öffnet und schließt.*

DIE VIER *essen.*

Ende des ersten Aktes

Zweiter Akt

Mohrengasse.
Von links nach rechts:
Ein geschlossener Laden mit Schildaufschrift: Diamanten. Gold. Simon Kohn. Kauf. Verkauf.
Eine schmale Hoteltüre, die in einen matt erleuchteten Korridor mündet. Vor dem ersten Stocke halbkreisförmig trübelektrische Buchstaben: Hotel.
Eine Bar. Hinter der schmutzigen Fensterscheibe, auf der ein altes Plakat klebt, geigt ein Schatten. Man hört aber keine Musik.
Es ist Nacht und still.

DREI DIRNEN *zwei rechts, eine links vor dem Laden; horchen*
ERSTE Klopf nochmal.
ZWEITE *klopft an den Laden.*
EIN VERWACHSENER *tritt aus der Bar und läßt die Türe offen; gedämpft Musik:* Wie lange –
ERSTE *unterbricht ihn:* Pst! Schließ die Türe!
VERWACHSENER *schließt sie und horcht.*
Stille.
ZWEITE Niemand. Er ist nicht zuhause.
VERWACHSENER Wie lange wollt ihr noch warten? Versetzt. Ich sags.
ZWEITE *nähert sich den anderen:* Das tat er noch nie. Der alte Schuft!
DRITTE Vielleicht ist etwas geschehen.
ERSTE Was denn?
DRITTE Man kann nie wissen.
ZWEITE Pah!
Stille.

ERSTE Ich weiß nur: hab kalte Füße und kann kaum mehr stehen. Und nun kommt so nichts mehr.

VERWACHSENER *sieht auf die Uhr:* Was Richtiges sicher nicht.

ZWEITE Still! Es kommt wer.

VERWACHSENER *verschwindet in der Bar.*

DIE DREI *stellen sich bereit, verstellen die Gasse.*

DIE ALTMODISCHE *gekleidet nach der Mode vor fünfundzwanzig Jahren und dichtverschleiert; kommt von links und bleibt vor der Hoteltüre stehen.*

DIE DREI *beobachteten sie, sehen sich nun an – Eine seufzt boshaft – kichern und eilen in die Bar.*

EIN POLIZIST *erscheint rechts und sieht sich um.*

ALTMODISCHE *klebt regungslos an der Wand.*

POLIZIST *erblickt sie; hält langsam auf sie zu; leise:* Ihre Papiere. Seit wann sind Sie hier?

ALTMODISCHE *kramt geziert umständlich ihren Ausweis hervor; gefällig:* Seit heute, mein Herr.

POLIZIST *gutmütig:* Sie sollen sich aber nicht so auffallend anziehen. Das ist verboten.

ALTMODISCHE Auffallend?! Ein einfaches Straßenkleid!

POLIZIST *lächelt:* Aus Urgroßmutters Zeiten.

ALTMODISCHE Ich habe kein anderes.

POLIZIST Das gibt es doch gar nicht! *Er blickt in ihre Papiere.* Der Schein. Stimmt. *Er blättert; mechanisch.* Gestern entlassen? Aus welcher Strafanstalt?

ALTMODISCHE Sankt Lazarus.

POLIZIST *horcht auf; liest.*

ALTMODISCHE *wird unruhig.*

WENZEL *von rechts; will nach links; erblickt den Polizisten: zögert und bleibt vor dem alten Plakate am Barfenster stehen: als würd er lesen.*

POLIZIST *spricht nun noch leiser:* Also: zweiundzwanzig Jahre waren Sie dort. Und: weshalb?

ALTMODISCHE Das muß ich nicht sagen. Bin begnadigt.

POLIZIST Das tut nichts zur Sache! Ich muß wissen wen ich im Revier habe.

ALTMODISCHE *tonlos:* Aufforderung zum Mord.

POLIZIST Den Schleier. Lüften.

ALTMODISCHE *hebt ihn: ein maskenhaft leeres Antlitz umrahmen grauweiße Haare.*

POLIZIST *weicht etwas zurück; vergleicht rasch:* Es ist schon gut. Und: die Vorschrift kennen Sie ja. *Er geht an Wenzel vorbei nach rechts ab.*

WENZEL *ohne Blick für die Altmodische langsam nach links ab.*

ALTMODISCHE *allein; lehnt den Kopf an die Wand und wimmert; verstummt und horcht; rafft sich verschleiert empor.*

EIN EISENBAHNER *von linksher mit seinem*

WEIBE *leise:* Ich weiß du liebst mich nicht mehr.

EISENBAHNER *blickt nach der Altmodischen:* Quatsch doch nicht immer solch Zeug!

WEIB *dumpf:* Es ist schon so. Wirst schon sehen –

EISENBAHNER *lächelt:* Willst mich vergiften? Dummes Ding – Wart, hol nur Zigaretten. *Ab in die Bar.*

WEIB *sieht sich scheu um.*

ALTMODISCHE *glotzt sie an.*

WENZEL *kommt langsam wieder von linksher.*

WEIB *rasch an die Bartüre; will hinein, doch –*

EISENBAHNER *tritt soeben heraus; Zigarette im Mundwinkel:* Was hast du denn schon wieder?

WEIB Angst. Komm – Laß mich nur nicht allein.

EISENBAHNER Ja, wer das könnte.

WEIB Will auch nichts mehr sagen.

EISENBAHNER *gähnt:* Bin auch müde. Der ewige Dienst – *Ab mit ihr nach rechts.*

WENZEL *steht nun wieder vor dem Plakate.*

ALTMODISCHE *nähert sich ihm:* Pst! Hören Sie –

WENZEL *unterbricht sie:* Nein.

Stille.

ALTMODISCHE Wollen Sie kein liebes Frauchen?

WENZEL *schweigt.*

ALTMODISCHE *neben ihm; liest laut das Plakat:* Wohltätigkeitsfest. Unter dem Protektorate Ihrer Hoheit. Tombola und Tanzturnier. Bazar. Montag am zweiten – Das war doch schon.

WENZEL Ja.

ALTMODISCHE Und trotzdem lernen Sies auswendig?

WENZEL Ja.

ALTMODISCHE Nein. Sie schauen in den Spiegel. Das soll man nie in der Finsternis: man wird verrückt oder sieht den Satanas neben sich.

WENZEL Ich sehe Sie.

ALTMODISCHE Und ich Sie. Wir gehören zusammen.

WENZEL Jawohl.

ALTMODISCHE Also: wollen wir nichts unternehmen?

WENZEL Ich hab kein Geld.

ALTMODISCHE Ich noch weniger. Das Leben ist zu teuer für die kleinen Frauen.

WENZEL *wendet sich ihr zu:* Hören Sie: Sie werden sich doch etwas erspart haben: in zweiundzwanzig Jahren.

ALTMODISCHE *prallt zurück:* Woher wissen Sie das?

WENZEL Zufällig. Zuvor. Verzeihen Sie mir, daß ich es hörte.

ALTMODISCHE Nichts wissen Sie!

WENZEL Wieso?

ALTMODISCHE Du kannst umsonst! Wann du willst – nur wissen Sie nichts! Wissen Sie nichts!

WENZEL *lacht irr.*

EIN SECHZEHNJÄHRIGER *blaß hochaufgeschossen; erscheint links und bleibt unschlüssig stehen.*

WENZEL *zum Sechzehnjährigen:* Nach Ihnen! Umsonst –
ALTMODISCHE Bist verrückt?!
WENZEL Herr! kauen Sie nicht an den Fingernägeln! Spucken Sie aus und treten Sie näher! Es kostet nur das Zimmer!
ALTMODISCHE *zischt:* Ich bete für dich.
WENZEL Nur Wohltätigkeit! Unter meinem Protektorate!
ALTMODISCHE *zum Sechzehnjährigen:* Komm! So komm! Es ist doch umsonst! *Ab ins Hotel.*
SECHZEHNJÄHRIGER *folgt ihr verschüchtert.*
WENZEL Fahrwohl! Auch ich war ein Jüngling mit lockigem Haar. Sentimental und mit Pickeln im Gesicht. Gute alte Zeit!

Der Tisch, der Tisch – ich werde verrückt, verrückt! *Er preßt die Stirne an das Barfenster.*

Siehst du den Satanas? Nur dich selbst! Kein Teufel, da kein lieber Gott! Nur zwei Augen, Nase, Mund, eine Stirne, niemals zwei, ein Hut um sechsfünfzig und die Gnade nur selten von der Wahrheit besucht zu werden. Das ist alles. Oder nichts. Bist erkannt du Dreck! Erkannt! – Doch ich will nicht mit Trauerfahnen jubilieren.

Ein Hotelfenster wird hell.

Sieht empor. Hm. Jetzt betritt er das Zimmer. Kostet zwei Mark. Teuer. Und billig. Jetzt zieht sie den Vorhang vor – bald leckt das Mysterium hündisch vier Sohlen. Und unerschöpflich strömt die Latrine der Ewigkeit über die Planetensysteme. Wir sind der Dung. Wie seelisch unser Tun blüht! *Er lächelt irr; starrt dann vor sich hin.* Alles ist hohl und leer. Die Häuser riechen nach Leichen und Sauerkraut. Man sollte sich selber erbrechen können. – Alles ist tot.

Stille; dann geht er langsam an den Laden und liest. Diamanten. Gold. Kauf. Verkauf. Simon Kohn – Kennt ihr Simon Kohn? Der tat nur kaufen und verkaufen: Splitter und Staub aus Afrika. Und tat es unters Kopfkissen und überall glitzerte das Falsche. Die Imitation – *Er spricht unterdrückt in den Laden hinein.* Herr Kohn. Lassen Sie mit sich reden. Ruhig reden. Ich irrte. Reden, Herr Kohn! Wollte ja alles anders, immer alles anders! Wollte doch nur einbrechen, den Schmuck stehlen, ich schwöre: wollte nur stehlen! Hören Sie mich? Stehen Sie doch wieder auf, liegen ja unterm Pult! Setzen Sie sich wieder! Und nehmen Sie Stock und Hut! Stehen Sie auf, auf – *Er trommelt an den Laden.*

SIMON KOHN *mit Hut und Rohrstöckchen; erscheint links und tippt mit dem Stöckchen auf Wenzels Schulter.*

WENZEL *fährt um:* Herr Kohn!

KOHN Leise, junger Mann, leise. Wir vertragen den Lärm nicht. – Sie haben sich geirrt? Haben die Imitation mitgenommen?

WENZEL *reicht ihm ein Schmuckkassettchen:* Hier –

KOHN *unbeweglich:* Sie wollen mir den Schmuck zurückbringen?

WENZEL Nehmen Sie! Nehmen Sie!

KOHN Die Imitation? Sie schlugen um den echten zu und wollen es mit dem falschen wieder ungeschehen machen? Hihihi.

WENZEL Sie sind ja wieder –

KOHN *unterbricht ihn:* Immer! Und überall! Hier, im Bett, am Tisch – aber auch: unterm Pult! Ich schlürfe durch die Lüfte, obs windstill ist oder braust, und bade mitten im Meere. Und bin dabei doch unterm Pult!

WENZEL Herr Kohn: verflucht sei das Weibsbild.

KOHN *unterbricht ihn:* Das interessiert mich nicht!

WENZEL Aber mich! Denn sie war es, die mich tun ließ, was sie nie getan hätte. Nie tun wollte: wie ich! Und doppelt büß ich, da ich weder bereuen kann, weil ich nichts zu bereuen habe, noch Opfer bin, da Jene für die ich mich opfere selbst geopfert werden. Sie liebt mich nämlich.

KOHN *lächelt:* Was Sie nicht sagen.

WENZEL Es ist nur die Reihenfolge. Sehe so klar, daß mir die Sprache schwindet – Lachen Sie nur, lachen Sie! Wenn man nur lieben könnte! Irgendetwas. Fratzen! Masken! Orchester ohne Ton! Unecht wie Ihr Schmuck!

KOHN *todernst:* Nur, daß Simon Kohn unterm Pulte liegt bleibt echt. Sehen Sie: wies klafft? Echt. *Er lüftet den Hut.*

WENZEL *starrt ihn an:* Schlagen Sie zu Simon Kohn.

KOHN *hebt langsam das Stöckchen:* Echt! Echt! – Haben Sie Angst? Hihihi! *Er läßt das Stöckchen sinken und sticht schäkernd nach ihm.* Angst hat er! Angst! Um den Trug! um das Hohle! um den Dung! um die Nase! die Augen – Hihihi! die Kreatur! Soll ich die Polizei holen? Hihihi – Reihenfolge, junger Mann! Mein Kamel ist bereits durchs Nadelöhr – Hihihi! die Kreatur! *Er verschwindet.*

ZWEI POLIZISTEN *erscheinen rechts; wechseln unhörbar Worte; halten auf Wenzel zu.*

ERSTER Können Sie sich ausweisen?

Im Hotelzimmer erlischt das Licht.

DIE ZWEI *sehen empor.*

WENZEL Ich stehe nur so hier. Nur so.

ERSTER Was taten Sie hier am Laden: zuvor?

WENZEL Nichts.

ZWEITER Aber wir haben beobachtet – *Er stockt, da eben*

DER SECHZEHNJÄHRIGE *aus dem Hotel tritt; rasch ab nach rechts.*

ALTMODISCHE *aus dem Hotel; erblickt die Polizisten; erschrickt; will zurück.*

ERSTER Halt! Sie bleiben!

ZWEITER Sie haben Jugendliche angelockt!

WENZEL *ab nach links.*

ALTMODISCHE *in größter Angst:* Ich habe niemanden angelockt!

ZWEITER *lacht.*

ERSTER Schreien Sie nicht! Kommen Sie! Gehen wir!

ALTMODISCHE Nein!!

ERSTER *ergreift ihren Arm:* Nein? Was erlauben Sie sich?!

ALTMODISCHE *schreit:* Ihr sollt mich nicht wieder! Laßt mich doch, laßt –

ALLE GÄSTE *treten auf den Lärm hin aus der Bar.*

ZWEITER Halten Sie Ihr Maul!

ALTMODISCHE Zweiundzwanzig Jahre! Ihr habt mich schon einmal begraben! Zweiundzwanzig, zweiundzwanzig! *Sie schlägt um sich, verliert Hut und Schleier.*

ALLE *weichen etwas zurück.*

ZWEITER Das ist Widerstand!

ALTMODISCHE Begrabt mich! Verscharrt mich!

ZWEITER *führt sie nach rechts ab.*

EINIGE *folgen den beiden.*

ERSTE DIRNE Immer das gleiche: Kleine hängen, Große –

POLIZIST *unterbricht sie:* Das verbiet ich mir! Wir tun unsere Pflicht!

ALLE *murmeln.*

DRITTE DIRNE Dann schauen Sie mal nach: da drüben: beim Kohn.

Stille.

POLIZIST Was wollen Sie damit sagen?

VERWACHSENER *zur Dritten; gereizt:* Was weißt denn du?

DRITTE Nichts! Aber er hat uns noch nie versetzt. Klopft man gibt er keine Antwort. Und er ist doch immer zuhause.

POLIZIST *tritt an den Laden.*

Ein leiser Wind hebt an.

VERWACHSENER Das kommt über uns.

POLIZIST *klopft an den Laden.*

ALLE *horchen.*

Stille.

POLIZIST *zur Dritten; leise:* Wo ist denn der Eingang?

DRITTE Hinten: um die Ecke.

POLIZIST *ab.*

VERWACHSENER Aas! Mußt quatschen!

DRITTE Es ist doch etwas geschehen!

VERWACHSENER Eben deshalb!

Eine Türe wird eingedrückt.

ALLE *lauschen.*

VERWACHSENER *zur Dritten:* Komm!

POLIZIST *kommt wieder; bleich, ernst; zur Dritten:* Halt! Was wissen Sie über den Fall?

DRITTE Über welchen Fall?

POLIZIST Sie sagten doch – *Er pfeift Alarm.*

ALLE *ziehen sich etwas zurück.*

DRITTE *will sich unauffällig entfernen.*

POLIZIST Sie bleiben!

VERWACHSENER *zur Dritten:* Hörst es?

POLIZIST *zum Verwachsenen:* Und Sie auch. *Er pfeift nochmals.*

DRITTE Was ist denn geschehen?!

POLIZIST Mord.

POLIZISTEN *darunter*

EIN KOMMISSAR *eilen herbei.*

POLIZIST *berichtet unhörbar dem Kommissar.*

VERWACHSENER *horcht.*

KOMMISSAR *zum Polizisten indem er die Dritte und den Verwachsenen fixiert:* Also: das Schloß war beschädigt? Und ausgekannt muß er sich haben – Sie warten hier! *Er begibt sich mit einem Polizisten um die Ecke in den Laden.*

ZWEITE DIRNE *zum Polizisten:* Herr, jetzt fällt mir ein: sah hier einen herumlungern –

POLIZIST Richtig! *Er sieht sich forschend um.* Nicht mehr da.

Im Laden wird das Licht angezündet.

ALLE *treten hin und spähen durch Ritzen hinein, murmeln; verstummen.*

Totenstille.

SIMON KOHN *kommt langsam von links; unterdrückt zum Polizisten:* Sehen Sie nicht hin! Er sieht her. Dort drüben: unterm Haustor. Dort steht einer –

POLIZIST *schielt vorsichtig nach links:* Aha. *Er winkt unauffällig einem*

POLIZISTEN *und eilt mit ihm plötzlich nach links ab.*

Man hört »Halt!« rufen.

ALLE *starren nach der Richtung.*

Man hört Laufen und Rufen; dann wie einer stolpert, zur Erde sinkt und festgehalten wird. – Das Licht im Laden erlischt.

Ende des zweiten Aktes

Dritter Akt

Das bürgerliche Wohnzimmer.
Die Türe rechts ist geöffnet.
Sturmnacht.

ILSE *tritt durch die Haustüre ein und wendet sich auf der Schwelle*

MÜLLER *zu, der im erleuchteten Treppenhause steht.*

ILSE *leise:* Daß du mich bis herauf begleitest war doch unnötig. Geh nun bitte.

MÜLLER *leise:* Wann sehen wir uns wieder?

ILSE Ich dachte du wolltest mich nicht mehr sehen.

MÜLLER Quatsch! Wenn du –

ILSE Schrei doch nicht so! *Sie lauscht in die Wohnung; der Wind wimmert; dumpf.* Einmal geht man aus.

MÜLLER Ilse. Vergib, wenn ich grob und ungeduldig war. Aber deine Ansichten –

ILSE *unterbricht ihn:* Ich habe ja gar keine Ansichten.

MÜLLER Du hast sogar vortreffliche, jedoch auch –

ILSE *unterbricht ihn wieder:* Jetzt schweig endlich! Und geh, geh –

MÜLLER Nein.

ILSE Ich schließ die Türe.

MÜLLER *stemmt sich dagegen.*

ILSE Ich schrei.

MÜLLER *ergreift ihr Handgelenk:* Schrei.

ILSE Herbert laß mich, au! Tust weh! Bitte, ich –

MÜLLER *trat ein; schließt die Türe, Finsternis; umarmt sie.*

ILSE Nein! Nicht –

Stille.

ILSE *atemlos:* Jetzt geh. Bitte.

MÜLLER Nur zwei Minuten. Alles schläft. Niemand kommt.

ILSE Das kann niemand wissen, du –

Stille;

unten schlägt der Wind eine Türe zu.

MÜLLER Du. Heut Abend. Ich fühle so, wenn wir uns quälen: haben eine Seele –

ILSE Nimm die Hand fort, nicht – oh!

Die Hausglocke ertönt.

DIE ZWEI *fahren auseinander.*

ILSE *schreit unterdrückt auf:* Jesus Maria!

MÜLLER Vielleicht ein Telegramm.

ILSE Wir bekommen nie ein Telegramm. Still, geh – es ist wer im Zimmer!

In der Ecke links im Hintergrunde fällt ein Stuhl um; jemand röchelt; es läutet nochmal: kräftiger.

MÜLLER *öffnet rasch die Haustüre und prallt zurück. Draußen stehen der Kommissar und zwei Detektive.*

PAUL *tritt verschlafen in Hemd und Hose durch die linke Türe ein.*

KOMMISSAR *zu Müller:* Sie bleiben!

MÜLLER Aber –

KOMMISSAR *drängt ihn zurück:* Kein aber! Licht!

PAUL *dreht das Licht im Vorzimmer an.*

DIE ANDEREN *erblicken ihn.*

KOMMISSAR Polizei. Wer ist Herr Paul Klamuschke?

PAUL Ich.

MÜLLER *zu Paul:* Hatte Fräulein Ilse nur nachhause begleitet.

KOMMISSAR *grinst; zu Müller:* Sie heißen?

MÜLLER Herbert Müller. Student.

PAUL *begreift nicht:* Ja: aber was soll das?

KOMMISSAR Wir suchen Ihren Bruder.

PAUL Herr, ich habe keinen Bruder!

KOMMISSAR Das sind doch nur Wörter!

PAUL Es sind nicht nur Wörter! Doch bleiben wir sachlich.

KOMMISSAR Gut! Wenzel Klamuschke steht im Verdachte einen Raubmord verbrochen zu haben. Sie hatten ihn bereits gefaßt, aber er entkam den beiden Agenten.

MATHILDE *erscheint in der Türe links.*

KOMMISSAR Sie verstehen: unsere Pflicht ist nachforschen. Überall. Also auch hier.

PAUL Bitte. *Er dreht das Licht im Wohnzimmer an: in der Ecke links im Hintergrunde mit Hosenträgern an einem Haken erhängt Wenzels Leichnam; am Boden ein umgeworfener Stuhl.*

MATHILDE *gellend:* Herrgott!

ALLE *starr – dann schneiden die beiden*

DETEKTIVE *die Leiche ab und betten sie auf das Sofa.*

KOMMISSAR Da: Wenzel Klamuschke.

ILSE *zu Müller:* Das halt ich nicht aus! Er sah mich an, komm!

EIN POLIZIST *hünenhaft; erscheint in der Haustüre.*

KOMMISSAR Niemand verläßt die Wohnung!

MATHILDE *ist anderswo; tonlos:* Er kommt wieder, er kommt wieder –

PAUL Thilde!

EIN DETEKTIV *hat die Leiche untersucht:* Tot.

KOMMISSAR Verständigen Sie 57 8 12. Rasch!

DETEKTIV *ab.*

KOMMISSAR *zu Paul:* Sie wußten, daß er hier war.

PAUL Nein.

KOMMISSAR Wer öffnete dann?

PAUL *zuckt die Achseln.*

KOMMISSAR Es riecht nach Mitwissen. Wir führen strenge Untersuchung. Der Tod des Täters kann keinen Beteiligten begnadigen.

MATHILDE Daß immer so viele mitgestraft werden –

KOMMISSAR Nur die Schuldigen!

PAUL *grinst.*

MÜLLER Herr Kommissar, darf ich nun gehen? Hatte ja Fräulein Klamuschke nur nachhause begleitet.

KOMMISSAR Nein. Muß erst sehen – *Er denkt nach; notiert.*

MUTTER *erscheint in der Türe links: erblickt Wenzel; nickt und starrt vor sich hin.*

PAUL *zum Kommissar:* Meine Mutter.

Stille.

KOMMISSAR *zur Mutter; leise:* Sie ließen ihn ein.

MUTTER *als müsse sie sich besinnen:* Ja: konnte nicht einschlafen. Hörte läuten. Immer läuten. Viele, viele Glocken: als wären Dämme durchbrochen oder Feuer – und er sagte die Nacht sei neblig und kalt und ob er am Sofa da schlafen dürfe.

KOMMISSAR Wissen Sie etwas –

MUTTER *unterbricht ihn:* Man kann alles wissen. Hat zwar Augen, Ohren, Kopf, Herz – kann aber alles wissen. *Sie lächelt irr.*

MATHILDE Mutter, hast du den Verstand verloren?!

MUTTER *lacht:* Aber Thilde! *Sie erblickt wieder Wenzel: ernst, leise.* Er rührt sich nicht, rührt sich gar nicht – sagt mir: ist er tot?!

Stille.

Sagt mirs doch. Bitte –

KOMMISSAR Er hat sich selbst gerichtet.

MUTTER *langsam:* Sich selbst – freilich: man kann tun was man will. Hat Arme, Beine, Kopf – kann tun was man will. *Zum Kommissar.* Sehen Sie das Sofa? Es lehnt noch an derselben Wand. Still! Treten Sie beiseite: die Nebel ballen sich im All. Bitte beiseite: er will ja auf mich zu. Es ist erst März, doch der Sturm schlägt die

Türen zu und hier innen wirds wohlig und warm. Wird schon werden. Seine Brust wölbt sich mir entgegen, doch sehen Sie: die Fotografie: seine Mutter, dort im Rahmen! Hängt über uns und lächelt, daß man das Zahnfleisch sieht – Hilfe! Hilfe! Das Gesetz! – er will es Ilse oder Wenzel taufen. Hören Sie das Sofa knarren? Es kommt über mich: weicher als mein Bett! *Sie wimmert.*

KOMMISSAR *verbeugt sich vor Paul: will ab.*

MUTTER Halt! Hören Sie Herr Polizei! Ich wußte es: alles. Versprechen Sie mir: lassen Sie ihn nie mehr los! Riegeln Sie fest zu! Er kann nämlich nicht anders. Ist verflucht –

KOMMISSAR *geht mit der Polizei, indem er*

MÜLLER *winkt, der sich ebenfalls entfernen will.*

MUTTER Guten Tag, Herr Müller!

MÜLLER *stutzt; verbeugt sich verlegen; rasch ab.*

Stille.

MUTTER *lächelt:* Jetzt kommt der Prozeß.

MATHILDE Mutter!

MUTTER Bin nicht deine Mutter!

PAUL *zur Mutter:* Beruhige dich.

MUTTER Schweig! Hast nicht mitzureden! Wer mein Kind verleumdete soll das Maul halten! Es ist nicht wahr, daß er den Kanari damals verbrannte! Nicht wahr, Ilse, du weißt es?

PAUL Fragst du die, deren Ring er stahl?

MATHILDE Paul! Denk an mich!

MUTTER *schrill:* Ilse wars! Ilse!

ILSE Lüge!

MUTTER Dann war es Paul!

PAUL Meinst vielleicht auch: ich morde?

MUTTER Dir trau ichs zu!

PAUL *grinst:* Ihm freilich nicht!

MATHILDE Still, es liegt ja ein Toter im Zimmer –

ILSE Sie ist verrückt.

MUTTER Wer: sie? Beschimpft ihr mich wieder? Immer wieder! Hinaus aus meiner Wohnung! Hinaus mit euch, ihr Pack! Hinaus!

Stille.

Weinerlich. Gott, jetzt vergaß ichs wieder: hab ja keine Wohnung mehr. Alles wurd mir genommen – Kinder, meine Kinder, warum folgt ihr mir nie? Wenn der Vater nur noch lebte –

PAUL Wär es anders gekommen.

MUTTER *schlägt plötzlich um:* Ja: Du hättest kuschen müssen!

PAUL Und du auch.

MUTTER Lüg doch nicht immer! Was weißt denn schon du?

PAUL Nur was ich sah.

MUTTER Was du nicht sahst, darauf kommt es an. Weißt du denn wie er war, da du noch nicht warst? Weißt du, wir haben uns oft im Café getroffen. Man soll gar nicht darüber reden – du hättest ihn nicht wiedererkannt: er hat mich auf Händen getragen. Jaja, Vater war ein kräftiger Mann. Aber seit er damals so über Nacht alles verlor – da mußt ich ihn tragen. Hab schon viel getragen. Zuviel. Hab euch getragen, zuerst im Bauch, dann am Buckel – doch bevor ich zusammenbreche, werf ich euch ab! Hört ihr? Ab! Will keine Kinder, bin keine Mutter! Will frei sein! Werf euch ab! Ilse, nimm den Finger aus der Nase! Und – wenn er, dieser Klamuschke kommt, so sagt ihm, ich, das Fräulein, bin bereits im Unterholz und will in den windstillen Wald. *Sie verbeugt sich.* Empfehle mich, meine Herrschaften! Ihr Hunde! Brüllt, flennt, heult – ich höre nichts! Nichts! Glotzt doch nicht so dämlich! *Ab durch die linke Türe.*

MATHILDE *setzt sich.*

ILSE *hält plötzlich auf die Haustüre zu.*

PAUL Wohin?

ILSE Fort.

PAUL Zum Müller?

ILSE *schweigt, lauert.*

PAUL Hast recht.

ILSE *ab.*

Stille.

MATHILDE Es gibt keine Gerechtigkeit.

PAUL Wie gerne du dich quälst.

MATHILDE Ich weiß, daß du unempfindlich bist.

PAUL Was heißt das?

MATHILDE *verwirrt:* Gott, was hab ich nur wieder gesagt?! Paul! Es ist zu furchtbar, Alles! Wollte ja etwas anderes –

PAUL *unterbricht sie:* Nein. Das wolltest du nicht.

MATHILDE Schweig! Sonst seh ich es noch ein! Oh, was soll man denn nur tun?

PAUL Auf den Arzt warten.

MATHILDE *weint:* Himmel –

PAUL Laß das! Der liebe Gott spielt Skat im himmlischen Bilderbuch und hört uns nicht, wenn es überhaupt so etwas gibt!

MATHILDE Ich bin aus anderem Holz. Spürs, wenn man mich schlägt.

PAUL Ich auch. Aber das Martyrium reizt mich nicht. Ich weiß: manchmal hassest du mich, genau wie sie, weil ich aus dem Unabänderlichen nie mein Gefühlskapital erhöhe. Doch ich leide weder wegen gleicher Eltern noch laß ich mich für fremde Taten bestrafen.

MATHILDE Aber das ist ja gar nicht wahr!

PAUL Es m u ß wahr sein! Sonst gehen wir unter.

Der Morgen graut.

MATHILDE *setzt sich.*

PAUL *tritt ans Fenster.*

MATHILDE *sieht nach dem Fenster, nach Paul; fröstelt:* Ein neuer Tag. Mich friert.

PAUL Mich auch.

Stille.

MATHILDE Wir müssen uns anziehen.

PAUL Oder ins Bett legen.

Stille.

MATHILDE *starrt auf Wenzel; dumpf vor sich hin:* Er kommt wieder, er kommt wieder – *Sie sieht sich scheu um und lauscht; springt dann plötzlich empor und eilt wimmernd auf Paul zu.* Du, ich hab solche Angst: um das, das kommen wird –

PAUL *schließt sie in seine Arme.*

Ende des dritten und letzten Aktes

Revolte auf Côte 3018

Volksstück in vier Akten

Personen: Karl · Schulz · Veronika · Xaver · Sliwinski · Reiter · Moser · Oberle · Maurer · Hannes · Simon · Ingenieur · Aufsichtsrat

Schauplatz: Hochgebirge

Erster Akt: Côte 2735.
Zweiter Akt: Côte 2735.
Dritter Akt: Unterhalb Côte 3018. – Côte 2876.
Vierter Akt: Côte 3018. – Côte 2735. – Schneesturm.

Zeit: Vierundzwanzig Stunden

Randbemerkung: Dialekt ist mehr als ein philologisches, ein psychologisches Problem. Verfasser befolgte im Folgenden weder philologische Gesetze, noch hat er einen Dialekt (hier Dialekte des ostalpenländischen Proletariats) schematisch stilisiert, sondern er versuchte Dialekt als Charaktereigenschaft der Umwelt, des Individuums, oder auch nur einer Situation, zu gestalten.

Erster Akt

Côte 2735.

Breiter Gratrücken. Gletscher ringsum. Rechts Arbeiterbaracke Nummer vier der Bergbahn A. G. Links Quelle und primitive Bank. An einer Leine hängt bunt geflickte Wäsche. Spätnachmittag.
Herbst. Windstill.

VERONIKAS STIMME *tönt aus der Baracke; sie singt vor sich hin.*

KARL *tritt aus der Baracke mit zwei Eimern, die er an der Quelle füllt, streckt sich, gähnt; horcht auf, grinst, pfeift Veronikas Melodie mit und verschwindet wieder in der Baracke.*

SCHULZ *ein blasses, schmales Kerlchen mit Sommersprossen, steigt aus dem Tal empor; sieht sich forschend um: niemand – Er lauscht Veronikas Gesang; Karl pfeift; plötzlich verstummt alles; Stille.*

VERONIKA *lacht hellauf und stürzt aus der Baracke, hält in der Türe:* Ausgrutscht! Ausgrutscht! – Du bist mir so aner, so von hinten – so a ganz Rabiater – *Sie erblickt Schulz, schrickt etwas zusammen; mustert ihn mißtrauisch.*

SCHULZ *verbeugt sich leicht; er lispelt ein wenig:* Guten Tag! Verzeihen Sie, Fräulein: dies hier, dies gehört doch zum Bergbahnbau?

VERONIKA Ja.

SCHULZ Dies ist doch Baracke Nummer vier?

VERONIKA Ja. *Ab in die Baracke.*

SCHULZ *allein:* Hm. *Er lauscht.*
Stille.

KARL *tritt aus der Baracke mit einem hölzernen Traggestell:* Wer san denn Sie?

SCHULZ Mein Name ist Schulz, Max Schulz.

KARL Was wollns denn da?

SCHULZ Ich möchte den Herrn Ingenieur sprechen.

KARL Der is jetzt net hier.

SCHULZ Ich habe gehört, hier würden noch Leute eingestellt werden.

KARL Suchens Arbeit?

SCHULZ Ja.

KARL *schnallt sich das Gestell auf den Buckel:* So? Drum.

SCHULZ *lächelt verlegen:* Eben.

VERONIKA *erscheint in der Türe.*

SCHULZ *zu Karl:* Wann kommt der Ingenieur?

VERONIKA Nit vor der Nacht. *Nähert sich Karl.* Mußt scho nunter? Wieder nunter? Du trauriger Bua –

KARL Tu nur net so! So scheinheili! – Alsdann, was brauchst? A Mehl, dreißig Pfund und a Marmelad.

VERONIKA Und an Schnaps.

KARL Und an Schnaps. – Und?

VERONIKA Sonst nix.

KARL Nix?

VERONIKA Nix. Nix vo dir.

Stille.

KARL Jetzt glaub ichs, was d'Leut im Dorf redn. Es is scho wahr: dei Mutter hatn mitn Teufl paktiert, an Vater hat ja no kaner gsehn!

VERONIKA Schweig!

KARL Du bringst bloß Unglück.

VERONIKA *lacht.*

KARL Wie die lacht! Wie die lacht! Herrgottsakra! Das Fleisch! Du bist scho des best Fleisch im Land, auf und nieder. Di hat net unser Herrgott gformt, den Arsch hat der Satan baut! – Adies, Höllenbrut! *Er steigt rasch ab.*

Stille.

VERONIKA *fixiert Schulz; etwas spöttisch:* Was wollens denn vom Ingineur?

SCHULZ Ich habe gehört, hier würden noch Leute eingestellt werden.

VERONIKA *äfft ihm nach:* So? Das habe ich nicht gehört. *Ab in die Baracke.*

SCHULZ *wieder allein:* Hm. *Er setzt sich auf die Bank.*

Stille.

XAVER, SLIWINSKI, REITER *kommen von der Arbeit mit Spaten, Hacken usw. – Xaver und Sliwinski ab in die Baracke.*

REITER *bleibt vor Schulz stehen und betrachtet ihn:* Wer bist denn du?

SCHULZ Ich habe gehört, hier würden noch Leute eingestellt werden.

REITER *lacht leise, kurz:* So? Wo hast denn des ghört?

SCHULZ In, in – ich weiß nicht, ob es stimmt.

REITER Des stimmt net. Aber scho gar net. *Er folgt Xaver und Sliwinski.*

Stille.

VERONIKA *tritt mit einer Schüssel Kartoffel und einigen rohen Koteletts an die Quelle:* Jetzt hockt der no allweil da!

SCHULZ Ja.

Schweigen.

SCHULZ Eßt ihr hier alle Tage Fleisch?

VERONIKA Ah! Die Schnitzl da san für an hohn Herrn, an Direktor aus Linz. Der is d'Bergluft nit gwohnt, drum muß er fest essn – was schauns mi denn so an?

SCHULZ Ich dachte nur nach, wann ich das letztemal Fleisch –

VERONIKA Was für Fleisch?

SCHULZ Fleisch –

VERONIKA Aso!

Schweigen.

Jaja, Kind Gotts.

SCHULZ Wenn es einem jeden Kinde Gottes so schäbig ergeht – Richtig! Einen haben sie ja ans Kreuz genagelt, richtig. Man vergißt es schon.

VERONIKA *wendet sich ihm zu:* Um Gotts willn! Mensch, was habens denn?! Sie san ja ganz gelb, als warens tot!

SCHULZ Mir ist es nur plötzlich so schwindlig – es wankte das Panorama, als wären Himmel und Hölle besoffen. Das dürfte wohl auch die Luft gewesen sein, die Bergluft, die eben nicht jeder gewohnt ist. Fest essen, fest essen.

VERONIKA *setzt sich neben ihn und schält die Kartoffel:* Woher kommens denn?

SCHULZ Von unten.

VERONIKA Na, i mein: woher? Aus welcher Stadt? Sie san do aus der Stadt, Sie redn ja so.

SCHULZ Ich bin aus Stettin.

VERONIKA Stettin?

SCHULZ Stettin liegt am Meer.

VERONIKA Am Meer? Am richtign Meer?

SCHULZ *lächelt:* Am richtigen.

Schweigen.

VERONIKA San Sie schon mal durch Berlin kommen?

SCHULZ Oft.

VERONIKA I, wenn i Sie war, i war nie fort von dort!

SCHULZ Es gibt dort zu viele ohne Arbeit.

VERONIKA I glaub allweil, Sie habn no net viel gearbeitet.

SCHULZ Wieso?

VERONIKA Die feinen Händ! Wie ane Hebamm. Da, schauns meine an: kochn, waschn, scheuern – da platzens und werdn rot, wie der Krebs.

SCHULZ Die müssen Sie einfetten und fleißig baden. In

heißem Wasser. Dann wird die Haut wieder sammetweich und elfenbeinern. Am besten: Sie nehmen die Salbe von Meyer et Vogel in der blauen Tube.

VERONIKA Woher wissens denn all des?

SCHULZ Eigentlich bin ich Friseur.

VERONIKA Drum, diese Händ!

SCHULZ Ich habe schon viele hundert Frauenhände behandelt.

VERONIKA Geh hörens auf!

SCHULZ Jawohl! Dazumal, als ich in Warnemünde über die Sommersaison arbeitete: im ersten Haus am Platze! Tipp-topp! Fräulein, das war mein goldenes Zeitalter! Ich war, sozusagen, Intimus der Damenwelt. Da war eine Frau Major, die vertraute mir – alles an!

VERONIKA Da habens freili viel ghört und gsehn. Danebn is unserans a neugeborens Kalb.

SCHULZ Ich schätze naive Frauen. Nur zu rasch übersättigen einen die Raffinierten.

VERONIKA Wir haben hier auch an, der scho weit in der Welt rumkommen is. Der alt Oberle, der war kriegsgfangen, in der Mongolei, ganz hint. Bei den Gelbn, Schlitzäugigen und Juden. In Asien. – Waren Sie scho in Asien?

SCHULZ Nein. Noch nicht.

VERONIKA So sieht halt jeder was andres.

SCHULZ Durch unseren Beruf bekommt man automatisch Einblick in manch Geheimnisse des weiblichen Wesens. Man enträtselt allmählich die Sphinx. *Er hustet stark.*

VERONIKA *klopft ihm auf den Rücken:* Hoppla! Sie solltn nit so viel redn. Die Bergluft –

SCHULZ Ich bin Ihnen dankbar, sehr dankbar, daß Sie mit mir reden. Ich habe nun fünf Tage lang kaum geredet. Da verlernt man selbst die Muttersprache. Man ist überrascht von der eigenen Stimme, wie der Dichter sagt. *Er hustet wieder.*

VERONIKA *ließ ihre Hand auf seinem Rücken; befühlt nun seine Schultern, Arme –:* Hörens: i glaub kaum, daß Sie hier mitarbeitn werdn: Sie san zu schwach.

SCHULZ Meinen Sie?

VERONIKA Wie der guckn kann! Direkt spaßig!

SCHULZ Sie lachen so schön –

VERONIKA Sie san a komischer Mensch!

SCHULZ Gestatten: mein Name ist Schulz. Max Schulz. Und Sie?

VERONIKA Vroni.

SCHULZ Das soll wohl Veronika sein?

VERONIKA Ja.

Schweigen.

Habens scho viele rasiert?

SCHULZ Rasiert, frisiert, onduliert –

VERONIKA ›Onduliert‹?

SCHULZ Das läßt sich nicht so einfach erklären.

Schweigen.

Die Sonne ist untergegangen. Rot färben sich die Felsen, stahlblau die Gletscher. Ein leiser Wind weht: die Wäsche an der Leine bewegt sich. Rasch wird es Nacht.

VERONIKA Die Friseur san alle gscheite Leut. Friseur und Dokter. Die kennts kaum ausanand. – Sans verruckt?

SCHULZ *riß sie an sich:* Was bin ich? Schwach?

VERONIKA Lassens! Nit! Ni –

SCHULZ *küßt sie.*

MOSER *stürzt hinter der Wäsche hervor.*

VERONIKA Jesus Maria!!

MOSER I habs gsehn! Lüg net! Du Fetzn!

OBERLE, MAURER, HANNES, SIMON *folgen Moser.*

REITER, XAVER, SLIWINSKI *eilen aus der Baracke.*

VERONIKA I lüg nit, Moser!

MOSER I habs scho vo drobn gsehn, wie ihr beieinanderhockt! Und jetzt!

VERONIKA Der hat mi überfalln! Meuchlerisch, heimtückisch! I hab bloß gredt, und da hat er mi packt.

MOSER *fixiert Schulz.*

SCHULZ *weicht zurück.*

VERONIKA *flüchtet in die Baracke.*

MOSER *drängt Schulz an die Wand, breitspurig:* Wer bist denn du, ha?

SCHULZ Ich habe gehört, hier würden noch Leute eingestellt werden.

MOSER *gibt ihm eine schallende Ohrfeige.*

EINZELNE *lachen halblaut.*

OBERLE Moser!

MOSER Schweig! So a Krüppl ghört zu Mus getretn! *Er schlägt ihm mit der Faust ins Antlitz.* Spürst was, Bürscherl? – Der lacht! Wart! Da!

OBERLE Schlag do kan Krüppl!

MOSER Halts Maul, damischer Wanderapostl! Predig in der Höll! I glaub and Faust! Da, du Lump! Und da!

SCHULZ *brüllt plötzlich los:* Au! Au! Ich habe ja nichts – Au!!

MOSER Nix?! So is des a nix! Spürst des ›nix‹?! *Er schlägt tobend auf ihn ein; immer ins Gesicht.*

ALLE *außer Oberle, haben sich in die Baracke zurückgezogen.*

SCHULZ *wimmert blutüberströmt und bricht bewußtlos an der Wand zusammen.*

MOSER So. Der langt jetzt kaner mehr an den Bart. – Aber heiß werd an bei dem Geschäft. Heiß! *Er tritt an die Quelle und sauft.*

OBERLE *beugt sich zu Schulz nieder.*

MOSER Oberle! Dokter, was macht unser Patient? Fühl den Puls, ob er si bschissn hat! Er stinkt so! Ganz sakrisch!

OBERLE Halts Maul! – Moser, du kenntest an Menschn niederschlage, als wars an Ochs.

MOSER *lacht kurz:* Vieher san wir alle. I, er und du a. *Brummend ab in die Baracke.*

Es ist Nacht geworden. Der Wind weht schärfer und die Wäsche an der Leine flattert gespenstisch.

SCHULZ *räkelt sich langsam empor; erblickt Oberle:* Wollen Sie mich weiter schlagen? Bitte –

OBERLE I hab Sie no nie gschlagn.

SCHULZ Alles schlägt mich.

Schweigen.

OBERLE Was wollns hier?

SCHULZ Arbeit.

OBERLE Hörens: bevors an Unglück gibt, kehrens um!

SCHULZ Nach Stettin? – Woher hätte ich es wissen sollen, daß das Fräulein einen Bräutigam hat? So laßt mich doch! Laßt mich! *Er krümmt sich am Boden und schluchzt.*

Vorhang

Zweiter Akt

Côte 2735.

In der Arbeiterbaracke Nummer vier der Bergbahn A. G. Links Matratzenlager. Rechts Herd und langer Holztisch, darüber Petroleumlampe. Im Hintergrunde eine Tür ins Freie, rechts eine nach dem Raume des Ingenieurs. Neben letzterer ein Telephon. Nacht.

REITER, MAURER, SLIWINSKI, SIMON, XAVER *ziehen sich die Stiefel aus, wechseln Socken, Hemden, Joppen – liegen, sitzen auf den Matratzen oder stehen herum.*

VERONIKA *kocht.*

MOSER *zieht sich das Hemd aus:* Wer hust da was von Rohheit? Wer? Die paar Pflaster hat si der Hundling redli verdient! War ja glacht! Er a scho mit de großn Hund pieseln! Pürscht si da ran, der Beihirsch! In diesem Punkte kennt der Moser weder Spezi no Bruder! Will er net kennen! Da werd er wild! – Vroni! Geh her! Daher!

VERONIKA *tritt zu ihm hin.*

MOSER Ha? Hab i den zu stark gschlagn?

VERONIKA Du weißt es nit, wie stark du schlagn kannst. – Moser! Du bist a Tier! A wilds Tier! Ausm großn Wald!

MOSER Und du? Sags! Ha?

VERONIKA Du! Du machst mi zum Tier – *Sie beißt in seine Brust.*

OBERLE *tritt ein.*

MOSER *stößt Veronika von sich; grinst; gröhlt:* Jessas, jetzt kommt ja die wandelnd Nächstenlieb! Stehts auf allesamt! Zu! Präsentierts der frommen Seel! Dem verschleimt Apostl, der Wasser predigt, Luft frißt und do nur Dreck scheißt! So präsentierts do! Zu! Los!

KEINER *reagiert.*

MOSER *sieht sich überrascht um.* Ja, Herrgottsakrament – *Schweigen.*

Fixiert heimtückisch Oberle; lacht gewollt. Oberle! Oberle! Du hättest Christkind werdn solln! Oder Papst!

OBERLE Und du Metzger. Oder Henker.

Schweigen.

REITER *leise:* Horch, der Wind –

MAURER *ebenso:* Wie a Opernsängerin.

MOSER *näherte sich langsam Oberle; unterdrückt:* Du, geh her! Wie hast du des gmeint, des mit dem – Henker?

OBERLE Des werst leicht erratn. *Er läßt ihn stehen.*

SIMON *überlaut, als wollte er etwas überschreien:* Wann kimmt denn der Herr?

XAVER Was für a Herr?

SIMON Der Direkter!

HANNES Was für a Direkter?

SLIWINSKI Der Zirkusdirekter!

EINZELNE *lachen befreit auf.*

SLIWINSKI Der an Ingineur braucht zum aufikeuchn, zwegn dem Großkopf!

XAVER Und zwegn der Wampn! Hat an Bauch, wies goldene Kalb!

MAURER War ka Wunder! Schaugts hin aufn Herd, was so a hoher Herr für Brotzeit macht, bal er mal fünf Stunden hatscht.

SIMON Dafür is er a Direkter und du bist bloß der Arbeitsmann. Er dirigiert und schluckt Schnitzl mit Salat und sauft sein Champagnerwein, daß ihm die Sauce bei der Lefzn runterrinnt – und du derfst di schindn und hast an Schmarrn!

HANNES Aber an guatn, des muaß ma da Vroni lassn!

SLIWINSKI Recht hast, kenigli boarischer Haus- und Hoftepp!
SIMON Der Kavalier! Der Zawalier!
XAVER Geb nur acht, daß die der Moser net derwischt!
MOSER Was gibts da mitn Moser?
OBERLE Nix.
SLIWINSKI *spielt auf einer Mundharmonika.*
MAURER *grinst Moser ins Gesicht:* Bravo!
XAVER *schnalzt:* Tanzn sollt ma halt kennen! Tanzn!
SIMON A Tanz ohne Dirn, is wie a Stier, der net springt!
REITER Zum Landler ghört a Mensch, wie a Köchin zum Kaplan.
MAURER *singt:*

Guten Morgen, Herr Pfarrer
Wo is der Kaplan?
Er liegt auf der Köchin
und kraht wie a Hahn!

Schallendes Gelächter.

XAVER Kreizkruzefix! War scho höchste Zeit, daß an was Weibliches zulauft! Alls kannst unmögli nausschwitzn!
SIMON *singt:*

Und Keiner ist so eigen
Und Keiner so verschmitzt
Als wie der, der ins Bett macht
Und sagt, er hätt gschwitzt –

Telephon. – Alles verstummt und horcht.

VERONIKA *tritt ans Telephon:* Hier Baracke Nummer vier. Ja. – So. Ja. *Sie hängt ein.* Der Ingenieur is unterwegs. Der Direkter kimmt heut nimmer; der übernachtet auf Nummer drei.
SIMON Auf Nummer sicher.
SLIWINSKI Den hats zerrissn! Der hat sie mit die Berg überhobn.
HANNES Wisst Leutl, des mit die Direkter. Des is so: da

ghöret a Lift her, wies es in die Wolkenkratzer habn, drübn in Amerika. So an Wolkenkratzer is nämli häher, als inser hächster Berg!

XAVER Jawohl, Herr Nachbar!

REITER Des is ja gar ka Direkter, des is an Aufsichtsrat.

SIMON Richti! Des san die, die allweil aufpassn, ob die andern net faulenzen. Dabei sitzens in lauter Schaukelstühl und schnupfn.

SLIWINSKI *spielt nun ein sentimentales Stück.*

MAURER Pst!

Alle lauschen.

XAVER *singt leise:*

Und die Wasserl habn grauscht
Und die Bacherl habn plauscht

HANNES *fällt ein:*

Aber gschwind, wie der Wind
Lassens trauri mi hint –
Gesumm.
Denn auf den Bergen
Da wohnt die Freiheit
Ja, auf den Bergen
Da is es scheen –

EINZELNE *summen mit:*

Da is es scheen –

MOSER *nähert sich Oberle; leise; unsicher:* Oberle, du bist so hinterlisti still. – Hast etwa zuvor sagn wolln, daß i den da draußn, daß der da draußn –

OBERLE Na. Aber bremsn mußt! Sonst könnts leicht mal an Unglück gebn. Der blut nur, aber leicht kennt si mal aner verblutn.

MOSER *grinst:* So? Halt! Sag: was hättest denn du dann – hättst ihn gstreichelt und gschmeichelt, hättest Kratzfüß gmacht, daß der Dreck nur so rumgspritzt war, ha? Net zughaut, na na! Und warum net? Weißt warum net? Weil du net kannst! Weil deine Arm ohne Schmalz san, verstehst, du Schleimer! I hab di scho heraussen, Oberle!

OBERLE Meinst?

MOSER Jawohl! Sogar sehr! – Oberle, kennst die Hirsch? Was macht denn der Hirsch, wenn a Fremder über sein Rudel kimmt, ha? Der rauft damit! Und dersticht ihn! Der Stärkere den Krüppl, verstehst?!

OBERLE Wir san aber kane Hirsch. Wir san arme Teufl. Wir kennens uns net leistn zwegn an Madl – und wars a ganzer Harem, uns die Schädl zu zerschlagn! Wir müssn des Hirn und all unsere Kraft sparn. Wir habn nur Feind, lauter mächtige Feind!

MOSER Wo hast denn die Sprüch glernt?

OBERLE Im Krieg. Da hab i den Feind gsehn, ganz deutli und scharf. – Damals warst du no klein. Hast Schneemanner baut und net lesen kennen. – Komm jetzt!

VERONIKA *hatte zwei dampfende Schüsseln auf den Tisch gestellt um den die anderen bereits Platz genommen haben.*

OBERLE *setzt sich.*

MOSER *folgt ihm langsam nach.*

ALLE *essen.*

Der Wind wimmert und rüttelt an den kleinen Fenstern.

SLIWINSKI *lauscht:* Der bringt Schnee. Viel Schnee.

REITER Oktober. Nacher werds nimmer gut.

XAVER Ja, die Berg warn a zu rot.

Schweigen.

MAURER Jetzt heut wars scho gar nimmer so einfach. Der weni Neuschnee in der letztn Nacht, da rutscht alls, und drobn des Gröll, des hat der Satan angschaut – da, wer net hinhorcht, da ists glei aus mitn schönen Land Tirol!

Schweigen.

REITER Wie hat sie nur jetza der gschriebn, dens im Frühjahr runtergwaht hat? Beim Hilfskabel. Da hast schier nimmer gwußt, was da vor dir liegt. Im Sack habens den Brei aufn Gottesacker gschafft.

SIMON Der Müller Anton wars. Von Pfaffenhofen.

MAURER Richti! Ja, des war schreckli. Und a Weib und vier unmündige Kinder.

Schweigen.

Es is scho a wahre Sünd, was mit die Menschn gtriebn werd. Da turnst herum, wie kaum a gewiegter Turist, rackerst di ab mit Lawinen, Steinschlag, Wetter – und was erreichst? Grad, daß dei Essen hast und a Lager, wie a Unterstand, als hätt der Krieg kan End! Abgschnittn von der Welt.

Schweigen.

SLIWINSKI Neuli habns an Ingineur gfeiert.

MAURER In der Zeitung is gstanden, er sei unsterbli.

SIMON Aber von die Totn schreibt kaner!

REITER Die Totn san tot.

OBERLE *hebt langsam das Haupt:* Die san net tot! Die lebn!

Schweigen.

SLIWINSKI Da liest überall vom Fortschritt der Menschheit und die Leut bekränzn an Ingineur, wie an Preisstier, die Direkter sperrn die Geldsack ind Kass und dem Bauer blüht der Fremdenverkehr. A jede Schraubn werd zum ›Wunder der Technik‹, a jede Odlgrubn zur ›Heilquelle‹. Aber, daß aner sei Lebn hergebn hat, des Blut, werd ausradiert!

SIMON Na, des werd zu Gold!

XAVER Wahr ists.

REITER Allweil.

Schweigen.

XAVER Allweil des Geld.

HANNES Des Geld hat der Teifl gweiht!

MAURER Des Grundübel, des is die kapitalistische Produktionsweise. Solang da a solche Anarchie herrscht, solang darfst wartn mit den Idealen des Menschengeschlechts. Die Befreiung der Arbeiterklasse –

SIMON *unterbricht ihn:* Des san Sprüch.

MAURER Was san des?

SIMON Sprüch. – Und weißt warum? Weil mans nur hört, aber net spürt! Da hat erst neuli einer drunt gsprochn, vor der letztn Wahl wars, und Leut warn da von weit und breit, gstecktvoll! Und gredt hat der, zwa Stund! Vom Klassenbewußtsein und der Herrschaft des Proletariats, und vom Zukunftsstaat, zwa Stund – aber nacher, da hat er mit an Gendarm kegelt, vier Stund! Lauter Kränz habns gschobn, lauter Kränz! An Kenig habns stehn lassn, a jedsmal! Akkurat! – Alle neune, muß heißn! Alle neune!!

MAURER Des san Sprüch!

SLIWINSKI Des und des! Was nützt des Redn ohne Macht?

SIMON Richti! Aber wie willst denn du die Macht erobern?

SLIWINSKI Wie du! Damit!

SIMON Bravo!

SLIWINSKI Mit der Faust! *Er schlägt auf den Tisch.* Und, wenns an Oberle a net passn sollt –

OBERLE Obs an Oberle paßt oder net paßt, des is ganz gleich – aber ob uns mit der Faust gholfen is, des bezweifelt der Oberle. Er glaubt, daß man mit der Faust nix erreicht –

SLIWINSKI *unterbricht ihn:* Also möcht der Oberle, daß alls so bleibt, wies is.

OBERLE Es werd net so bleibn.

SIMON Richti! Es werd no viel schlimmer werdn!

OBERLE Was weißt denn du, wie schlimm daß es war?! Wie alt bist denn du, ha? Was hast denn du scho gsehn?!

SLIWINSKI Holla, holla, holla – Der sanft Oberle –

REITER Ruhe!

HANNES Laßt an do essn!

SLIWINSKI *grinst:* Friß nur, friß – daß di aber nur net verschluckst.

SIMON *zu Oberle:* Entschuldigens, Herr, daß i bisher nur Dreck gsehn hab. I kann aber nix dafür, daß i no net in Asien war – du, du kannst ja a nix dafür!

OBERLE *lächelt:* Na, da kann i nix dafür. Mir wars lieber, kannst es glaubn, i hätt des Asien nie gsehn und war heut erst zwanzig Jahr.

SLIWINSKI Jetzt predigt er scho wieder!

SIMON ›Liebe den Kapitalismus, wie dich selbst!‹

XAVER *lacht.*

SLIWINSKI Der Moser hat recht! Des is an Apostl, auf und nieder! Recht hast, Moser!

MOSER *rührt sich nicht.*

Schweigen.

OBERLE Der Moser weiß, daß durch Gewalt nix gedeiht. Nix.

ALLE *starren Moser verdutzt an.*

OBERLE Der Moser weiß, daß sei Faust stark is, furchtbar stark – und es kann ja leicht möglich sein, daß er sei Faust mal gebrauchn werd müssn, aber da gabs bloß Blut. Sonst nix.

SCHULZ *tritt rasch ein und bleibt verstört in der offenen Türe stehen. Sein Gesicht ist blaurot vor Kälte und Blut, sein Anzug zerfetzt, zerschunden.*

VERONIKA *schreit gellend auf.*

MOSER, OBERLE, MAURER, SIMON *schnellen empor.*

ALLE *versteinert.*

Der Sturm heult in den Raum, fegt ein Glas vom Herde, das klirrend zerbricht und bläst fast die Petroleumlampe aus.

VERONIKA *schreit:* Des Licht! Des Licht!

SIMON *schreit:* Ist d'Höll los?!

MAURER Die Tür! Die Tür!!

SCHULZ *schließt sie und lächelt verlegen.*

Stille.

SCHULZ Eigentlich wollte ich absteigen, aber ich habe mich verstiegen. Und dann stürmt es so grausam und die Berge wachsen in der Nacht. Man muß es gewohnt sein – Darf man sich wärmen?

OBERLE *deutet auf den Herd.*

SCHULZ *verbeugt sich leicht.* Danke.

VERONIKA *entsetzt:* Er soll si do des Gsicht abwischn!

SCHULZ Warum?

OBERLE Es is voll Blut.

MOSER *heiser:* Vroni! Gib ihm a Tuch! Zu!

VERONIKA *reicht Schulz scheu einen Lappen.*

SCHULZ Ich danke, Fräulein Veronika.

INGENIEUR *tritt ein, bleibt perplex stehen:* Wer ist das? Oberle, was ist denn hier geschehen?

OBERLE Herr Ingineur –

SCHULZ *unterbricht ihn:* Herr Ingenieur!

INGENIEUR Wer ist das?

SCHULZ *aufgeregt:* Ich habe gehört, hier würden noch Leute eingestellt werden! *Er überreicht ihm hastig seine Papiere.* Hier! Meine Name ist Schulz, Max Schulz.

INGENIEUR Mensch, wie siehst du aus!

ALLE *außer Ingenieur und Schulz sehen Moser an.*

SCHULZ Ich habe Nasenbluten.

MOSER *wendet sich ab, starrt vor sich hin.*

INGENIEUR *fixiert Schulz scharf:* So?

SCHULZ *verwirrt:* Und dann bin ich auch gestolpert, hierherauf, und gestürzt, einigemale – Ich habe gehört, hier würden noch Leute eingestellt werden. Bitte! Moment! Ich bin nicht schwach, ich wirke nur so! Ich bin klein, aber stark – jede, auch die schwerste Arbeit!

INGENIEUR *blättert in den Papieren; lächelt spöttisch:* Sie sind Friseur?

SCHULZ Jawohl, jedoch –

INGENIEUR *unterbricht ihn:* Bedaure! Rasiere mich immer selbst.

Gewaltiger Sturmstoß.

Fährt zusammen. Hoppla! – Hm. Mensch, Sie haben Schwein. Gut! Ich stelle Sie ein. Wir müssen fertig werden, bevor das Wetter etwa umschlagen sollte. Oberle! Er arbeitet mit auf 3018. *Zu Veronika.* Mein Essen! *Ab nach rechts.*

MAURER Habts ghört? Passts auf! Wies Wetter umschlagt, stellens die Arbeit ein!

XAVER Was sagst?

REITER Lang san wir nimmer da.

MAURER Ich weiß net, wo i nacher hin soll!

SLIWINSKI I a net.

HANNES I scho.

SIMON Du scho! Freili! Du rollst di in dei Dorf retour und hütst die Gäns im Stall!

HANNES Da täuscht di! I, wanns hier zugmacht werd, i geh stehln! Pfeilgrad! I geh stehln!

ALLE *schauen ihn groß an.*

Vorhang

Dritter Akt

Unterhalb Côte 3018.

Steiler Grat. Vor Sonnenaufgang.

REITER, SLIWINSKI, OBERLE, SCHULZ, MAURER *steigen mit Arbeitsgerät beladen langsam den Grat empor.*

SCHULZ *hält plötzlich inne und holt rasch Atem.*

MAURER Zu!

ALLE *bleiben stehen.*

SCHULZ Moment! Nur ausschnaufen, bitte – So direkt empor – Es ist auch zu steil –

REITER Des is no lang net steil.

SCHULZ Moment! – Man muß es gewohnt sein.

Schweigen.

Lehnt sich an einen Block.

MAURER Nix da! Net setzen! Da werst bloß no müder!

OBERLE So lassn!

SCHULZ *setzt sich, lächelt verlegen:* Man muß es gewohnt sein.

Schweigen.

Der Horizont rötet sich.

SLIWINSKI Jetzt kimmt d'Sonn.

SCHULZ Wie?

MAURER *gewollt hochdeutsch:* Die Sonne.

SCHULZ Wo?

REITER *lacht kurz:* Wo? Wo? Jetzt fragt der, wo d'Sonn aufgeht!

MAURER Wo geht denn d'Sonn auf bei dir zhaus?

SCHULZ Im Osten.

Schweigen.

Der Frühwind weht.

SLIWINSKI Herrgott Sakrament! Jetzt ist d'Sonn scho da, und wir san no allweil net drobn! I geh! I mag da net naufschwitzn in der Hitz! Heut is so so dumpf – als war die ganz Welt a Kasemattn – *Er steigt empor.*

REITER, OBERLE, MAURER *folgen ihm nach.*

SCHULZ *allein; stiert müde vor sich hin; erhebt sich schwerfällig und will den Anderen nach.*

MOSER *kommt von unten.*

SCHULZ *hört seine Schritte; dreht sich um, erblickt ihn und zuckt etwas zusammen; will weiter.*

MOSER Halt! – Du, hör her – i bin extra etwas hint bliebn, weil i di hab sprechn wolln, weil i mit dir hab redn wolln, wegen gestern. Mancher werd halt leicht wütend, des is Veranlagungssach, net? Verstehst, aber man meints ja gar net so drastisch. Des gestern, des war – horch! I will di net um Verzeihung bittn, i war ja im Recht, verstehst? Wenn da so a Fremder über dei Mensch kimmt, ha? I hab scho ganz recht ghabt! Net? Oder? – Aber da plärrt gleich alls und jeder, man is a Rohling, und ma hat do recht, das sakrische Recht is do auf meiner Seitn, net? Des versteht do Jeder! – Aber, weißt, was i net versteh? Daß i im Recht bin und daß es mir trotzdem is, als hätt i unrecht gtan – verstehst du des? Kann des a Mensch verstehn?!

Côte 2876.

Felskanzel, Gletscher ringsum. Ziehende Wolken. Stoßweise Sturm. Vormittag.

SIMON, XAVER, HANNES *ziehen ein Kabel, das über eine Walze aus der Tiefe nach der Höhe rollt, empor: ›Ho ruck! Ho ruck! Ho ruck!‹ verschnaufen ab und zu; wechseln wenige Worte.*

SIMON Der sakrische Sturm! Da kannst schier nimmer schnaufen!

XAVER Die Sonn glitzert wie a Seifenblasn.

SIMON Lang hält sichs nimmer.

XAVER Schau, wie die Wolkn runterdruckn. Als bügelt der Himmel die Berg platt. Zu an Pfannkuchen!

›Ho ruck! Ho ruck! Ho ruck!‹

SIMON Zieh zu, Hannes! Fester!

HANNES I zieh ja!

XAVER An Dreck ziehst! I spürs!

SIMON Wenn wer auslaßt, kimmt kaner vom Fleck!

XAVER Zu!

›Ho ruck! Ho ruck! Ho ruck!‹ –

Auf Punkt 3018 wird gesprengt.

SIMON Gsprengt.

HANNES Die Stein! Die Stein! Des donnert runter, wie beim jüngstn Gricht.

XAVER Glaubst du an des jüngst Gricht?

HANNES Ja.

XAVER Unmögli wars ja net.

SIMON Hin is hin.

HANNES Na! Wir auferstehn!

SIMON Du scho! I net! I mag net! I laß mei Arsch lieber von die Würm zernagn, als daß ihn dei jüngst Gricht auf ewig ins höllisch Feuer steckt! Is ja auch nur a Klassengricht! Neben an gutn Gott spitzelt der Gendarm und dir stellns an Verteidiger, der an sei Schellensolo denkt, net an di! Es gibt kane Gerechtigkeit!

›Ho ruck! Ho ruck! Ho ruck!‹

XAVER Des war net recht vom Moser. Gestern. Na, des war net recht, des Theater mit dem Schulz, oder wie er si schreibt.

HANNES Theater! Hihihi! De Vroni markiert an Unschuldsengel und is do a läufigs Luder!

XAVER Im Schlaf hat der scho so danebngredt, als hätt ihn a toller Hund bissn, direkt wild. Und gwinselt, die ganz Nacht. Habts denn bloß gschnarcht und nix ghört?

HANNES Den werds halt von lauter Abortdeckl gträumt habn! Vom Moser seine Prankn! Wie a Löw! Hihihi!

XAVER Halts Maul, Dorftepp damischer!

›Ho ruck! Ho ruck! Ho ruck!‹

Sakradi! Die Kält reißt an d'Haut vo der Hand! Des Scheißkabl schneidt wie a Rasiermesser.

SIMON Hast kane Handschuh?

XAVER San a scho zerfetzt!

HANNES Und schwaar is des Zeig!

SIMON Aufn Bindfadn hängt man kan Waggon! Für dreißig Personen mit Sitzgelegenheit.

›Ho ruck! Ho ruck! Ho ruck!‹

No zehn Meter.

HANNES Einmal, wanns ferti is, möcht i scho damit fahrn. Rauf und runter.

SIMON Da werst net weni Taler brauchn! A Bergbahn werd ja bloß für Direkter baut, für lauter Direkter! – Aufn Gipfel kimmt no a Hotel mit Bad und Billard.

Auf Punkt 3018 wird wieder gesprengt: zweimal.

HANNES Scho wieder! Und no mal!

XAVER Wenns nur des ganz Klump ind Luft sprengen tatn!

SIMON Wartn, Xaverl, wartn! Kimmt scho no! Kimmt scho! Es gibt bereits welche, die mehr sprengen, als a Bergbahn braucht samt Hotel mit Bad und Billard! Die sprengen die ganzn Paläst und Museen, alles, von dem der arbeitende Bürger nix hat! Die Moskowiter, sag i euch, hint im riesign Rußland, die habn alles anbohrt, auch an härtestn Marmor, Pulver neigsteckt und angsteckt! Piff! Paff!

Schweigen.

XAVER No zehn Meter.

›Ho ruck! Ho ruck! Ho ruck!‹

DIE DREI *nehmen stumm ihre Werkzeuge an sich: Hacken, Spaten, usw. und steigen nach links empor.*

SIMON Da schauts runter! Da keucht aner rauf!

HANNES Wer?

SIMON Der Direkter und der Ingineur. – Saxendi, wie der torkelt! Und die Ixbaner!

HANNES Auf die war i scharf!

XAVER Zu!

DIE DREI *ab nach links empor.*

Eine Zeit lang bleibt die Szene leer; Sturm und Stille, Sonne und Schatten.

INGENIEUR UND AUFSICHTSRAT *die Wange voll Schmisse, kommen von unten rechts.*

INGENIEUR Hierher, bitte!

AUFSICHTSRAT *prustet:* Na, endlich! Bequem ist anders, Herr! Nein, schrecklich! Überall Sport. Aber, glauben Sie mir: trotz aller Anstrengung beneide ich selbst unseren letzten Arbeiter. Immer in herrlicher Höhenluft, inmitten gewaltiger Natur!

INGENIEUR Hier bietet sich einem die beste Sicht über die letzte Strecke der Anlage. Sie sehen: dort unten, oberhalb jener vermurten Gletscherzunge Stütze vier. Der helle Fleck. Côte 2431.

AUFSICHTSRAT *durchs Fernglas:* Jawohl!

INGENIEUR Nach rund 1200 Metern erreicht die Bahn Stütze fünf: dort oben, links der schwarzen Wände, jene rostbraune Stelle. Gesprengt. Côte 3018. 587 Meter Höhe in knapp sieben Minuten.

AUFSICHTSRAT Rekord! Und Hochachtung! – Unter uns: in der letzten Aufsichtsratssitzung fiel der Satz: Sie seien besessen von ihrer Arbeit, Ihre Besessenheit ist kapital!

Im wahren Sinne des Wortes: Kapital! Und Geheimrat Stein sagte, wenn das Vaterland lauter solche Männer hätte, stünde es besser um uns. Ich füge hinzu: dann wäre dieses Wunderwerk, Ihr Wunderwerk, in drei Wochen fahrtbereit!

INGENIEUR Bis dato war uns der Oktober freundlich gesinnt. Nur noch vier Tage, und das Hilfskabel hängt auf Hilfsstütze fünf, das Pensum rollte sich planmäßig ab. Dann dürfte es wettern. Tag und Nacht.

AUFSICHTSRAT *betrachtet die Landschaft durchs Fernglas:* Wir verringern natürlich die Belegschaft.

INGENIEUR Klar. Alles wird entlassen, bis auf die vierzehn Mann der Talstation.

Sturmstoß.

AUFSICHTSRAT Teufel, dieser Sturm! Durch und durch.

INGENIEUR Würden wir gezwungen, die Vorarbeiten vorzeitig abzubrechen, so folgerte freilich hieraus –

AUFSICHTSRAT *unterbricht ihn:* Herr! Weitere Verzögerungen wären untragbar!

INGENIEUR Ob man sie tragen muß, entscheidet der Sturm. Die kommenden vier Tage. Denn schlägt das Wetter im Oktober um, dann kommt der Winterschlaf. Und setzt gar das Frühjahr spät und schlecht ein, so dürfte sich die Inbetriebnahme leicht um ein volles Jahr verzögern.

AUFSICHTSRAT Wie? Was?! Mensch, was reden Sie da! Ein Jahr?!

INGENIEUR Vielleicht!

AUFSICHTSRAT Ist nicht wahr! Ist nicht wahr! Das ist ja der Tod! Das Nichts! Die Pleite!

INGENIEUR Wenn ich nicht falsch unterrichtet worden bin, hat die A. G. die Bodenbank interessiert.

AUFSICHTSRAT Man hat Sie unterrichtet?

INGENIEUR Ja.

AUFSICHTSRAT Wer?

INGENIEUR Die Bodenbank ist beteiligt. Seit sechs Wochen. Mit 45%. Stimmts? Ja oder nein?

AUFSICHTSRAT Es stimmt. Auffallend! Und?

INGENIEUR Es stimmt! Und ich lasse mich nicht hetzen! Herr, ich gebe mein Letztes her, doch gen Elemente kann keiner kämpfen! Aber die Bodenbank kann zahlen. Auch zwei Jahre länger!

AUFSICHTSRAT Auch zwanzig Jahre länger!

INGENIEUR Sehen Sie!

AUFSICHTSRAT Ich sehe. Doch Sie scheinen blind zu sein! Der A. G. ist es völlig piepe, ob sie an Konserven, Spielwaren oder Bergbahnen verdient. Mann, es geht um die A. G. und nicht um Ihre Beschäftigung! Jeder Tag mehr kostet uns Herzblut. Wir verlieren die Mehrheit und unsere Millionen werden Nullen vor der Zahl!

INGENIEUR Das dürfte übertrieben sein.

AUFSICHTSRAT Ihnen dürfte es freilich gleichgültig sein, wer sein Geld für Ihre Pläne riskierte!

INGENIEUR Nichts war riskiert!

AUFSICHTSRAT Das sagen Sie!

INGENIEUR *scharf:* Und Sie?

AUFSICHTSRAT Hahaha! Sie entpuppen sich ja als Idealist! Sie bauen tatsächlich in die Wolken! Hahaha! – Mein lieber Herr! Merken Sie sich: wir sind Kaufleute. Also nicht naiv.

INGENIEUR Also war nichts riskiert.

AUFSICHTSRAT Haarspalterei! Als gäbs ein Geschäft ohne Risiko!

INGENIEUR Mein Werk ist kein Geschäft.

AUFSICHTSRAT Großer Gott! Wir finanzieren doch nicht Ihren Ruhm!

INGENIEUR Über der Person steht das Werk.

AUFSICHTSRAT Um unser Geld!

INGENIEUR Aber die Person fordert Bewegungsfreiheit, um schaffen zu können! Man ist doch in keinen Käfig gesperrt!

AUFSICHTSRAT *grinst:* Sie verkennen Ihre Lage.

INGENIEUR Um das Werk zu vollenden, werde ich rücksichtslos!

AUFSICHTSRAT Richtig! Ditto! Um das Geld nicht zu verlieren, sagt die A. G.: ›Hören Sie! Wir haben Ihr Patent erworben. Und die Konzession!‹

INGENIEUR Was soll das?

AUFSICHTSRAT Aha! Erraten! Es gibt nur wenige A. G.'s, aber zahlreiche Ingenieure. Ingenieure, gleichtüchtige, die sich aber auch gerne hetzen ließen, wenn – Und die auch gegen die Arbeiterschaft energischer einschreiten! Eine Unerhörtheit, dieser letzte Streikversuch!

INGENIEUR Wann?

AUFSICHTSRAT Voriges Jahr. Zwei Wochen Schlechtwetter und schon Drohung mit Lohnerhöhung! Pack kennt keine Pflicht. Mehr Energie, Herr! Mehr Faust! Wann haben Sie –

INGENIEUR *unterbricht ihn:* Wann habe ich nicht? Was habe ich nicht? So denken Sie doch nach! Da ist der Fall Klaus, und die Geschichte der drei – habe ich etwa Schlappschwanz markiert?

AUFSICHTSRAT Die unter allen Umständen ungerechtfertigten, jeder Grundlage entbehrenden Beschwerden der Belegschaft sind strikte zurückzuweisen. Wir müssen zwingen. Und sollte es Schwefel schneien!

INGENIEUR Jetzt reden wir aneinander vorbei.

AUFSICHTSRAT Freut mich! Aufrichtig! Es wäre doch auch zu traurig, wenn man im zwanzigsten Jahrhundert noch derart vom Wetter abhängen müßte! Sollte sich also die Inbetriebnahme wieder verzögern, selbst nur um paar Tage, sind Sie entlassen.

INGENIEUR Hahaha! – Und unser Vertrag?

AUFSICHTSRAT Prozessieren Sie!

INGENIEUR Das können Sie nicht!

AUFSICHTSRAT Das können Sie nicht! Wir können! Und noch mehr!

INGENIEUR Gratuliere!

AUFSICHTSRAT Danke! – Sie sind Fanatiker. Um Ihr Ziel zu erreichen, schritten Sie über Existenzen. Über Leichen!

INGENIEUR Und Sie?

Aus ferner Höhe tönt ein ›Huuu!‹ sechsmal hintereinander; der Nebel hüllt alles in Grau: unheimlich still und düster.

AUFSICHTSRAT *entsetzt, feige:* Was war das?

INGENIEUR Sechsmal in der Minute. Das Notsignal!

AUFSICHTSRAT Die Leichen!

INGENIEUR Vielleicht! – Steigen Sie ab! Ich sehe nach! – Nur keine Angst!

AUFSICHTSRAT Ich hab keine Angst, Sie!

INGENIEUR *lacht ihn aus und eilt nach links empor. Sturmstoß.*

Vorhang

Vierter Akt

Côte 3018.

Gratscharte. Graugelber Nebel. Oberhalb der Scharte die Konturen der Hilfsstütze Nummer fünf, wie eine riesige Spinne. Neuschnee.

MOSER, REITER, SLIWINSKI, SIMON *ließen Oberle an einem Seile in den Abgrund, um den abgestürzten Schulz zu bergen.*

MAURER *auf einem Gratzacken; ruft durch Handtrichter:* Huuu! – Huuu!

XAVER, HANNES *lauschen auf Antwort.*

Stille.

HANNES Nix.

Sturmstoß in der Ferne, der sich rasch nähert.

XAVER Horch, wie die Berg scheppern!

HANNES Des winselt, wie a kranke Katz.

MAURER Huuu!

SLIWINSKI Maurer! Des hat kan Sinn, des Schrein! Des Wetter plärrt besser! Des überplärrt jeds Signal!

Der Sturmstoß fegt vorüber.

MAURER *klettert vom Zacken herab.*

XAVER *leise:* Wie so an Unglück passiert –

MAURER *ebenso:* Schnell! Der Reiter hat a Klammer braucht, und der Oberle sagt zum Schulz: hol ane her! und der arm Teufl springt dahin, ganz eifrig, und schreit glei, ganz entsetzli, und runter is er a scho über d'Wand. So vierzig Meter. Und bloß ausgrutscht –

MOSER *erregt, unterdrückt:* Hörts! Stehts do net so rum! Der Oberle holt den scho rauf! Laufts um a Tragbahr und telefonierts um an Dokter! Zu!

HANNES Da werd nimmer viel zum doktern sein.

MOSER Meinst?

HANNES Ja. Der is hin.

MOSER Was is hin? Wer is hin?! Der is net hin, du Rindvieh! Der darf net hin sein!

REITER Achtung, Moser!

OBERLES STIMME *aus dem Abgrund:* Auf!

MOSER, REITER, SLIWINSKI, SIMON, XAVER, MAURER *ziehen das Seil empor.*

HANNES *will ihnen helfen.*

MOSER Weg! Tepp!

SIMON *zu Moser:* Halts Maul!

Im Abgrund wimmert Schulz; schreit gellend auf; verstummt.

REITER Achtung! Um Gotts Willn!

Sturmstoß.

SLIWINSKI Net auslassen! Zu!

OBERLE, SCHULZ *erscheinen am Seile über der Kante; Oberle stützt den bewußtlosen Schulz, der sofort aus den Schlingen befreit und unter einer überhängenden Felspartie gebettet wird.*

OBERLE *löst den Seilknoten; verschnauft:* Seids alle da?

REITER *untersucht Schulz:* Habts ka Wasser?

SIMON Hier!

SLIWINSKI Net so tief, an Kopf!

REITER Des überlaß nur mir! I bin Samariter!

OBERLE Den hats da drunt auf an Zackn ghaut, daß der Fels kracht hat.

XAVER A Gsicht voll Blut. Wie a roter Neger.

Schweigen.

REITER *erhebt sich langsam:* Aus. Der werd nimmer. Dem is ja des ganz Geripp zersplittert.

SIMON Ja, der ist runter.

MAURER *gedämpft:* Der Neuschnee halt, der Neuschnee!

Und des Schuhzeug is a nix fürs Hochgebirg. Die Sohln wie Papier. Da liegt er.

Schweigen.

SLIWINSKI Als tat er bloß träumen.

REITER Träumen, schlafn. – Das Best für den is gar nimmer aufwachn.

XAVER Das Best ists freili. Für an Jedn.

SIMON Möchst den du scho eingscharrt sein? Und verfauln?

XAVER Manchmal!

SIMON I net. No lang net!

SLIWINSKI Manchmal ists a direkte Gnad, der Tod.

Schweigen.

MAURER Wo war denn der zhaus?

OBERLE In Stettin.

HANNES Stettin?

OBERLE Stettin liegt am Meer.

HANNES Da hätt er mehr als Matros –

MOSER *unterbricht ihn bestürzt:* Ruhe! Der hört ja! Schauts hi, wie der schaut!!

ALLE *schrecken zusammen, versteinern.*

SCHULZ *hatte die Augen aufgeschlagen und gehorcht; fixiert nun einen nach dem anderen; lächelt; schwach:* – wer kennt Stettin? Und Warnemünde? – Hm – Also: Gnade: Sterben. Verfaulen. Hm – Muß man denn wirklich schon verfaulen? Ja? Nein, ihr irrt! Ihr irrt! Ich bin ja nur gestolpert – die Haut klein wenig abgeschürft, jedoch nichts gebrochen, verrenkt, alles intakt! Ich fühle mich sauwohl, tatsächlich: sauwohl – und dann will ich wieder arbeiten. Rasieren, frisieren. Nehmen Sie Platz, bitte – Ich rasiere, frisiere, ich rasiere, ich frisiere – ich, habe, gehört – hier würden, noch – Leute – eingestellt werden – *Er stirbt.*

Stille.

ALLE *entblößen ihr Haupt.*

HANNES *fällt langsam in die Knie; betet:* Vater unser, der Du bist im Himmel geheiligt werde Dein Name –

MOSER *unterbricht ihn:* Verflucht! Ka Litanei, ka Rosenkranz! Der da drobn is taub für uns arme Leut!

In weiter Ferne Donnerrollen.

Ja, donnern, des kann der! Und blitzn und stürmen! Schreckn und vernichtn! – Was gedeiht, ghört net uns. Was ghört dem armen Mann? Wenn die Sonn scheint, der Staub, wenns regnet, der Dreck! Und allweil Schweiß und Blut!

Ein leiser Wind hebt an, der allmählich zum Sturme wird.

INGENIEUR *erscheint; atemlos; aufgeregt:* Was ist hier los? Warum steht man so herum? Wer gab das Notsignal?

MAURER I.

INGENIEUR Was ist denn geschehen?!

OBERLE Still, Herr! Hier liegt a Toter.

INGENIEUR Wieso? Wo? Wer?

OBERLE Dort. Den Ihr gestern eingstellt habt, der Schulz.

INGENIEUR Scheußlich!

OBERLE Er ist bloß gestolpert – über die Wand da. So vierzig Meter.

Schweigen.

INGENIEUR Verdammt! Tja, da kann keiner dafür. – Wollen wir ihn ehren, indem wir geloben, ihm, der in Erfüllung seiner Pflicht fiel, nachzueifern: weiter zu arbeiten. – Ich muß unbedingt darauf bestehen, daß die Arbeit sofort wieder aufgenommen wird. Den Leichnam lassen wir bis zum Abend hier liegen und nun –

MOSER *unterbricht ihn:* Na, der werd zuerst nuntergtragn und aufbahrt. Nacher werd weitergschafft. Eher net!

INGENIEUR Hoppla! Hier hat nur einer zu befehlen und das bin ich! Pflicht kommt vor Gefühlsduselei!

REITER Pflicht is, a Leich net liegn zu lassn, wie an verrecktn Hund.

INGENIEUR Ich verbitte es mir, über Pflicht belehrt zu werden! Merken Sie sich das, Sie! Ich habe mir mein Ziel erkämpft und pflege meinem Willen Geltung zu verschaffen. Und seis mit schärfsten Mitteln!

SIMON Bravo! Bravo!

INGENIEUR Was soll das?!

Schweigen.

Es wird weitergearbeitet. Mit Hochdruck und sofort. Los!

KEINER *reagiert.*

Schweigen.

INGENIEUR Hört: sollte das Wetter umschlagen und wir hätten die Vorarbeiten noch nicht beendet, – das Werk, der Bau, die Bahn ist gefährdet!

MOSER Sonst nix! Werd scho schad sein um die Scheißbahn! Sehr schad! Wer werd denn damit amüsiert? Die Aufputztn, Hergrichtn, Hurn und Wucherer! Wer geht dran zu Grund?! Wir!

SIMON Wir! Wir!

INGENIEUR *höhnisch, doch etwas unsicher:* So?

MAURER Gfährdet ist bloß unser Lebn!

INGENIEUR Hier gibt es Hetzer?

REITER Und Ghetzte!

MOSER Und was is denn scho, wenns überhaupt kane Bahnen gibt?! Kamst um dei Seelenheil? Stürzet die Welt ein?!

INGENIEUR Unreifes Zeug, dummes!

REITER Wenn Sie, Herr, so a gscheits Genie san, so denkens halt mal an uns! Bauns ka Bergbahn! Bauns uns Häuser statt Barackn!

INGENIEUR Hier wird nicht geredet, hier wird gearbeitet! Ohne Kritik!

OBERLE Habt Ihrs net donnern ghört, zuvor?

INGENIEUR Quatsch! Quatsch! Ich kenne das Wetter! Das hält!

HANNES *lacht.*

OBERLE Herr, i bin a alter Arbeiter und die Verantwortung –

INGENIEUR *unterbricht ihn:* Nur keine Anmaßung! Die Verantwortung trage ich. Nur ich!

Es donnert.

Stille.

Hm. Jetzt dürfte sich manches geändert – Grinst nur grinst! Ja, jetzt könnt ihr den aufbahren. Alles aufbahren! Auch euch selbst! *Er will absteigen.*

MAURER Halt! An Augenblick! Darf man fragn, obs stimmt, daß wir ghetzt werdn? Und daß es ganz gleich is, ob wir runterfalln, wenn nur das Kabel herobn hängt, bevors Wetter umschlägt? Und daß wir, wanns umgschlagn hat, fortgtriebn werdn –

INGENIEUR *unterbricht ihn:* Jetzt könnt ihr gehen.

MAURER Wohin?

INGENIEUR Die Arbeit ist eingestellt. Alles ist eingestellt. Ihr seid entlassen.

MAURER Habts es ghört?! Habts es ghört?!

REITER Des hättns uns scho früher sagn können!

SLIWINSKI Solln!

SIMON Müssn!

INGENIEUR *braust auf:* Ich bin nicht verpflichtet –

REITER *unterbricht ihn:* Jetzt kriegst nirgends Arbeit! Jetzt nimmer!

INGENIEUR Wer arbeiten will, der kann! Jetzt und immer!

SIMON *applaudiert.*

INGENIEUR *wird immer erregter:* Hört! Ich habe alles verlassen, um mein Ziel zu erreichen! Ich habe in Baracken gehaust –

MOSER Wir habn no nie anderswo ghaust!

INGENIEUR – ich habe verzichtet, ich habe im Schatten geschuftet an dem Werk!

SLIWINSKI Im Schatten deiner Villa!

INGENIEUR Ich habe keine Villa!

SIMON Aber a Wohnung hast! Unds Fressn hast! Und an Mantl, wanns di friert! Ists wahr oder net?!

INGENIEUR Ich werde mir erlauben eine Wohnung zu besitzen! Doch ich hätte auch hungernd und frierend an meinen Plänen gearbeitet – *Er hält plötzlich verwirrt die Hand vor die Augen.* Aber ich habe ohne den lieben Gott kalkuliert! Allerdings, ja, jetzt schlägt das Wetter um –

MAURER Also, weil Sie Herr sich verrechnet habn, drum stehn wir da, mittn im Winter! Ohne Dach, ohne Holz, ohne Brot!

SIMON A jeder redt si aufs Wetter naus, aber kaner rechnet damit!

HANNES Die ganzn Plän san halt falsch.

INGENIEUR Was?! Kritik? Kritik! Du Trottel! Ungebildetes Pack erlaubt sich –

XAVER *unterbricht ihn:* Ohne uns Pack, was war denn dei Werk?! Bloß a Plan! Papier! Papier!!
Stille.

INGENIEUR *geht langsam auf Xaver zu und hält dicht vor ihm; fixiert ihn; plötzlich schlägt er ihm vor die Brust, daß er zurücktaumelt.*
Stille.

INGENIEUR *verliert die Nerven:* Jetzt könnt ihr gehen! Verschwindet! Marsch!

OBERLE Wohin?

INGENIEUR Was weiß ich?! Wohin ihr wollt! Wohin ihr könnt! Wohin ihr gehört! Zum Teufel!

MOSER Halt! Komm mit!

SIMON, SLIWINSKI Komm mit zum Teufl!

MOSER Dort hockn alle armen Sünder hinterm Ofen – alle in aner warmen Stub. Komm mit zum Teufl! Mit uns! Komm mit, komm mit! *Er schlägt ihn nieder.*

Sturm.

REITER Schlag ihn nieder, den Satan!

SIMON Schlag ihn tot!

XAVER Ganz tot!!

HANNES Tot! Tot! Tot!

Es blitzt und donnert.

INGENIEUR *stürzt zu Boden, springt jedoch sofort wieder empor: zerfetzt und blutend.*

SLIWINSKI *spuckt ihn an:* Pfui Teufl!

ALLE *außer Oberle, wollen sich auf den Ingenieur stürzen.*

OBERLE *reißt Moser zurück, der perplex ist über seine Kraft, und stellt sich schützend vor den Ingenieur:* Zurück, Leut! Zurück!

INGENIEUR *zieht einen Revolver, stößt Oberle zur Seite:* Weg! Weg! Ein Revolver langt für Halunken! Zurück! Und Hände hoch! Hoch! Oder –

ALLE *außer Oberle, weichen und heben die Hände hoch.*

INGENIEUR Revoltieren Zuchthäusler? Jetzt kommt das Gesetz.

MAURER Paragraph! Paragraph!

SLIWINSKI Kanonen, Kettn und Schafott! Nur zu!

SIMON *lacht:* Das Gesetz!

INGENIEUR Lach! Lach! Du erstickst daran!

REITER Die Ordnung! Die Ordnung!!

INGENIEUR Hände hoch! Auch Sie, werter Herr Oberle! Hoch, Kerl, oder ich funke dich nieder! Hoch!

OBERLE *folgt nicht; fixiert ihn:* Wir san kane Zuchthäusler, Sie –

INGENIEUR Kusch! Und die Hände hoch! Hoch, my boy!

OBERLE Nie! Ehrlich schaffn diese Händ!

INGENIEUR Zurück. *Er schießt ihn nieder.*

OBERLE *wirft lautlos die Hände hoch und bricht tot zusammen.*

Es blitzt ohne zu donnern; der Wind zirpt; durch den graugelben Nebel bricht ein Sonnenstrahl und fällt fahl auf die Gruppe; alles verstummt; in weiter Ferne erklingen drei Harfenakkorde; Stille; dann ein gewaltiger Donnerschlag; Verfinsterung; der Sturm winselt und heult.

MAURER Der Satan! Der Satan!

ALLE Der Satan!!

MOSER *röchelt und will sich auf den Ingenieur stürzen.*

INGENIEUR *schießt toll.*

MOSER *wankt und bricht knapp vor ihm in die Knie.*

DIE ÜBRIGEN *fliehen und suchen Deckung; finden keine; kleben an einer Wand mit hocherhobenen Händen.*

INGENIEUR *schießt trotzdem.*

XAVER Mörder!

SLIWINSKI Danebn! Danebn!

SIMON Bravo! Bravo!

MAURER Wir san doch kane Scheibn! Danebn!

HANNES *läuft irr vor Angst dem Ingenieur entgegen:* Es lebe der Schütznkenig! Er lebe hoch! Hoch! Hoch!

INGENIEUR *will schießen.*

MOSER Danebn! *Er schnellt sich mit letzter Kraft empor und schlägt dem Ingenieur den Revolver aus der Hand; stürzt wieder.*

INGENIEUR *entsetzt; will fliehen, doch Moser klammert sich fest an seinem Bein.*

Orkan.

DIE ÜBRIGEN *nähern sich drohend.*

INGENIEUR *tritt und schlägt winselnd auf Moser ein; reißt sich los und retiriert sprunghaft, den Abgrund im Rücken:* Die Kreatur! *Er lacht höhnisch-irr hellauf; tritt*

ins Leere; krallt in die Luft, brüllt verzweifelt und stürzt kopfüber hinab.
Finsternis.

Côte 2735.

In der Arbeiterbaracke Nummer vier der Bergbahn A. G. Draußen die Landschaft im gelben Licht.

AUFSICHTSRAT *sitzt am rechten Ende des langen Holztisches und ißt Koteletts, Kartoffeln und Salat; Teller, Schüssel, Messer und Gabel auf weißer Serviette; Thermosflaschen in verschiedenen Größen stehen vor ihm, aus denen er ab und zu trinkt.*
VERONIKA *sitzt am linken Ende des Tisches und sieht ihm zu.*
AUFSICHTSRAT *sieht auf seine goldene Uhr:* Zwanzig nach drei.
VERONIKA Schmeckts?
AUFSICHTSRAT Sie sollten mal im Adlon essen –
VERONIKA Wo?
AUFSICHTSRAT Im Adlon. Im Hotel Adlon!
Stille.
Mit vollem Munde. Zum Donnerwetter, was glotzen Sie denn so?! Haben Sie noch nie jemanden essen sehen?! So ein Geglotze! Ist ja widerlich!
VERONIKA *tritt scheu an den Herd und hantiert.*
Sturmstoß.
AUFSICHTSRAT *lauscht: sieht wieder auf die Uhr:* Siebenundzwanzig nach drei. Wo der Kerl nur bleibt –
Verfinsterung.
VERONIKA Schnee! Schnee!!
AUFSICHTSRAT Was?

VERONIKA Es schneit, es schneit! Und d'Leut drobn! Jetzt schlagts Wetter um!

AUFSICHTSRAT *schnellt empor:* Was?!

VERONIKA So schauns do naus! Wies stürmt, wies schneit, wie d'Höll herwaht! Und d'Leut drobn, d'Leut! Es werd do nix gschehn!

AUFSICHTSRAT Was soll denn schon geschehen?! Wie?

VERONIKA Es san scho paar runter –

AUFSICHTSRAT *wird immer nervöser:* Wo runter? Was runter? Wohin runter?! So machen Sie doch Ihr Maul auf, gefälligst, ja!

VERONIKA Schreins nit so mit mir!

AUFSICHTSRAT *brüllt:* Was erlauben Sie sich für einen Ton?! Freches Frauenzimmer! – Nichts ist geschehen. Es darf nichts geschehen! Basta!

Orkan.

SIMON, REITER, HANNES *treten erschöpft, zerfetzt ein; setzen sich stumm auf die Bank um den Tisch und stieren übermüdet vor sich hin.*

Stille.

HANNES *beugt sich langsam über den Tisch, vergräbt den Kopf in den Händen und schluchzt.*

VERONIKA *leise:* Wo is der Moser?

REITER *ebenso:* Der Moser? Und der Oberle, und der Schulz, und –

VERONIKA *schreit gellend auf.*

AUFSICHTSRAT Wo ist der Ingenieur?

SIMON, REITER, HANNES *starren ihn an.*

SIMON Wer is denn des?

REITER Der Direkter.

HANNES Was für a Direkter?

SIMON Der Zirkusdirekter.

AUFSICHTSRAT Wo ist der Ingenieur?

VERONIKA Wo is der Moser?

AUFSICHTSRAT Was schert mich der Moser?!

VERONIKA Der Hals, der Hals! Schauts nur den Hals an! Wie des rausquirlt, der Speck – da sollt man mit an Brotmesser dran, mit an scharfn Brotmesser –

AUFSICHTSRAT Ist die Person verrückt geworden! Was ist denn los?! Was ist denn geschehen?!

VERONIKA *lacht verzweifelt:* Es darf ja nix gschehn! Es darf nix gschehn! *Sie setzt sich in eine Ecke und weint.*

AUFSICHTSRAT Wo ist der Ingenieur?!

Stille.

REITER Der Ingenieur, der is nunter.

AUFSICHTSRAT Ins Tal?

SIMON In d'Höll!

HANNES Kopfüber is er nunter, kopfüber!

SIMON Über d'Wand! Vierhundert Meter! Oder tausend!

REITER Ins Leere is er gtretn, ins Nix.

Stille.

HANNES *erhebt sich schwerfällig, tritt an das Matratzenlager, setzt sich und zieht sich die Stiefel aus; fixiert plötzlich den Aufsichtsrat;* – und wissens, Sie Herr Direkter – bevor der zur Höll gfahrn is, da hat er vorher no auf Scheibn gschossn. Er war a braver Schütz! A jedsmal hat er ins Schwarze gtroffn, a jedsmal! Akkurat! Der Schütznkenig. *Er legt sich nieder.*

AUFSICHTSRAT Ich fordere Aufklärung.

SIMON Niedergschossn hat er uns, niedergschossn.

AUFSICHTSRAT Quatsch! Ihr hockt doch da!

SIMON Wir hockn da! Aber wir liegn a drobn, im Schnee! Derschossn, derfrorn, verblut und verreckt!!

VERONIKA *leise:* Kimmt denn kaner mehr zruck?

Stille.

REITER Der Maurer und der Dings, und – die kommen scho no. Aber an Moser werdns lassn müssn. Der war ja scho drobn verblut – Den runterbringn wolln, des is bloß a Quälerei.

VERONIKA Des is glogn!

REITER Halts Maul!

VERONIKA Der lebt!

REITER Jetzt nimmer! Jetzt nimmer!

AUFSICHTSRAT Der Tatbestand muß klargestellt werden.

REITER Der is scho klargstellt.

AUFSICHTSRAT *höhnisch:* Ohne Justiz? Ohne Gendarmerie?

VERONIKA *nähert sich Simon:* Du, – is des wahr, daß er tot is –?

SIMON Ja.

VERONIKA *unterdrückt:* Simon, was werd jetzt no alls kommen?!

SIMON Zuerst: die Gendarmerie.

VERONIKA Horch, der Sturm! – Simon, i kann an Moser nimmer sehn, i möcht fort, i kann kane Leich net sehn! I hab so Angst, Simon –

SIMON I hab ka Angst.

VERONIKA Simon, laß mi nur nit allein – i kann jetzt nit allein nunter –

AUFSICHTSRAT *zündet sich nervös eine Zigarre an.*

ALLE *glotzen ihn an.*

AUFSICHTSRAT *unsicher; kaut an der Zigarre.*

SIMON *grinst:* Nur kane Angst!

AUFSICHTSRAT *kreischt:* Ich habe keine Angst, Sie!

HANNES *lacht ihn aus.*

Schneesturm. Man sieht kaum fünf Schritte weit. Unterhalb eines Grates.

MAURER, SLIWINSKI, XAVER *steigen ab und stützen den verwundeten Moser.*

MOSER Halt! I kann nimmer –
SLIWINSKI No hundert Meter!
MOSER Kan Schritt mehr.
MAURER Zu! Wir san bald drunt!
MOSER Was soll i denn drunt mit an lahmen Knie? Beteln?! – Laßt mi! Wißt, man is halt bloß a Vieh –
SLIWINSKI Bist verruckt?! Zu!

Blitz und Donner.

MOSER Holla! Jetzt sprengt der liebe Gott. Da fliegn Staner, schwarer als Stern – *Er reißt sich los.* Rettet euch! Lauft! Lauft! Laßt den Moser liegn! Der kann nimmer, der mag nimmer, der is verreckt!
MAURER Und wenn wir alle verreckn! Komm!
MOSER Na, ihr dürft net verreckn! Ihr müßt nunter und scharf aufpassn, daß ka Tropfn Blut vergessn werd – verstehst? – Vergeßt uns net. Und der Vroni, der sagts an schön Gruß, und es hat halt nicht sollen sein – Vergeßt uns net. Den alten Oberle Ludwig, den Schulz, und den Moser Karl aus Breitenbach – Geht! Flieht! Flieht und vergeßt uns net! Zu!
XAVER I kann di net lassn –
MOSER Du mußt! Sonst verwaht uns alle der Sturm, wie a Spur im Schnee. *Er bricht nieder.*
MAURER, SLIWINSKI, XAVER *verschlingt der Sturm.*
MOSER *allein, kauert.*

Der Sturm läßt auf Augenblicke nach; Schnee fällt in großen Flocken.

MOSER *leise:* Wie des schneit, wie des schneit – still und weiß. – Wie des blut, wie des blut – rot und warm – Leb wohl, Kamerad – leb wohl – *Er nickt ein; in der Ferne heult der Sturm: Kreatur! Kreatur! Er schreckt zusammen.* Nur net einschlafn, nur net einschlafn! *Er lauscht.* Ho! Jetzt kommen die Paragraphen! Mit Musik! Horch! – Links, rechts, links, rechts! Das Gewehr über!

Das Gesetz! Das Gesetz! – Links, rechts, links, rechts, links, rechts, links, rechts – *Es klingt wie Trommeln, marschierendes Militär und Gewehrgriffe.*
Stille.
Die Ordnung!
Sturmstoß.
Ho! Ho, wohin soll i mi denn stelln?! Wohin? *Er reckt sich empor.* Schießt! Schießt! Los! Legt an! Feuer!!
Trommelwirbel.

Vorhang

SCHLUSS

Die Bergbahn

Volksstück in drei Akten

Personen: Karl · Schulz · Veronika · Xaver · Sliwinski · Reiter · Moser · Oberle · Maurer · Hannes · Simon · Ingenieur · Aufsichtsrat

Schauplatz: Hochgebirge

Zeit: Vierundzwanzig Stunden

Randbemerkung: Dialekt ist mehr als ein philologisches, ein psychologisches Problem. Verfasser befolgte im Folgenden weder philologische Gesetze, noch hat er einen Dialekt (hier Dialekte des ostalpenländischen Proletariats) schematisch stilisiert, sondern er versuchte Dialekte als Charaktereigenschaft der Umwelt, des Individuums, oder auch nur einer Situation, zu gestalten.

Erster Akt

In der Arbeiterbaracke Nr. 4 der Bergbahn A. G. Links Matratzenlager. Rechts Herd und langer Holztisch, darüber Petroleumlampe. Im Hintergrund eine Tür ins Freie, rechts eine nach dem Raume des Ingenieurs. Neben letzterer Telephon.
Spätnachmittag. Herbst.

VERONIKA *lacht.*
KARL *grimmig:* Wie die lacht! Wie die lacht!
VERONIKA Ausgerutscht! Ausgerutscht! – Du bist mir so aner, so von hinten – so a ganz Rabiater –
SCHULZ *ein blasses, schmales Kerlchen mit Sommersprossen, tritt ein; verbeugt sich leicht; er lispelt ein wenig:* Guten Tag! Verzeihen Sie, Fräulein: dies hier, dies gehört doch zum Bergbahnbau?
VERONIKA Ja.
SCHULZ Dies ist doch Baracke Nummer 4?
VERONIKA Ja.
SCHULZ Hm.
KARL Wer san denn Sie?
SCHULZ Mein Name ist Schulz.
KARL Was wollns denn da?
SCHULZ Ich möchte den Herrn Ingenieur sprechen.
KARL Der is jetzt net hier.
SCHULZ Ich habe gehört, hier würden noch Leute eingestellt werden.
KARL Suchens Arbeit?
SCHULZ Ja.
KARL *schnallt sich ein Gestell auf den Buckel:* So? Drum.
SCHULZ *lächelt verlegen:* Eben. – – Wann kommt der Ingenieur?

VERONIKA Nit vor der Nacht. *Sie nähert sich Karl.* Mußt scho nunter? Wieder nunter? Du trauriger Bua – –

KARL Tu nur net so! So scheinheili! – – Alsdann, was brauchst? A Mehl, dreißig Pfund und a Marmelad.

VERONIKA Und an Schnaps.

KARL Und an Schnaps. – – Und?

VERONIKA Sonst nix.

KARL Nix?

VERONIKA Nix. Nix vo dir.

Stille.

KARL Jetzt glaub ichs, was d'Leut im Dorf redn. Es is scho wahr: Dei Mutter hat mitn Teufl paktiert, an Vater hat ja no kaner g'sehn!

VERONIKA Halts Maul!

KARL Du bringst bloß Unglück! Lach net! Herrgottsakra! Des Fleisch! Du bist scho des best Fleisch im Land, auf und nieder! Di hat net unser Herrgott gformt; den Arsch hat der Satan baut! – – Adies, Höllenbrut! *Rasch ab.*

VERONIKA *betrachtet Schulz; etwas spöttisch:* Was wollns denn vom Ingineur?

SCHULZ Ich habe gehört, hier würden noch Leute eingestellt werden.

VERONIKA *äfft ihn nach:* So? Das habe ich nicht gehört. *Ab.*

SCHULZ *allein:* Hm.

XAVER, SLIWINSKI, REITER *kommen von der Arbeit mit Spaten, Hacken usw. Xaver und Sliwinski legen sich auf die Matratzen, nur Reiter beachtet Schulz.*

REITER Wer bist denn du?

SCHULZ Ich habe gehört, hier würden noch Leute eingestellt werden.

REITER *lacht kurz:* So? Wo hast denn des ghört?

SCHULZ In, in – – ich weiß nicht, ob es stimmt.

REITER Des stimmt net. Aber scho gar net.

SCHULZ *setzt sich.*

REITER *lehnt seine Hacke an die Wand und will wieder hinaus, trifft in der Türe auf Veronika, die mit einer Schüssel Kartoffeln und einigen rohen Koteletts eintritt.*

VERONIKA Wohin?

REITER Des geht di nix an! *Ab.*

VERONIKA *erblickt Schulz:* Jetzt hockt der no allweil da!

SCHULZ Ja.

Stille.

Eßt ihr hier alle Tage Fleisch?

VERONIKA Ah! Die Schnitzel da san für an hohn Herrn, an Direktor. Der is d'Bergluft nit gwohnt, drum muß er fest essn – – was schauns mi denn so an?

SCHULZ Ich dachte nur nach: wann ich das letztemal Fleisch – –

VERONIKA Was für Fleisch?

SCHULZ Fleisch –

VERONIKA Aso!

Stille.

Wendet sich ihm zu. Um Gotts Willn! Mensch, was habens denn?! Sie san ja ganz gelb, als warens tot!

SCHULZ Mir ist es nur plötzlich so schwindlig. Das dürfte wohl auch die Luft gewesen sein, die Bergluft, die eben nicht jeder gewohnt ist. Fest essen, fest essen.

VERONIKA *setzt sich neben ihn und schält die Kartoffel:* Woher kommens denn?

SCHULZ Von unten.

VERONIKA Na, i mein: woher? aus welcher Stadt? Sie san do aus der Stadt, Sie redn ja so.

SCHULZ Ich bin aus Stettin.

VERONIKA Stettin?

SCHULZ Stettin liegt am Meer.

VERONIKA Am Meer? Am richtigen Meer?

SCHULZ *lächelt:* Am richtigen.

Stille.

VERONIKA San Sie schon mal durch Berlin kommen?

SCHULZ Oft!

VERONIKA I, wenn i Sie war, i war nie fort von dort!

SCHULZ Es gibt dort zu viele ohne Arbeit.

VERONIKA I glaub allweil, Sie habn no nit viel garbeitet.

SCHULZ Wieso?

VERONIKA Die feinen Händ! Wie ane Hebamm. Da, schauns meine an: kochn, waschn, scheuern – da platzens und werdn rot, wie der Krebs.

SCHULZ Die müssen Sie einfetten und fleißig baden. In heißem Wasser. Dann wird die Haut wieder sammetweich und elfenbeinern. Am besten: Sie nehmen die Salbe von Meyer et Vogel in der blauen Tube.

VERONIKA Woher wissens denn all das?

SCHULZ Eigentlich bin ich Friseur.

VERONIKA Drum diese Hände!

SCHULZ Ich habe schon viele hundert Frauenhände behandelt.

VERONIKA Geh hörens auf!

SCHULZ Jawohl! Dazumal, als ich in Warnemünde über die Sommersaison arbeitete: im ersten Haus am Platze! Tipp-topp! – Fräulein, das war mein goldenes Zeitalter! Ich war, sozusagen, Intimus der Damenwelt. Da war eine Frau Major, die vertraute mir – alles an!

VERONIKA Da habens freili viel ghört und gsehn. Danebn is unserans a neugeborens Kalb.

SCHULZ Ich schätze naive Frauen. Nur zu rasch übersättigen einen die Raffinierten.

VERONIKA Wir habn hier auch an, der scho weit in der Welt rumkommen is. Der alt Oberle, der war kriegsgfangen, in der Mongolei, ganz hint. Bei den Gelbn,

Schlitzäugigen und Juden. In Asien. – Waren Sie scho in Asien?

SCHULZ Nein, noch nicht.

VERONIKA So sieht halt jeder was andres.

SCHULZ Durch unseren Beruf bekommt man automatisch Einblick in manche Geheimnisse des weiblichen Wesens. Man enträtselt allmählich die Sphinx. *Er hustet stark.*

VERONIKA *klopft ihm auf den Rücken:* Hoppla! Sie solltn nit so viel redn. Die Bergluft –

SCHULZ Ich bin Ihnen dankbar, sehr dankbar, daß Sie mit mir reden. Ich habe nun fünf Tage lang kaum geredet. Da verlernt man selbst die Muttersprache. Man ist überrascht von der eigenen Stimme, wie der Dichter sagt. *Er hustet wieder.*

VERONIKA *ließ ihre Hand auf seinem Rücken; befühlt nun seine Schultern, Arme:* Hörens: i glaub kaum, daß Sie hier mitarbeitn werdn; Sie san zu schwach.

SCHULZ Meinen Sie?

VERONIKA Wie der guckn kann! Direkt spaßig!

SCHULZ Sie lachen so schön –

VERONIKA Sie san a komischer Mensch!

SCHULZ Gestatten: mein Name ist Schulz. – Max Schulz. – Und Sie?

VERONIKA Vroni.

SCHULZ Das soll wohl Veronika sein?

VERONIKA Ja.

Stille.

Habens scho viele rasiert?

SCHULZ Rasiert, frisiert, onduliert –

VERONIKA »Onduliert«?

SCHULZ Das läßt sich nicht so einfach erklären. –

MOSER *erscheint in der Türe.* –

Die Sonne ist untergegangen. Rasch wird es Nacht.

VERONIKA Die Friseur san alle gscheite Leut. Friseur und Dokter. Die kennst kaum ausanand. – – Sans verruckt?!

SCHULZ *riß sie an sich:* Was bin ich? – Schwach?

VERONIKA Lassens! Nit! Ni – –

SCHULZ *küßt sie.*

VERONIKA *entdeckt Moser:* Jesus Maria!!

MOSER I habs gsehn! Lüg net! Du Fetzn!

VERONIKA I lüg nit, Moser!

MOSER I habs scho gsehn, wie Ihr beieinanderhockt! Und jetzt!

VERONIKA Der hat mi überfalln! Meuchlerisch, heimtückisch! I hab bloß gredt, und da hat er mi packt!

MOSER *fixiert Schulz.*

SCHULZ *weicht zurück.*

XAVER, SLIWINSKI *sind von den Matratzen aufgeschnellt.*

OBERLE, MAURER, HANNES, SIMON *traten hinter Moser ein.*

MOSER *drängt Schulz an die Wand; breitspurig:* Wer bist denn du, ha?

SCHULZ Ich habe gehört, hier würden noch Leute eingestellt werden.

MOSER *gibt ihm eine schallende Ohrfeige.*

EINZELNE *lachen halblaut.*

OBERLE Moser!

MOSER Schweig! So a Krüppl ghört zu Mus gtretn! *Er schlägt ihm mit der Faust ins Antlitz.* Spürst was, Bürscherl? – Der lacht! Wart! Da!

OBERLE Schlag do kan Krüppl!

MOSER Halts Maul, damischer Wanderapostl! Predig in der Höll! I glaub an d'Faust! Da, du Lump! Und da!

SCHULZ *brüllt plötzlich los:* Au! Au! Ich habe ja nichts – Au!!

MOSER Nix?! So is des a nix! Spürst des »Nix«?! *Er schlägt tobend auf ihn ein; immer ins Gesicht.*

ALLE *außer Oberle, haben sich zurückgezogen.*

SCHULZ *wimmert blutüberströmt und bricht bewußtlos an der Wand zusammen.*

MOSER So. Der langt jetzt kaner mehr an den Bart. – Aber heiß werd an bei dem Geschäft. Heiß! *Er sauft.*

OBERLE *beugt sich zu Schulz nieder.*

MOSER Oberle! Dokter, was macht unser Patient? Fühl den Puls, ob er si bschissn hat! Es stinkt so! Ganz sakrisch!

OBERLE Halts Maul! – – Moser, du kenntest an Menschn niederschlagn, als wars an Ochs.

MOSER *lacht kurz:* Vieher san wir alle. I, er und du a.

SCHULZ *räkelt sich langsam empor.*

OBERLE Was wollns hier?

SCHULZ Ich habe gehört, hier würden noch Leute eingestellt werden. – Woher hätte ich es wissen sollen, daß das Fräulein einen Bräutigam hat?

MOSER Naus! Naus!

SCHULZ *ab. Es ist Nacht geworden.*

SIMON Licht!

VERONIKA *zündet die Lampe an; tritt an den Herd.*

ALLE *ziehen sich die Stiefel aus, wechseln Socken, Hemden, Joppen – liegen, sitzen auf den Matratzen oder stehen herum. Gemurmel.*

MOSER *zieht sich das Hemd aus:* Wer hust da was von Rohheit? Wer? Die paar Pflaster hat si der Hundling redli verdient! War ja glacht! Er a scho mit de grossn Hund pieseln! Pürscht si da ran, der Beihirsch! In diesem Punkte kennt der Moser weder Spezi no Bruder! Will er net kennen! Da werd er wild! – Vroni! Geh her – Daher!

VERONIKA *tritt zu ihm hin.*

MOSER Ha? Hab i den zu stark gschlagn?

VERONIKA Du weißt es nit, wie stark du schlagn kannst.

Moser! Du bist a Tier! A wilds Tier! Ausm großn Wald!

MOSER Und du? Sags! Ha?

VERONIKA Du! Du machst mi zum Tier – *Sie beißt in seine Brust.*

MOSER *stößt Veronika von sich; grinst Oberle an; gröhlt:* Jessas, die wandelnd Nächstenlieb! Stehts auf allesamt! Zu! Präsentierts der frommen Seel! Dem verschleimt Apostl, der Wasser predigt, Luft frißt und do nur Dreck scheißt! So präsentierts do! Zu! Los!

Keiner reagiert. Moser sieht sich überrascht um. Ja, Herrgott – Sakrament – *Schweigen.*

Fixiert heimtückisch Oberle; lacht gewollt. Oberle! Oberle! Du hättest Christkind werdn solln! Oder Papst!

OBERLE Und du Metzger. Oder Henker.

REITER *leise:* Horch, der Wind –

MAURER *ebenso:* Wie a Opernsängerin.

MOSER *näherte sich langsam Oberle; unterdrückt:* Du, geh her! Wie hast du des gmeint, des mit dem – Henker?

OBERLE Des werst leicht erratn. *Er läßt ihn stehen.*

SIMON *überlaut, als wollte er etwas überschreien:* Wann kimmt denn der Herr?

XAVER Was für a Herr?

SIMON Der Direkter!

HANNES Was für a Direkter!

EINZELNE *lachen befreit auf.*

SLIWINSKI Der an Ingineur braucht zum aufikeuchn, zwegn dem Großkopf!

XAVER Und zwegn der Wampn! Hat an Bauch, wies goldne Kalb!

MAURER War ka Wunder! Schaugts hin aufn Herd, was so a hoher Herr für Brotzeit macht, bal er mal fünf Stunden hatscht.

SIMON Dafür is er a Direkter und du bist bloß der Arbeitsmann. Er dirigiert und schluckt Schnitzl mit Salat und sauft sein Champagnerwein, daß ihm die Sauce bei der Lefzn runterrinnt – und du darfst di schindn und hast an Schmarrn!

HANNES Aber an guatn, des muß ma da Vroni laßn!

SLIWINSKI Recht hast, kenigli boarischer Haus- und Hoftepp!

SIMON Der Kavalier! Der Zawalier!

XAVER Geb nur acht, daß di der Moser net derwischt!

MOSER Was gibts da mitn Moser?

OBERLE Nix.

SLIWINSKI *spielt auf einer Mundharmonika.*

MAURER *grinst Moser ins Gesicht:* Bravo!

XAVER *schnalzt:* Tanzn sollt ma halt kennen! Tanzn!

SIMON A Tanz ohne Dirn, is wie a Stier, der net springt!

REITER Zum Landler ghört a Mensch, wie a Köchin zum Kaplan!

MAURER *singt:*

Guten Morgen, Herr Pfarrer
Wo is der Kaplan?
Er liegt auf der Köchin
Und kraht wie a Hahn!

Schallendes Gelächter.

XAVER Kreizkruzefix! War scho höchste Zeit, daß an was Weiblichs zulauft! Alls kannst unmögli nausschwitzn!

SIMON *singt:*

Und Keiner ist so eigen
Und Keiner so verschmitzt
Als wie der, der ins Bett macht
Und sagt, er hätt geschwitzt –

Telefon. – Alles verstummt und horcht.

VERONIKA *tritt ans Telefon:* Hier Baracke Nummer vier. Ja. – – So. Ja. *Sie hängt ein.* Der Ingineur is unterwegs. Der Direkter übernacht vielleicht auf Nummer drei.

SIMON Auf Nummer sicher!

SLIWINSKI Den hats zerrissn! Der hat si mit di Berg überhobn!

HANNES Wißt Leutl, des mit di Direkter. Des is so: da ghöret a Lift her, wies es in die Wolkenkratzer habn, drübn in Amerika. So an Wolkenkratzer is nämli häher, als inser höchster Berg!

XAVER Jawohl, Herr Nachbar.

REITER Des is ja gar ka Direkter, des is an Aufsichtsrat.

SIMON Richti! Des san die, die allweil aufpassn, ob die andern net faulenzen. Dabei sitzens in lauter Schaukelstühl und schnupfn.

SLIWINSKI *spielt nun ein sentimentales Stück.*

MAURER Pst!

Alle lauschen.

XAVER *singt leise:*

Und die Wasserl habn grauscht
Und die Bacherl habn plauscht

HANNES *fällt ein:*

Aber gschwind, wie der Wind
Lassens trauri mi hint –
Gesumm.
Denn auf den Bergen
Da wohnt die Freiheit
Ja, auf den Bergen
Da, is es scheen –

EINZELNE *summen mit.*

Da is es scheen –

MOSER *näherte sich Oberle; leise; unsicher:* Oberle, du bist so hinterlisti still. – Hast etwa zuvor sagn wolln, daß i den da draußn, daß der da draußn –

OBERLE Na. Aber bremsn mußt! Sonst könnts leicht mal an Unglück gebn. Der blut nur, aber leicht kennt si mal aner verblutn.

MOSER *grinst:* So? Halt! Sag: was hättest denn du dann –

hättst ihn gestreichelt und gschmeichelt, hättest Kratzfüß gmacht, daß der Dreck nur so rumgspritzt war, ha? Net zughaut, na na! Und warum net? Weißt warum net? Weil du net kannst! Weil deine Arm ohne Schmalz san, verstehst, du Schleimer! I hab di scho heraußen, Oberle!

OBERLE Meinst?

MOSER Jawohl! Sogar sehr! – Oberle, kennst die Hirsch? Was macht denn der Hirsch, wenn a Fremder über sein Rudel kimmt, ha? Der rauft damit! Und dersticht ihn! Der Stärkere den Krüppl, verstehst?

OBERLE Wir san aber kane Hirsch. Wir san arme Teufl. Wir kennens uns net leistn zwegn an Madl – und wars a ganzer Harem, uns die Schädl zu zerschlagn! Wir müssn des Hirn und all unsere Kraft sparn. Wir habn nur Feind, lauter mächtige Feind!

MOSER Wo hast denn die Sprüch glernt?

OBERLE Im Krieg. Da hab i den Feind gsehn, ganz deutli und scharf. – Damals warst du no klein. Hast Schneemanner baut und net lesen kennen. – Komm jetzt!

VERONIKA *hatte zwei dampfende Schüsseln auf den Tisch gestellt um den die anderen bereits Platz genommen haben.*

OBERLE *setzt sich.*

MOSER *folgt ihm langsam nach.*

ALLE *essen.*

Der Wind wimmert und rüttelt an den kleinen Fenstern.

SLIWINSKI *lauscht:* Der bringt Schnee. Viel Schnee.

REITER Oktober. Nachher werds nimmer gut.

XAVER Ja, die Berg warn a zu rot.

Schweigen.

MAURER Jetzt heut wars scho gar nimmer so einfach. Der weni Neuschnee in der letztn Nacht, da rutscht alls, und drobn des Gröll, des hat der Satan angschaut – da, wer net hinhorcht, da ists glei aus mitn schönen Land Tirol!

Schweigen.

REITER Wie hat sie nur jetza der geschriebn, dens im Frühjahr runtergwaht hat? Beim Hilfskabel. Da hast schier nimmer gwußt, was da vor dir liegt. Im Sack habns den Brei aufn Gottsacker gschafft.

SIMON Der Müller Anton wars. Von Paffenhofen.

MAURER Richti! Ja, des war schreckli. Und a Weib und vier unmündige Kinder.

Schweigen.

Es is scho a wahre Sünd, was mit die Menschn gtriebn werd. Da turnst herum, wie kaum a gewiegter Turist, rackerst di ab mit Lawinen, Steinschlag, Wetter – und was erreichst? Grad, daß dei Essen hast und a Lager, wie a Unterstand, als hätt der Krieg kan End! Abgschnittn von der Welt.

Schweigen.

SLIWINSKI Neuli habens a Ingineur gfeiert.

MAURER In der Zeitung is gstanden, er sei unsterbli.

SIMON Aber von die Totn schreibt kaner!

REITER Die Totn san tot.

OBERLE *hebt langsam das Haupt:* Die san net tot! Die lebn!

Schweigen.

SLIWINSKI Da liest überall vom Fortschritt der Menschheit und die Leut bekränzn an Ingineur, wie an Preisstier, die Direkter sperrn die Geldsäck in d'Kass und dem Bauer blüht der Fremdenverkehr. A jede Schraubn werd zum »Wunder der Technik«, a jede Odlgrubn zur »Heilquelle«. Aber, daß aner sei Lebn hergebn hat, des Blut werd ausradiert!

SIMON Na, des werd zu Gold!

XAVER Wahr ists.

REITER Allweil.

Schweigen.

XAVER Allweil des Geld.

HANNES Des Geld hat der Teifl gweiht!

MAURER Des Grundübel, des is die kapitalistische Produktionsweise. Solang da a solche Anarchie herrscht, solang darfst wartn mit den Idealen des Menschengeschlechts. Die Befreiung der Arbeiterklasse –

SIMON *unterbricht ihn:* Des san Sprüch.

MAURER Was san des?

SIMON Sprüch. – Und weißt warum? Weil mans nur hört, aber net spürt! Da hat erst neuli einer drunt gesprochn, vor der letztn Wahl wars, und Leut warn da von weit und breit, gstecktvoll! Und gredt hat der, zwa Stund! Vom Klassenbewußtsein und der Herrschaft des Proletariats, und vom Zukunftsstaat, zwa Stund – aber nacher, da hat er mit an Gendarm kegelt, vier Stund! Lauter Kränz habns gschobn, lauter Kränz! An Kenig habns stehn lassn, a jedesmal! Akkurat! – Alle neune, muß heißn! Alle neune!!

MAURER Des san Sprüch!

SLIWINSKI Des und des! Was nützt des Redn ohne Macht?

SIMON Richti! Aber wie willst denn du die Macht erobern?

SLIWINSKI Wie du! Damit!

SIMON Bravo!

SLIWINSKI Mit der Faust! *Er schlägt auf den Tisch.* Und, wenns an Oberle a net passn sollt –

OBERLE Obs an Oberle paßt oder net paßt, des is ganz gleich – aber ob uns mit der Faust gholfen is, des bezweifelt der Oberle. Er glaubt, daß man mit der Faust nix erreicht –

SLIWINSKI *unterbricht ihn:* Also möcht der Oberle, daß alls so bleibt, wies is.

OBERLE Es werd net so bleibn.

SIMON Richti! Es werd no viel schlimmer werdn!

OBERLE Was weißt denn du, wie schlimm daß es war?! Wie alt bist denn du, ha? Was hast du scho gsehn?!

SLIWINSKI Holla, holla, holla – der sanft Oberle –

REITER Ruhe!

HANNES Laßt an do essn!

SLIWINSKI *grinst:* Friß nur, friß – daß di aber nur net verschluckst!

SIMON *zu Oberle:* Entschuldigens, Herr, daß i bisher nur Dreck gsehn hab. I kann aber nix dafür, daß i no net in Asien war – du, du kannst ja a nix dafür!

OBERLE *lächelt:* Na, da kann i nix dafür. Mir wars lieber, kannst es glaubn, i hätt des Asien nie gsehn und war heut erst zwanzig Jahr.

SLIWINSKI Jetzt predigt er scho wieder!

SIMON ›Liebe den Kapitalismus wie dich selbst!‹

XAVER *lacht.*

SLIWINSKI Der Moser hat recht! Des is an Apostl, auf und nieder! Recht hast, Moser!

MOSER *rührt sich nicht.*

Schweigen.

OBERLE Der Moser weiß, daß durch Gewalt nix gedeiht. Nix.

ALLE *starren Moser verdutzt an.*

OBERLE Der Moser weiß, daß sei Faust stark is, furchtbar stark – und es kann ja leicht möglich sein, daß er sei Faust mal gebrauchn werd müssn, aber da gabs bloß Blut. Sonst nix.

SCHULZ *tritt rasch ein und bleibt verstört in der offenen Tür stehen; sein Gesicht ist blaurot vor Kälte und Blut, sein Anzug zerfetzt, zerschunden.*

VERONIKA *schreit gellend auf.*

MOSER, OBERLE, MAURER, SIMON *schnellen empor.*

ALLE *versteinert.*

Der Sturm heult in den Raum, fegt ein Glas vom Herde,

das klirrend zerbricht und bläst fast die Petroleumlampe aus.

VERONIKA *schreit:* Des Licht! Des Licht!

SIMON *schreit:* Ist d'Höll los?!

MAURER Die Tür! Die Tür!

SCHULZ *schließt sie und lächelt verlegen.*

Stille.

SCHULZ Eigentlich wollte ich absteigen, aber ich habe mich verstiegen. Und dann stürmt es so grausam und die Berge wachsen in der Nacht. Man muß es gewohnt sein – darf man sich wärmen?

OBERLE *deutet auf den Herd.*

SCHULZ *verbeugt sich leicht:* Danke.

VERONIKA *entsetzt:* Er soll si do des Gsicht abwischn!

SCHULZ Warum?

OBERLE Es ist voll Blut.

MOSER *heiser:* Vroni! Gib ihm a Tuch! Zu!

VERONIKA *reicht Schulz scheu einen Lappen.*

SCHULZ Ich danke, Fräulein Veronika.

INGENIEUR UND AUFSICHTSRAT *treten ein; bleiben perplex stehen:* Wer ist das? Oberle, was ist denn hier geschehen?

OBERLE Herr Ingineur –

SCHULZ *unterbricht ihn:* Herr Ingenieur!

INGENIEUR Wer ist das?

SCHULZ *aufgeregt:* Ich habe gehört, hier würden noch Leute eingestellt werden! *Er überreicht ihm hastig seine Papiere.* Hier! Mein Name ist Schulz, Max Schulz.

INGENIEUR Mensch, wie siehst du aus!

ALLE *außer Ingenieur und Schulz, sehen Moser an.*

SCHULZ Ich habe Nasenbluten.

MOSER *wendet sich ab und starrt vor sich hin.*

INGENIEUR *fixiert Schulz scharf:* So?

SCHULZ *verwirrt:* Und dann bin ich auch gestolpert, hierherauf, und gestürzt, einigemale – – ich habe gehört, hier würden noch Leute eingestellt werden. Bitte! Moment! Ich bin nicht schwach, ich wirke nur so! Ich bin klein, aber stark – jede, auch die schwerste Arbeit!

INGENIEUR *blättert in den Papieren; lächelt spöttisch:* Sie sind Friseur?

SCHULZ Jawohl, jedoch –

INGENIEUR *unterbricht ihn:* Bedaure! Rasiere mich immer selbst.

Gewaltiger Sturmstoß.

INGENIEUR *fährt zusammen:* Hoppla! – Hm. Mensch, Sie haben Schwein. Gut! Ich stelle Sie ein. Wir müssen fertig werden, bevor das Wetter etwa umschlagen sollte. Oberle! Er arbeitet mit auf 3018. *Zu Veronika.* Mein Essen! *Zum Aufsichtsrat.* Darf ich bitten!

AUFSICHTSRAT Na bequem ist anders! *Ab mit dem Ingenieur nach rechts.*

MAURER Habts ghört? Paßts auf! Wies Wetter umschlagt, stellens die Arbeit ein!

XAVER Was sagst?

REITER Lang san wir nimmer da.

MAURER I weiß net, wo i nacher hin soll!

SLIWINSKI I a net.

HANNES I scho.

SIMON Du scho! Freili! Du rollst di in dei Dorf retour und hütst die Gäns im Stall!

HANNES Da täuscht di! I, wanns hier zugmacht werd, i geh stehln! Pfeilgrad! I geh stehln!

ALLE *schauen ihn groß an.*

Vorhang

Zweiter Akt

Breiter Gratrücken. Gletscher ringsum.
Rechts Arbeiterbaracke Nummer vier der Bergbahn A. G.
Davor Quelle und primitive Bank. An einer Leine hängt buntgeflickte Wäsche.
Links Felskanzel. Vor Sonnenaufgang.
Windstill.

INGENIEUR *steht auf der Kanzel und blickt empor.*
OBERLE *tritt lautlos aus der Baracke und stellt sich neben den Ingenieur.*
INGENIEUR *zuckt zusammen:* Ach Sie sind es, Oberle!
OBERLE San Sie jetzt erschrockn?
INGENIEUR Wer?
OBERLE Sie!
INGENIEUR Ich? *Er lacht.*
OBERLE Sie san halt nervös.
INGENIEUR *spitz:* Finden Sie?
OBERLE Sie san halt überarbeit. Sie solltn net alls allein machn wolln.
INGENIEUR Ich verbiete es Ihnen, sich mit meiner Person zu beschäftigen.
Stille.
Der Herr wünschen?
OBERLE I wollt bloß nachschaun. Wies werd.
INGENIEUR Was denn?
OBERLE Das Wetter. -- Sie passen doch auch aufs Wetter, oder?
INGENIEUR *immer spöttisch aus Unsicherheit:* Ich bewundere Ihre Beobachtungsgabe.
ALLE ARBEITER UND VERONIKA *kommen nach und nach aus der Baracke; waschen sich am Brunnen, holen ihr*

Werkzeug herbei; Veronika verteilt Tee.

OBERLE Das Wetter is nix. Und werd nix.

INGENIEUR Das Wetter hält.

OBERLE Man sieht net durch die Wänd. Vielleicht schneits scho drübn, hinterm Grat. Es gfallt mir net, daß so still is.

Stille.

INGENIEUR *fast zu sich:* Es hält, es hält, es hält. Ich habe eine Idee verkauft. Habe ich mich verrechnet? Ein miserabler Vertrag. Es dreht sich hier nicht um Geld. – – Warum erzähle ich Ihnen das?

OBERLE *lächelt:* Manchmal muß man halt redn. Sie san ja allweil allein.

INGENIEUR *scharf:* Was geht Sie das Wetter an?

MAURER Herr Ingineur!

INGENIEUR Was gibts?

MAURER Wir hättn nur a Frag. Es heißt, daß wanns Wetter umschlagt, die Arbeit eingstellt werd, hier obn. Stimmts?

INGENIEUR Stimmt.

MAURER Und daß wir nacher net etwa weiter untn oder anderswo beschäftigt werdn, sondern weggschickt.

INGENIEUR Und?

MAURER Ja, des is nämli a so: des Wetter hält si höchstns no drei Tag, länger net. Und nacher darfst gehn. Wann wir aber gleich gingen, kenntn wir no leicht unterkommen, druntn beim Straßnbau zwischn Reith und Neukirchn – – nacher aber nimmer. Und, wanns halt bloß vom Wetter abhängt, nacher gingen wir halt gleich.

INGENIEUR Seid ihr verrückt geworden?

SIMON Werdn wir abgbaut, oder net?!

INGENIEUR Erstens: das Wetter hält.

HANNES Is des so sicher?

INGENIEUR Zweitens: Keiner wird entlassen.

SIMON Is des so sicher?

INGENIEUR Wir müssen es schaffen! Niemand wird entlassen!

Stille.

OBERLE Sie san a gscheiter Mann, Herr Ingineur. – – Is des wahr, daß nur Sie zu bestimmen habn? Nur Sie?

INGENIEUR Das Wetter hält. Es muß. *Er steigt empor.*

SCHULZ Wie lange haben wir zu steigen?

REITER So zwa Stund.

SCHULZ Wie?

SLIWINSKI *gewollt hochdeutsch:* Zwei Stunden.

SCHULZ Sind es wirklich nur zwei Stunden?

OBERLE Ja.

SCHULZ Manchmal vergehen zwei Stunden rasch.

VERONIKA *zu Moser:* Warum schaust mi denn net an? Schau mi an!

MOSER I schau ja.

VERONIKA Was hast denn?

MOSER Nix.

VERONIKA Lüg net!

MOSER Laß mi!

VERONIKA Mann, was hast denn? Was is denn? Was hab i dir denn getan?!

MOSER I weiß, was i gtan hab.

Stille.

VERONIKA *leise:* I kann do nix dafür, daß du den gschlagn hast.

MOSER Meinst?

VERONIKA Wannst mi so anschaust, glaub i schier, i hätt wen umbracht.

MOSER Mögli.

VERONIKA Moser, tu net als warst a Tier.

MOSER *gehässig:* Fürchte dich nicht! *Er läßt sie stehen.*

SIMON *zu Veronika:* So laßn!

VERONIKA Was hab i denn nur gtan?

SIMON Du brauchst nix gtan zu habn und es gschieht was.

VERONIKA I kann do nix dafür.

SIMON Des is an Moser gleich. Der geht unter die Apostl. I hab dirs scho mal gsagt, wies kommen werd. Daß aus werd, ganz plötzli. I kenn an Moser. Und di.

VERONIKA Ja, jetzt fallts mir wieder ein.

SIMON Werst es wieder vergessn?

VERONIKA Na. *Ab in die Baracke.*

SIMON, XAVER, HANNES *steigen nach links empor.*

MAURER *zu Schulz:* Zu! Zu! Es pressiert!

SCHULZ Moment! Man muß es gewohnt sein.

SLIWINSKI Jetzt kimmt d'Sonn.

SCHULZ Wie?

MAURER *gewollt hochdeutsch:* Die Sonne.

SCHULZ Wo?

REITER *lacht kurz:* Wo? Wo? Jetzt fragt der, wo d'Sonn aufgeht!

MAURER Wo geht denn d'Sonn auf bei dir zhaus?

SCHULZ Im Osten.

SLIWINSKI Herrgott Sakarament! Jetzt ist d'Sonn scho da, und wir san no allweil net drobn! I geh! I mag da net naufschwitzn in der Hitz! Heut is so so dumpf – – als war die ganz Welt a Kasemattn. *Er steigt empor.*

REITER, OBERLE, MAURER *folgen ihm nach.*

SCHULZ *stiert müde vor sich hin; will den Anderen nach.*

MOSER Halt!

SCHULZ *erblickt ihn und zuckt etwas zusammen; will weiter.*

MOSER Halt! – Du, hör her – i bin extra etwas hint bliebn, weil i di hab sprechn wolln, weil i mit dir hab redn wolln, wegen gestern. Mancher werd halt leicht wütend, des is Veranlagungssach, net? Verstehst, aber man meints ja gar net so drastisch. Des gestern, des war – –

horch! I will di net um Verzeihung bittn, i war ja im Recht, verstehst? Wenn da so a Fremder über dei Mensch kimmt, ha? I hab scho ganz recht ghabt! Net? Oder? – Aber da plärrt gleich alls und Jeder, man is a Rohling, und man hat do recht, das sakrische Recht is do auf meiner Seitn, net? Des versteht do jeder! – – Aber, weißt, was i net versteh? Daß i im Recht bin und daß es mir trotzdem is, als hätt i Unrecht gtan – verstehst du des? Kann des a Mensch verstehn?!

Steiler Grat. Gletscher ringsum. Ziehende Wolken. Stoßweise Sturm. Vormittag.

SIMON, XAVER, HANNES *ziehen ein Kabel, das über eine Walze aus der Tiefe nach der Höhe rollt, empor: ›Ho ruck! Ho ruck! Ho ruck!‹ verschnaufen ab und zu; wechseln wenige Worte.*

SIMON Der sakrische Sturm! Da kannst schier nimmer schnaufn!

XAVER Die Sonn glitzert wie a Seifenblasn.

SIMON Lang hält sichs nimmer.

XAVER Schau, wie die Wolkn runterdruckn. Als bügelt der Himmel die Berg platt. Zu an Pfannkuchen!

›Ho ruck! Ho ruck! Ho ruck!‹

SIMON Zieh zu, Hannes! Fester!

HANNES I zieh ja!

XAVER An Dreck ziehst! I spürs!

SIMON Wenn wer auslaßt, kimmt kaner vom Fleck!

XAVER Zu!

›Ho ruck! Ho ruck! Ho ruck!‹ –

Auf Punkt 3018 wird gesprengt.

SIMON Gsprengt.

HANNES Die Stein! Die Stein! Des donnert runter, wie

beim jüngstn Gricht.

XAVER Glaubst du an des jüngst Gricht?

HANNES Ja.

XAVER Unmögli wars ja net.

SIMON Hin is hin.

HANNES Na! Wir auferstehn!

SIMON Du scho! I net! I mag net! I laß mei Arsch lieber von die Würm zernagn, als daß ihn dei jüngst Gricht auf ewig ins höllisch Feuer steckt! Is ja auch nur a Klassengricht! Nebn an gutn Gott spitzelt der Gendarm und dir stellns an Verteidiger, der an sei Schellensolo denkt, net an di! Es gibt kane Gerechtigkeit!
›Ho ruck! Ho ruck! Ho ruck!‹

XAVER Des war net recht vom Moser. Gestern. Na, des war net recht, des Theater mit dem Schulz, oder wie er si schreibt.

HANNES Theater! Hihihi! De Vroni markiert an Unschuldsengel und is do a läufigs Luder!

XAVER Im Schlaf hat der scho so danebngredt, als hätt ihn a toller Hund bißn, direkt wild. Und gwinselt, die ganz Nacht. Habts denn bloß gschnarcht und nix ghört?

HANNES Den werds halt von lauter Abortdeckl gträumt habn! Vom Moser seine Prankn! Wie a Löw! Hihihi!

XAVER Halts Maul, Dorftepp damischer!
›Ho ruck! Ho ruck! Ho ruck!‹
Sakradi! Die Kält reißt an d'Haut vo der Hand! Des Scheißkabl schneidt wie a Rasiermesser.

SIMON Hast kane Handschuh?

XAVER San a scho zerfetzt!

HANNES Und schwaar is des Zeig!

SIMON Aufn Bindfadn hängt man kan Waggon! Für dreißig Personen mit Sitzgelegenheit.
›Ho ruck! Ho ruck! Ho ruck!‹
No zehn Meter.

HANNES Einmal, wanns ferti is, möcht i scho damit fahrn. Rauf und runter.

SIMON Da werst net weni Taler brauchn! A Bergbahn werd ja bloß für Direkter baut, für lauter Direkter! – Aufn Gipfel kimmt no a Hotel mit Bad und Billard.

Auf Punkt 3018 wird wieder gesprengt: zweimal.

HANNES Scho wieder! Und no mal!

XAVER Wenns nur des ganz Klump in d'Luft sprengen tatn!

SIMON Wartn, Xaverl, wartn! Kimmt scho no! Kimmt scho! Es gibt bereits welche, die mehr sprengen, als a Bergbahn braucht samt Hotel mit Bad und Billard! Die sprengen die ganzn Paläst und Museen, alles, von dem der arbeitende Bürger nix hat! Die Moskowiter, sag i euch, hint im riesign Rußland, die habn alles anbohrt, auch an härtestn Marmor, Pulver neigsteckt und angsteckt! Piff! Paff!

Schweigen.

XAVER No zehn Meter.

›Ho ruck! Ho ruck! Ho ruck!‹

Vor der Arbeiterbaracke. Es ist zehn Uhr und die Sonne scheint. Gelbes Licht.

AUFSICHTSRAT *sitzt in der Sonne vor einem kleinen Tische und ißt Koteletts, Kartoffel und Salat; Thermosflaschen in verschiedenen Größen stehen vor ihm, aus denen er ab und zu trinkt.*

INGENIEUR *kommt von links herab.*

AUFSICHTSRAT Na guten Morgen! Hören Sie, bequem ist anders. Meine armen Knie. Nein, schrecklich! Überall Sport. Aber, glauben Sie mir: trotz aller Anstrengung beneide ich selbst unseren letzten Arbeiter. Immer in herrlicher Höhenluft, inmitten gewaltiger Natur! – – Wollen Sie nicht mithalten?

INGENIEUR Danke.

AUFSICHTSRAT Sie haben schon gefrühstückt?

INGENIEUR Ja.

AUFSICHTSRAT Übrigens: nettes Mädel das hier. Frisch! Aber dreckig! Die kommen ja nie zum Baden. *Er lacht.* Wissen Sie, ich habe mich nämlich so gefragt: wie halten Sie das aus, so vier, fünf Monate ohne Weiblichkeit? Pardon, ich wollte nicht indiskret –

INGENIEUR Oh, bitte.

AUFSICHTSRAT Ich glaube, Sie können gar nicht lieben. Sie sind so ein Höhlenheiliger, was?

INGENIEUR Ich weiß nicht, was Sie unter »Liebe« verstehen.

AUFSICHTSRAT Ich habe Sie im Verdacht, daß Sie nicht wissen, was Liebe ist. Liebe ist das Köstlichste, ein Geschenk des Himmels. Gott! Jeder Mensch hat doch einen, dem sein Herz gehört – – ich hänge sehr an meinen Kindern, aber ich sehe sie nie, man ist zu sehr im Joch. – – Sie haben keinen Familiensinn. Sie sind trotz Ihrer Arbeit ein destruktiver Mensch, haha, guter Witz!

INGENIEUR Verzeihen Sie, daß ich Sie im Essen störe. Ich muß leider wieder fort. Darf ich bitten?

AUFSICHTSRAT *erhebt sich und folgt dem Ingenieur.*

INGENIEUR Hier bietet sich einem die beste Sicht über die letzte Strecke der Anlage. Sie sehen: dort unten, oberhalb jener vermurten Gletscherzunge Stütze vier. Der helle Fleck. Höhe 2431.

AUFSICHTSRAT *durchs Fernglas:* Jawohl!

INGENIEUR Nach rund 1200 Metern erreicht die Bahn Stütze fünf: dort oben, links der schwarzen Wände, jene rostbraune Stelle. Gesprengt. Höhe 3018, 587 Meter Höhe in knapp sieben Minuten.

AUFSICHTSRAT Rekord! Und Hochachtung! – Unter uns: in der letzten Aufsichtsratssitzung fiel der Satz: Sie seien besessen von Ihrer Arbeit, Ihre Besessenheit ist kapital! Im wahren Sinne des Wortes: Kapital! Und Geheimrat Stein sagte, wenn das Vaterland lauter solche Männer hätte, stünde es besser um uns. Ich füge hinzu: dann wäre dieses Wunderwerk, Ihr Wunderwerk, in drei Wochen fahrtbereit!

INGENIEUR Bis dato war uns der Oktober freundlich gesinnt. Nur noch vier Tage, und das Hilfskabel hängt auf Hilfsstütze fünf, das Pensum rollte sich planmäßig ab. Dann dürfte es wettern. Tag und Nacht.

AUFSICHTSRAT *betrachtet die Landschaft durchs Fernglas:* Wir verringern natürlich die Belegschaft.

INGENIEUR Alles wird entlassen, bis auf die vierzehn Mann der Talstation.

Sturmstoß.

AUFSICHTSRAT Teufel, dieser Sturm! Durch und durch!

INGENIEUR Würden wir gezwungen, die Vorarbeiten vorzeitig abzubrechen, so folgerte freilich hieraus –

AUFSICHTSRAT *unterbricht ihn:* Herr! Weitere Verzögerungen wären untragbar!

INGENIEUR Ob man sie tragen muß, entscheidet der Sturm. Die kommenden vier Tage. Denn schlägt das Wetter im Oktober um, dann kommt der Winterschlaf. Und setzt gar das Frühjahr spät und schlecht ein, so dürfte sich die Inbetriebnahme leicht um ein volles Jahr verzögern.

AUFSICHTSRAT Wie? Was?! Mensch, was reden Sie da! Ein Jahr?!

INGENIEUR Vielleicht!

AUFSICHTSRAT Ist nicht wahr! Ist nicht wahr! Das ist ja der Tod! Das Nichts! Die Pleite!

INGENIEUR Wenn ich nicht falsch unterrichtet worden

bin, hat die A. G. die Bodenbank interessiert.

AUFSICHTSRAT Man hat Sie unterrichtet?

INGENIEUR Ja.

AUFSICHTSRAT Wer?

INGENIEUR Die Bodenbank ist beteiligt. Seit sechs Wochen. Mit 45%. Stimmts? Ja oder nein?

AUFSICHTSRAT Es stimmt. Auffallend. Und?

INGENIEUR Es stimmt! Und ich lasse mich nicht hetzen! Herr, ich gebe mein Letztes her, doch gen Elemente kann keiner kämpfen! Aber die Bodenbank kann zahlen. Auch zwei Jahre länger!

AUFSICHTSRAT Auch zwanzig Jahre länger!

INGENIEUR Sehen Sie!

AUFSICHTSRAT Ich sehe. Doch Sie scheinen blind zu sein! Der A. G. ist es völlig piepe, ob sie an Konserven, Spielwaren oder Bergbahnen verdient. Mann, es geht um die A. G. und nicht um Ihre Beschäftigung! Jeder Tag mehr kostet uns Herzblut. Wir verlieren die Mehrheit und unsere Millionen werden Nullen vor der Zahl.

INGENIEUR Das dürfte übertrieben sein.

AUFSICHTSRAT Ihnen dürfte es freilich gleichgültig sein, wer sein Geld für Ihre Pläne riskierte!

INGENIEUR Nichts war riskiert!

AUFSICHTSRAT Das sagen Sie!

INGENIEUR *scharf:* Und Sie?

AUFSICHTSRAT Hahaha! Sie entpuppen sich ja als Idealist! Sie bauen tatsächlich in die Wolken! Hahaha! – Mein lieber Herr! Merken Sie sich: Wir sind Kaufleute. Also nicht naiv.

INGENIEUR Mein Werk ist kein Geschäft.

AUFSICHTSRAT Großer Gott! Wir finanzieren doch nicht Ihren Ruhm!

INGENIEUR Über der Person steht das Werk.

AUFSICHTSRAT Um unser Geld!

INGENIEUR Aber die Person fordert Bewegungsfreiheit, um schaffen zu können! Man ist doch in keinen Käfig gesperrt!

AUFSICHTSRAT *grinst:* Sie verkennen Ihre Lage.

INGENIEUR Um das Werk zu vollenden, werde ich rücksichtslos!

AUFSICHTSRAT Richtig! Ditto! Um das Geld nicht zu verlieren, sagt die A. G. »Hören Sie! Wir haben Ihr Patent erworben. Und die Konzession!«

INGENIEUR Was soll das?

AUFSICHTSRAT Aha! Erraten! Es gibt nur wenige A. G.'s, aber zahlreiche Ingenieure. Ingenieure, gleichtüchtige, die sich aber auch gerne hetzen ließen, wenn – – Und die auch gegen die Arbeiterschaft energischer einschreiten! Eine Unerhörtheit dieser letzte Streikversuch!

INGENIEUR Wann?

AUFSICHTSRAT Voriges Jahr. Zwei Wochen schlecht Wetter und schon Drohung mit Lohnerhöhung! Pack kennt keine Pflicht. Mehr Energie, Herr! Mehr Faust! Wann haben Sie –

INGENIEUR *unterbricht ihn:* Wann habe ich nicht? Was habe ich nicht? So denken Sie doch nach! Da ist der Fall Klaus, und die Geschichte der drei – Habe ich etwa Schlappschwanz markiert?

AUFSICHTSRAT Die unter allen Umständen ungerechtfertigten, jeder Grundlage entbehrenden Beschwerden der Belegschaft sind strikte zurückzuweisen. Wir müssen zwingen. Und sollte es Schwefel schneien!

INGENIEUR Jetzt reden wir aneinander vorbei.

AUFSICHTSRAT Freut mich! Aufrichtig! Es wäre doch auch zu traurig, wenn man im zwanzigsten Jahrhundert noch derart vom Wetter abhängen müßte! Sollte sich also die Inbetriebnahme wieder verzögern, selbst nur um paar Tage, sind Sie entlassen.

INGENIEUR Hahaha! – Und unser Vertrag?

AUFSICHTSRAT Prozessieren Sie!

INGENIEUR Das können Sie nicht!

AUFSICHTSRAT Das können S i e nicht! Wir können! Und noch mehr!

INGENIEUR Gratuliere!

AUFSICHTSRAT Danke! – Sie sind Fanatiker. Um Ihr Ziel zu erreichen, schritten Sie über Existenzen. Über Leichen!

INGENIEUR Und Sie?

Aus ferner Höhe tönt ein ›Huuu!‹ sechsmal hintereinander; der Nebel hüllt alles in Grau: unheimlich still und düster.

AUFSICHTSRAT *entsetzt, feige:* Was war das?

INGENIEUR Sechsmal in der Minute. Das Notsignal!

AUFSICHTSRAT Die Leichen!

INGENIEUR Vielleicht! – Guten Appetit! Ich sehe nach! – Nur keine Angst!

AUFSICHTSRAT Ich habe keine Angst, Sie!

INGENIEUR *lacht ihn aus und eilt nach links empor.*

VERONIKA *tritt aus der Baracke:* Hat da nit wer grufn? – Es war doch, als hätt wer grufn.

AUFSICHTSRAT *sieht auf die Uhr:* Zehn auf elf. *Er überlegt; setzt sich wieder und fängt an mechanisch zu essen.*

VERONIKA *sieht ihm zu:* Schmeckts?

AUFSICHTSRAT *nervös:* Sie sollten mal im Adlon essen!

VERONIKA Wo?

AUFSICHTSRAT Im Adlon. – Zum Donnerwetter, was glotzen Sie denn so?! Haben Sie noch nie jemanden essen sehen?! So ein Geglotze! Ist ja widerlich!

Die Rufe ertönen wieder.

VERONIKA Da is was gschehn!

AUFSICHTSRAT Was soll denn schon geschehen sein?! Was? Wie?

VERONIKA Es san scho paar runter –

AUFSICHTSRAT *wird immer nervöser:* Wo runter? Was runter?! So machen Sie doch Ihr Maul auf, gefälligst, ja!

VERONIKA Schreins nit so mit mir!

AUFSICHTSRAT *brüllt:* Was erlauben Sie sich für einen Ton?! Freches Frauenzimmer! – – Nichts ist geschehen. Es darf nichts geschehen! Basta!

Sturmstoß.

VERONIKA Nur kane Angst!

AUFSICHTSRAT Ich habe keine Angst, Sie!

Vorhang

Dritter Akt

Gratscharte. Graugelber Nebel. Oberhalb der Scharte die Konturen der Hilfsstütze Nummer fünf, wie eine riesige Spinne. Neuschnee.

MOSER, REITER, SLIWINSKI, SIMON *ließen Oberle an einem Seile in den Abgrund, um den abgestürzten Schulz zu bergen.*

MAURER *auf einem Gratzacken; ruft durch Handtrichter:* Huuu! – Huuu!

XAVER, HANNES *lauschen auf Antwort.*

Stille.

HANNES Nix.

Sturmstoß in der Ferne, der sich rasch nähert.

XAVER Horch, wie die Berg scheppern!

HANNES Des winselt, wie a kranke Katz.

MAURER Huuu!

SLIWINSKI Maurer! Des hat kan Sinn, des Schrein! Des Wetter plärrt besser! Des überplärrt jeds Signal!

Der Sturmstoß fegt vorüber.

MAURER *klettert vom Zacken herab.*

XAVER *leise:* Wie so an Unglück passiert –

MAURER *ebenso:* Schnell!! Der Reiter hat a Klammer braucht, und der Oberle sagt zum Schulz: hol ane her! und der arm Teufl springt dahin, ganz eifrig, und schreit glei, ganz entsetzli, und runter is er a scho über d'Wand. So vierzig Meter. Und bloß ausgrutscht –

MOSER *erregt; unterdrückt:* Hörts! Stehts do net so rum! Der Oberle holt den scho rauf! Laufts um a Tragbahr und telefonierts um an Dokter! Zu!

HANNES Da werd nimmer viel zum doktern sein.

MOSER Meinst?

HANNES Ja. Der is hin.

MOSER Was is hin? Wer is hin?! Der is net hin, du Rindvieh! Der darf net hin sein!

REITER Achtung, Moser!

OBERLES STIMME *aus dem Abgrund:* Auf!

MOSER, REITER, SLIWINSKI, SIMON, XAVER, MAURER *ziehen das Seil empor.*

HANNES *will ihnen helfen.*

MOSER Weg! Tepp!

SIMON *zu Moser:* Halts Maul!

Im Abgrund wimmert Schulz; schreit gellend auf; verstummt.

REITER Achtung! Um Gotts willn!

Sturmstoß.

SLIWINSKI Net auslaßn! Zu!

OBERLE, SCHULZ *erscheinen am Seile über der Kante; Oberle stützt den bewußtlosen Schulz, der sofort aus den Schlingen befreit und unter einer überhängenden Felspartie gebettet wird.*

OBERLE *löst den Seilknoten; verschnauft:* Seids alle da?

REITER *untersucht Schulz:* Habts ka Wasser?

SIMON Hier!

SLIWINSKI Net so tief, an Kopf!

REITER Des überlaß nur mir! I bin Samariter.

OBERLE Den hats da drunt auf an Zackn ghaut, daß der Fels kracht hat.

XAVER A Gsicht voll Blut. Wie a roter Neger.

Schweigen.

REITER *erhebt sich langsam:* Aus. Der werd nimmer. Des is ja des ganz Geripp zersplittert.

SIMON Ja, der is runter.

MAURER *gedämpft:* Der Neuschnee halt, der Neuschnee! Und des Schuhzeug is a nix fürs Hochgebirg. Die Sohln wie Papier. Da liegt er.

Schweigen.

SLIWINSKI Als tät er bloß träumen.

REITER Träumen, schlafn. – Das Best für den is gar nimmer aufwachn.

XAVER Das Best ists freili. Für an jedn.

SIMON Möchst denn du scho eingscharrt sein? Und verfauln?

XAVER Manchmal.

SIMON I net. No lang net!

SLIWINSKI Manchmal ists a direkte Gnad, der Tod.

Schweigen.

MAURER Wo war denn der zhaus?

OBERLE In Stettin.

HANNES Stettin?

OBERLE Stettin liegt am Meer.

HANNES Da hätt er mehr als Matros –

MOSER *unterbricht ihn bestürzt:* Ruhe!! Der hört ja! Schauts hi, wie der schaut!!

ALLE *schrecken zusammen, versteinern.*

SCHULZ *hatte die Augen aufgeschlagen und gehorcht; fixiert nun einen nach dem anderen; lächelt schwach:* – Wer kennt Stettin? Und Warnemünde? – Hm – Also: Gnade. Sterben. Verfaulen. Hm. – Muß man denn wirklich schon verfaulen? Ja? Nein, ihr irrt! Ihr irrt! Ich bin ja nur gestolpert – die Haut klein wenig abgeschürft, jedoch nichts gebrochen, verrenkt, alles intakt! Ich fühle mich sauwohl, tatsächlich: sauwohl – und dann will ich wieder arbeiten. Rasieren, frisieren. Nehmen Sie Platz, bitte – – Ich rasiere, frisiere, ich rasiere, ich frisiere – – ich, habe, gehört – – hier würden, noch – – Leute – – eingestellt werden – – *Er stirbt.*

Stille.

ALLE *entblößen ihr Haupt.*

HANNES *fällt langsam in die Knie, betet:* Vater unser, der

Du bist im Himmel, geheiliget werde Dein Name –

MOSER *unterbricht ihn:* Verflucht! Ka Litanei, ka Rosenkranz! Der da drobn is taub für uns arme Leut!

In weiter Ferne Donnerrollen.

Ja, donnern, des kann der!

Und blitzen und stürmen! Schreckn und vernichtn! – Was gedeiht, ghört net uns. Was ghört dem armen Mann? Wenn die Sonn scheint, der Staub, wenns regnet, der Dreck! Und allweil Schweiß und Blut!

Ein leiser Wind hebt an, der allmählich zum Sturm wird.

INGENIEUR *erscheint; atemlos; aufgeregt:* Was ist hier los? Warum steht man so herum? Wer gab das Notsignal?

MAURER I.

INGENIEUR Was ist denn geschehen?

OBERLE Still, Herr! Hier liegt a Toter.

INGENIEUR Wieso? Wo? Wer?

OBERLE Dort. Den Ihr gestern eingestellt habt, der Schulz.

INGENIEUR Scheußlich!

OBERLE Er ist bloß gestolpert – über die Wand da. So vierzig Meter. *Schweigen.*

INGENIEUR Verdammt! Tja, da kann keiner dafür. – Wollen wir ihn ehren, indem wir geloben, ihm, der in Erfüllung seiner Pflicht fiel, nachzueifern, weiter zu arbeiten. – Ich muß unbedingt darauf bestehen, daß die Arbeit sofort wieder aufgenommen wird. Den Leichnam lassen wir bis zum Abend hier liegen und nun –

MOSER *unterbricht ihn:* Na, der werd zuerst nuntergtragn und aufbahrt. Nachher werd weitergschafft. Eher net!

INGENIEUR Hoppla! Hier hat nur einer zu befehlen, und das bin ich! Pflicht kommt vor Gefühlsduselei.

REITER Pflicht is, a Leich net liegn zu lassn, wie an verrecktn Hund.

INGENIEUR Ich verbitte es mir, über Pflicht belehrt zu werden! Merken Sie sich das, Sie! Ich habe mir mein Ziel erkämpft und pflege meinem Willen Geltung zu verschaffen. Und seis mit schärfsten Mitteln!

SIMON Bravo! Bravo!

INGENIEUR Was soll das?

Schweigen.

Es wird weitergearbeitet. Mit Hochdruck und sofort. Los!

KEINER *reagiert.*

Schweigen.

INGENIEUR Hört: sollte das Wetter umschlagen und wir hätten die Vorarbeiten noch nicht beendet, – das Werk, der Bau, die Bahn ist gefährdet!

MOSER Sonst nix? Werd scho schad sein um die Scheißbahn! Sehr schad! Wer werd denn damit amüsiert? Die Aufputztn, Hergrichtn, Hurn und Wucherer! Wer geht dran zu Grund?! Wir!

SIMON Wir! Wir!

INGENIEUR *höhnisch, doch etwas unsicher:* So?

MAURER Gfährdet is bloß unser Leben!

INGENIEUR Hier gibt es Hetzer?

REITER Und Ghetzte!

MOSER Und was is denn scho, wenns überhaupt kane Bahnen gibt?! Kamst um dei Seelenheil? Stürzet die Welt ein?!

INGENIEUR Unreifes Zeug, dummes!

REITER Wenn Sie, Herr, so a gscheits Genie san, so denkens halt mal an uns! Bauns ka Bergbahn! Bauns uns Häuser statt Barackn!

INGENIEUR Hier wird nicht geredet, hier wird gearbeitet! Ohne Kritik!

OBERLE Habt Ihrs net donnern ghört, zuvor?

INGENIEUR Quatsch! Quatsch! Ich kenne das Wetter! Das

hält!

HANNES *lacht.*

OBERLE Herr, i bin a alter Arbeiter und die Verantwortung –

INGENIEUR *unterbricht ihn:* Nur keine Anmaßung! Die Verantwortung trage ich. Nur ich.

Es donnert.

Stille.

Hm. Jetzt dürfte sich manches geändert – – Grinst nur, grinst! Ja, jetzt könnt ihr den aufbahren. Alles aufbahren! Auch euch selbst! *Er will absteigen.*

MAURER Halt! An Augenblick! Darf man fragn, obs stimmt, daß wir ghetzt werdn? Und daß es ganz gleich is, ob wir runterfalln, wenn nur des Kabel herobn hängt, bevors Wetter umschlagt? Und daß wir, wanns umgschlagn hat, fortgtriebn werdn –

INGENIEUR *unterbricht ihn:* Jetzt könnt ihr gehen!

MAURER Wohin?

INGENIEUR Die Arbeit ist eingestellt. Alles ist eingestellt. Ihr seid entlassen.

MAURER Habts es ghört?! Habts es ghört?

REITER Des hättns uns scho sagn können!

SLIWINSKI Solln!

SIMON Müssn!

MAURER Lügner! Lügner!

REITER Jetzt kriegst nirgends Arbeit! Jetzt nimmer!

INGENIEUR Wer arbeiten will, der kann! Jetzt und immer!

SIMON *applaudiert.*

INGENIEUR *wird immer erregter:* Hört! Ich habe alles verlassen, um mein Ziel zu erreichen! Ich habe in Baracken gehaust –

MOSER Wir habn no nie anderswo ghaust!

INGENIEUR – ich habe verzichtet, ich habe im Schatten geschuftet an dem Werk!

SLIWINSKI Im Schattn deiner Villa!

INGENIEUR Ich habe keine Villa!

SIMON Aber a Wohnung hast! Unds Fressn hast! Und an Mantl, wanns di friert! Ists wahr oder net?

INGENIEUR Ich werde mir erlauben, eine Wohnung zu besitzen! Doch ich hätte auch hungernd und frierend an meinen Plänen gearbeitet – *Er hält plötzlich verwirrt die Hand vor die Augen.* Aber ich habe ohne den lieben Gott kalkuliert. Allerdings, ja, jetzt schlägt das Wetter um –

MAURER Also, weil Sie Herr sich verrechnet habn, drum stehn wir da, mittn im Winter! Ohne Dach, ohne Holz, ohne Brot!

SIMON A jeder redt si aufs Wetter naus, aber kaner rechnet damit!

HANNES Die ganzn Plän san halt falsch.

INGENIEUR Was?! Kritik? Kritik! Du Trottel! Ungebildetes Pack erlaubt sich –

XAVER *unterbricht ihn:* Ohne uns Pack, was war denn dei Werk?! Bloß a Plan! Papier! Papier!!
Stille.

INGENIEUR *geht langsam auf Xaver zu und hält dicht vor ihm; fixiert ihn; plötzlich schlägt er ihm vor die Brust, daß er zurücktaumelt.*
Stille.
Verliert die Nerven: Jetzt könnt ihr gehen! Verschwindet! Marsch!

OBERLE Wohin!?

INGENIEUR Was weiß ich?! Wohin ihr wollt! Wohin ihr könnt! Wohin ihr gehört! Zum Teufel!

MOSER Halt! Komm mit!

SIMON, SLIWINSKI Komm mit zum Teufl!

MOSER Dort hockn alle armen Sünder hinterm Ofen – alle in aner warmen Stub. Komm mit zum Teufl! Mit uns!

Komm mit, komm mit! *Er schlägt ihn nieder.*
Sturm.
REITER Schlagt ihn nieder, den Satan!
SIMON Schlagt ihn tot!
XAVER Ganz tot!!
HANNES Tot! Tot! Tot!
Es blitzt und donnert.
INGENIEUR *stürzt zu Boden, springt jedoch sofort wieder empor; zerfetzt und blutend.*
SLIWINSKI *spuckt ihn an:* Pfui Teufl!
ALLE, *außer Oberle, wollen sich auf den Ingenieur stürzen.*
OBERLE *reißt Moser zurück, der perplex ist über seine Kraft, und stellt sich schützend vor den Ingenieur:* Zurück. Leut! Zurück!
INGENIEUR *zieht einen Revolver, stößt Oberle zur Seite:* Weg! Weg! Ein Revolver langt für Halunken! Zurück! Und Hände hoch! Hoch! oder –
ALLE, *außer Oberle, weichen und heben die Hände hoch.*
INGENIEUR Revoltieren Zuchthäusler? Jetzt kommt das Gesetz.
MAURER Paragraph! Paragraph!
SLIWINSKI Kanonen, Kettn und Schafott! Nur zu!
SIMON *lacht:* Das Gesetz!
INGENIEUR Lach! Lach! Du erstickst daran!
REITER Die Ordnung! Die Ordnung!
INGENIEUR Hände hoch! Auch Sie, werter Herr Oberle! Hoch, Kerl, oder ich funke dich nieder! Hoch!
OBERLE *folgt nicht; fixiert ihn:* Wir san kane Zuchthäusler, Sie –
INGENIEUR Kusch! Und Hände hoch! Hoch, my boy!
OBERLE Nie! Ehrlich schaffn diese Händ!
INGENIEUR Zurück! *Er schießt ihn nieder.*
OBERLE *wirft lautlos die Hände hoch und bricht tot zu-*

sammen.

Es blitzt, ohne zu donnern; der Wind zirpt; durch den graugelben Nebel bricht ein Sonnenstrahl und fällt fahl auf die Gruppe; alles verstummt; Stille; dann ein gewaltiger Donnerschlag; Verfinsterung; der Sturm winselt und heult.

MOSER Der Satan! Der Satan!

ALLE Der Satan!!

MOSER *röchelt und will sich auf den Ingenieur stürzen.*

INGENIEUR *schießt toll.*

MOSER *wankt und bricht kanpp vor ihm in die Kniee.*

DIE ÜBRIGEN *fliehen und suchen Deckung; finden keine; kleben an einer Wand mit hocherhobenen Händen.*

INGENIEUR *schießt trotzdem.*

XAVER Mörder!

SLIWINSKI Danebn! Danebn!

SIMON Bravo! Bravo!

MAURER Wir san doch kane Scheibn. Danebn.

HANNES *läuft irr vor Angst dem Ingenieur entgegen:* Es lebe der Schütznkenig! Er lebe hoch! Hoch! Hoch!

INGENIEUR *will schießen.*

MOSER Danebn! *Er schnellt sich mit letzter Kraft empor und schlägt dem Ingenieur den Revolver aus der Hand; stürzt wieder.*

INGENIEUR *entsetzt; will fliehen, doch Moser klammert sich fest an seinem Bein.*

Orkan.

DIE ÜBRIGEN *nähern sich drohend.*

INGENIEUR *tritt und schlägt winselnd auf Moser ein; reißt sich los und retiriert sprunghaft, den Abgrund im Rücken:* Die Kreatur! *Er lacht höhnisch-irr hellauf; tritt ins Leere; krallt in die Luft, brüllt verzweifelt und stürzt kopfüber hinab.*

Finsternis.

Schneesturm. Man sieht kaum fünf Schritte weit. Unterhalb eines Grates.

MAURER, SLIWINSKI, XAVER *steigen ab und stützen den verwundeten Moser.*

MOSER Halt! I kann nimmer –

SLIWINSKI No hundert Meter!

MOSER Kan Schritt mehr.

MAURER Zu! Wir san bald drunt!

MOSER Was soll i denn drunt mit an lahmen Knie? Betteln?! – Laßt mi! Wißt, man is halt bloß a Vieh –

SLIWINSKI Bist du verruckt?! Zu!

Blitz und Donner.

MOSER Holla! Jetzt sprengt der liebe Gott. Da fliegn Staner, schwarer als Stern – *Er reißt sich los.* Rettet euch! Lauft! Lauft! Laßt den Moser liegn! Der kann nimmer, der mag nimmer, der is verreckt!

MAURER Und wenn wir alle verreckn! Komm!

MOSER Na, ihr dürft net verreckn! Ihr müßt nunter und scharf aufpaßn, daß ka Tropfen Blut vergessn werd – verstehst? – Vergeßt uns net. Und der Vroni, der sagts an schön Gruß, und es hat halt nicht solln sein – – – Vergeßt uns net. Den alten Oberle Ludwig, den Schulz, und den Moser Karl aus Breitenbach – Geht! Flieht! Flieht und vergeßt uns net! Zu!

XAVER I kann di net lassn –

MOSER Du mußt! Sonst verwaht uns alle der Sturm, wie a Spur im Schnee. *Er bricht nieder.*

MAURER, SLIWINSKI, XAVER *verschlingt der Sturm.*

MOSER *allein, kauert.*

Der Sturm läßt auf Augenblicke nach; Schnee fällt in großen Flocken.

MOSER *leise:* Wie des schneit, wie des schneit – still und weiß, – Wie des blut, wie des blut – rot und warm – –

Leb wohl, Kamerad – leb wohl – *Er nickt ein; in der Ferne heult der Sturm: Kreatur! Kreatur! Es schreckt zusammen.* Nur net einschlafn, nur net einschlafn! *Er lauscht.* Ho! Jetzt kommen die Paragraphen! Mit Musik! Horch! – links, rechts, links, rechts! Das Gewehr über! Das Gesetz! Das Gesetz! – Links, rechts, links, rechts, links, rechts, links, rechts –

Es klingt wie Trommeln, marschierendes Militär und Gewehrgriffe.

Stille.

Die Ordnung!

Sturmstoß.

Ho! Ho, wohin soll i mi denn stelln?! Wohin?! *Er reckt sich empor.* Schießt! Schießt! Los! Legt an! Feuer!!

Trommelwirbel.

In der Nähe der Baracke. Im Schutze einer schwarzen Wand. Nebel. Sturm.

VERONIKA *starrt nach links empor:* Drobn schneits, drobn schneits. Drobn waht die Höll.

AUFSICHTSRAT Kommen Sie! Ich sehe nichts.

VERONIKA Na!

AUFSICHTSRAT Es ist sinnlos. Ich warte in der Baracke. *Er sieht auf seine Uhr.* Fünf nach vier. Wenn man nur absteigen könnte.

VERONIKA *lauscht:* Schnee. Schnee. Und d'Leut drobn, d'Leut.

SIMON, HANNES, REITER *erscheinen, erschöpft und zerfetzt.*

VERONIKA *leise; bange:* Wo ist der Moser?

REITER *leise:* Der Moser? Und der Oberle, und der Schulz, und –

VERONIKA *schreit gellend auf.*

AUFSICHTSRAT Wo ist der Ingenieur?

SIMON Wer is denn des?

REITER Der Direkter.

HANNES Was für a Direkter?

SIMON Der Zirkusdirekter.

AUFSICHTSRAT Wo ist der Ingenieur?

VERONIKA Wo is der Moser!?

AUFSICHTSRAT Was schert mich der Moser?

VERONIKA Der Hals, der Hals! Schauts nur den Hals an! Wie des rausquirlt, der Speck – – da sollt man mit an Brotmesser dran, mit an scharfn Brotmesser – –

AUFSICHTSRAT Ist die Person verrückt geworden?! Was ist denn los? Was ist denn geschehen?

VERONIKA *lacht verzweifelt:* Es darf ja nix gschehn! Es darf nix gschehn!!

AUFSICHTSRAT Wo ist der Ingenieur?

Stille.

REITER Der Ingenieur, der is nunter.

AUFSICHTSRAT Ins Tal?

SIMON In d'Höll!

HANNES Kopfüber is er nunter, kopfüber!

SIMON Über d'Wand! Vierhundert Meter! Oder tausend!

REITER Ins Leere is er gtretn, ins Nix.

HANNES – – und wissens, Sie Herr Direkter – bevor der zur Höll gfahrn is, da hat er vorher no auf Scheibn gschoßn. Er war a braver Schütz! A jedesmal hat er ins Schwarze gtroffn, a jedsmal! Akkurat! Der Schützenkenig.

AUFSICHTSRAT Ich fordere Aufklärung.

SIMON Niedergschossn hat er uns, niedergschossn!

AUFSICHTSRAT Quatsch! Ihr seid doch da!

REITER Da! Aber wir liegn a drobn, im Schnee! Derschoßn, derfrorn, verblut und verreckt!

VERONIKA *leise:* Kimmt denn kaner mehr zruck?

SIMON Der Maurer und der Dings, und – – die kommen schon no. Aber an Moser werdns lassn müssn. Der war ja scho drobn verblut. – – Den runterbringen wolln, des is bloß a Quälerei.

VERONIKA Des is glogn!

SIMON Halts Maul!

VERONIKA Der lebt!

REITER Jetzt nimmer! Jetzt nimmer!

AUFSICHTSRAT Der Tatbestand muß klargestellt werden.

HANNES Der is scho klargstellt.

AUFSICHTSRAT *höhnisch:* Ohne Justiz? Ohne Gendarmerie?

VERONIKA *nähert sich Simon:* Du, is des wahr, daß er nimmer is? –

SIMON Wahr.

VERONIKA *unterdrückt:* Simon, was werd jetzt no alls kommen?!

SIMON Zuerst: die Gendarmerie.

VERONIKA Simon, i kann a Moser nimmer sehn. – I möcht fort, i kann kane Leich net sehn – I hab so Angst, Simon –

SIMON I hab ka Angst.

VERONIKA Simon, laß mi nur nit allein – i kann jetzt nit allein nunter – –

AUFSICHTSRAT Wäre das Wetter nicht umgeschlagen, wäre alles in Ordnung.

REITER Die Ordnung!

SIMON Einmal schlagt jeds Wetter um. Nur kane Angst!

AUFSICHTSRAT Ich habe keine Angst, Sie!

HANNES *lacht ihn aus.*

Vorhang

SCHLUSS

Zur schönen Aussicht

Komödie in drei Akten

Personen: Max · Karl · Müller · Strasser · Emanuel Freiherr von Stetten · Ada Freifrau von Stetten · Christine

Erster Akt: Halle des Hotels zur schönen Aussicht
Zweiter Akt: Speisesaal im Hotel zur schönen Aussicht
Dritter Akt: Korridor im Hotel zur schönen Aussicht

Zeit: Ungefähr zwölf Stunden

Erster Akt

Halle des Hotels zur schönen Aussicht.
Dies Hotel zur schönen Aussicht liegt am Rande eines mitteleuropäischen Dorfes, das Dank seiner geographischen Lage einigen Fremdenverkehr hat. Saison Juli-August. Zimmer mit voller Verpflegung sechs Mark. Die übrige Zeit sieht nur durch Zufall einen Gast.
Es ist drei Uhr Nachmittag und die Sonne scheint. Im Monat März. Links Portierloge. Rechts Glastüre mit Aufschrift: Speisesaal. Im Hintergrunde führt eine Treppe nach oben und eine breite weit offene Türe ins Freie. Am Horizont Berge. Im Vordergrund ein kleiner Tisch und zwei Rohrstühle. In der Ecke eine vergilbte Palme. Eine mächtige alte Karte von Europa hängt an der Wand. Alles verstaubt und verwahrlost.

MAX *in Hemdsärmeln; sein Kellnerfrack liegt neben ihm auf dem Pulte der Portierloge; er liest Zeitung, frißt Brot und schlürft aus einer großen Tasse Kaffee.*
Im Zimmer über der Halle spielt ein Grammophon Südseeweisen.

KARL *in lederner Chauffeuruniform, erscheint in der Türe im Hintergrund; fixiert Max; tritt langsam auf ihn zu und beugt sich über das Pult:* Guten Morgen, Liebling.

MAX Gute Nacht, Liebling.

KARL Kannst du es erraten, was ich jetzt am liebsten tun würde?

MAX Nein. Und dann interessiert es mich auch nicht.

KARL Aber mich. Du hast dein Ehrenwort gebrochen.

MAX Interessiert mich nicht.

KARL Du hast mich bestohlen. Du Hund.

MAX Es interessiert mich nicht. Mein Herr.

KARL Du bist eine korrupte Kreatur.

MAX Sie haben ja den Südpol entdeckt! Man gratuliert.

KARL Oh, bitte! Diese gewaltige Entdeckung ist nicht mein Verdienst, sondern ist bereits gerichtsnotorisch protokolliert!

MAX Brüll nicht! *Er lauscht.* Es gibt doch auch Fehlurteile.

KARL *grinst:* Freispruch.

MAX Und Justizmord.

KARL *finster:* Das auch.

Schweigen.

MAX Apropos korrupte Kreatur: Baronin lassen sagen, der Chauffeur solle warten.

KARL So? – Was mich das Frauenzimmer neuerdings warten läßt!

MAX Was sich liebt, das läßt sich warten. Und apropos Justizmord: ich habe einmal läuten hören, daß du damals, als du noch hübsch und knusprig warst, vor 1914, ich glaube in Portugal –

KARL *scharf:* Was war in Portugal?

MAX Du warst doch in Portugal?

KARL Ja.

Schweigen.

Was ist mit Portugal?

MAX Du warst doch auch mal Kaufmann, vor 1914 – in Portugal?

KARL Ja. Und?

MAX Stimmt.

KARL Was stimmt?

MAX In Portugal gibt es korrupte Charaktere, sehr korrupte – besonders vor 1914 gab es dort außerordentlich korrupte Charaktere. Da konnte man keinen ungestraft an sein Ehrenwort erinnern.

KARL Was soll das?

MAX Es ist schon mancher bestraft worden, in Portugal. So um die Ecke – bestraft.

KARL Wer?

MAX Zum Beispiel: Jener – *Er stockt.*

KARL Wer jener?

MAX Was weiß ich!

KARL *brüllt:* Heraus damit!

MAX Verzeihung! – Ich dachte, jener hätte sich nur verletzt, leicht verletzt, oberflächlich verletzt, ich dachte, du hättest jenen nur niedergeschlagen, leicht, oberflächlich niedergeschlagen, gewissermaßen k.o. – und jener hätte sich dann wieder erholt, hätte blühender ausgesehen wie je zuvor, aber jener ist verschieden, inzwischen – so ganz von allein verschieden –

KARL *finster:* Ganz von allein. Hörst du?

MAX *schluckt:* Ganz von allein. Gut. Lassen wir den Spiritismus. *Im Zimmer über der Halle fällt ein Stuhl um.*

KARL, MAX *starren empor. Das Grammophon bricht plötzlich ab.*

MÜLLER *erscheint in der Eingangstüre; hält auf der Schwelle:* Na guten Tag! Mein Name ist Müller, Vertreter der Firma Hergt und Sohn. Ich will mal Direktor Strasser sprechen.

MAX Herr Direktor ist leider im Augenblick –

MÜLLER *unterbricht ihn:* Nanana! Wann kommt denn der Augenblick, in dem man bezahlt wird? Wann denkt man denn hier, die Rechnung zu begleichen? Oder wird hier geglaubt, die Schulden werden erlassen, wie?

MAX Da ich hier nur Kellner bin, kann ich diese Fragen nicht beantworten. Ich kann nur sagen, daß ich den Eindruck habe, als würde es uns sehr schwerfallen, zu bezahlen. Wir haben seit fünf Monaten nur einen einzigen Gast, eine alte Dame, die sich hierher zurückzog, um still leben zu können.

Im Zimmer über der Halle lacht eine Frau kreischend; das Grammophon ertönt wieder.

MÜLLER *lauscht:* Nur ein Gast?

MAX Leider.

MÜLLER *grinst:* Nur Mut, junger Mann! Nur Mut! Die Masse macht es nicht! Qualität ist Trumpf! Einer zählt für zwanzig, wenn er eine Persönlichkeit ist!

Wieder fällt im Zimmer über der Halle ein Stuhl um; und dann hüpft jemand hin und her, daß alles erzittert.

Toll! – Still leben. Und zurückgezogen. Mit wem hat sie sich denn zurückgezogen? *Er wiehert.*

MAX Mit dem Kaiser von China.

MÜLLER Nanana, Kellner! – Seit wann ist unser Freund und Meister Direktor Strasser, Besitzer dieses Etablissements, Kaiser von China, Sohn des Himmels? – Na denn auf Wiedersehen! *Ab.*

STRASSER *mit schiefsitzender Krawatte und zerwühlter Frisur; steigt langsam die Treppen herab; hält auf der letzten Stufe und ordnet Krawatte und Frisur.*

Das Grammophon verstummt: schläft ein.

KARL *hat sich gesetzt; erblickt Strasser:* Na endlich!

STRASSER Der nächste.

KARL *erhebt sich und ordnet sich die Uniform.*

STRASSER Baronin dürften sogleich erscheinen. Baronin ziehen sich nur an.

KARL Haben Baronin mit Stühlen jongliert?

STRASSER Baronin tanzten.

KARL Menuett!

STRASSER Wie ein Roß. *Er erblickt Max.* Mensch! Wie siehst du wieder aus?

MAX Wie?

STRASSER Zieh dir doch den Frack an! Das will Kellner sein!

MAX Erstens: will ich ja gar nicht Kellner, und zweitens: eigentlich bin ich ja –

STRASSER *unterbricht ihn:* Laß das! Erstens, zweitens, drittens: du bist Kellner! Daß du ursprünglich Plakate entworfen, Kunstgewerbler oder dergleichen Schnee warst, geht uns hier nichts an! Erwähne ich denn mein Vorleben?

MAX Im eigenen Interesse? Kaum!

STRASSER Kehre ich jemals den Offizier hervor? Betone ich jemals, daß ich eine Hoffnung, ja mehr als das, eine Erfüllung der europäischen Filmindustrie war? Daß ich ein Bonvivant, einmalig!

MAX Aber der Bonvivant hat Pech gehabt.

STRASSER Ich verbitte mir das! Das ist ja alles nicht wahr! Das sind gemeine Verleumdungen! Das war schon lange vorher! Der Bonvivant hat sich dieses Hotel gekauft, weil seine Augen die Jupiterlampen nicht ertragen konnten!

MAX Wird gesagt.

STRASSER Halt dein Maul! Und Schluß! Jetzt bist du Kellner! Verstanden?! Ob du noch vor einem Jahre Autos verschoben hast –

MAX *unterbricht ihn:* Mit dir!

STRASSER Mit mir. – Ja, was soll denn das?

MAX Ich meinte nur.

STRASSER Der Zeigefinger hat mir nicht gefallen, der Zeigefinger!

MAX Der? – Das war ja gar nicht der Zeigefinger, nur der kleine Finger. Der kleinste Finger.

STRASSER Jetzt hast du dir den Frack anzuziehen. Was sollen denn die Gäste denken?

MAX Es kommen keine Gäste. Höchstens Vertreter. Ab und zu.

STRASSER War einer da?

MAX Ja. Ein Herr Müller.
STRASSER Ich bin nicht zu sprechen.
MAX Er wird wiederkommen. Pinke, Pinke!
STRASSER Zieh dir den Frack an.
MAX Nein. Ich schwitze.
KARL *gehässig:* Im März?
MAX Gott, auch im März kann es einem heiß werden. Im August werden wir vielleicht frieren.
KARL Vielleicht!
MAX Vielleicht sicher sogar.
STRASSER Also kriegen wir dann überhaupt keine Saison mehr?
MAX Möglich. Die Erdachse soll sich ja verschoben haben.
STRASSER Woher weißt du denn das?
MAX Ich beschäftige mich doch mit Astrologie.
STRASSER Du sollst dir den Frack anziehen.
MAX *folgt zögernd; zieht sich unter allerhand Faxen langsam den Frack an und lächelt gelangweilt.*
Die Sonne verschwindet hinter einer Wolke.
Schüttelt sich und schlägt rasch den Kragen hoch. Brrr! Jetzt friert es mich. *Er tritt vor das Pult; er ist barfuß.* Ich muß mir nur noch die Schuhe holen. *Ab in den Speisesaal.*
Die Sonne scheint wieder.
KARL *sieht Max nach:* Ein geborener Verbrecher.
STRASSER Die Alte behauptet, er hätte eine reine Seele.
KARL Aber dreckige Füße.
STRASSER *geht auf und ab; lacht vor sich hin:* Die Erdachse, die Erdachse – Diese Erdachse! *Er bleibt vor der Landkarte stehen.* Europa. Europa.
KARL Man müßte fort.
MAX *kommt aus dem Speisesaal; er ist noch immer barfuß:* Hat vielleicht jemand meine Schuhe gesehen? – Hat

niemand meine Schuhe gesehen? – Ich kann meine Schuhe nirgends finden –

EMANUEL FREIHERR VON STETTEN *ein zierlicher Lebegreis mit Trauerflor, tritt rasch durch die Eingangstüre; betupft sich mit einem Spitzentaschentuch nervös die Stirne:* Bin ich hier richtig? Bin ich hier richtig? Hotel zur schönen Aussicht, wie? Ja? – Melden Sie mich Baronin Stetten. Da! *Er übergibt seine Karte Karl, der ihm am nächsten steht.*

KARL *reicht sie, ohne sie eines Blickes zu würdigen, Strasser.*

MAX *im Hintergrund:* Wer ist denn?

Stille.

Wer ist denn?

EMANUEL Nun – wird man es noch erleben können? Bewegung, bitte! Bewegung!

KARL Sie werden es auch noch erleben. Die kommt gleich runter.

EMANUEL Wer ›die‹?

MAX Wer ist denn?

EMANUEL *empört:* Zustände!

STRASSER Herr Baron!

MAX *entsetzt:* Was ist der?!

STRASSER *verbeugt sich:* Im Moment!

ADA FREIFRAU VON STETTEN *ein aufgebügeltes, verdorrtes weibliches Wesen mit Torschlußpanik; steigt in einem rosa Kleidchen, Automantel und Mütze, in der Hand eine Reitgerte, feierlich die Stufen herab; erblickt Emanuel; bleibt angewurzelt.*

EMANUEL *verbeugt sich tief.*

ADA Ach! – Welch charmanter Besuch.

EMANUEL Ich kann es dir nachfühlen, daß dich mein unerwartets Auftauchen seltsam berührt.

ADA Das war deine Stimme. – Ich glaubte schon, ich sähe

Gespenster.

EMANUEL Man darf wohl noch hoffen. *Er tritt zu ihr und küßt ihre Hand.* Zehn Minuten. Nur zehn Minuten, bitte.

ADA *zu Karl:* Herkules! Wir fahren in fünf Minuten.

Stille.

EMANUEL Also fünf Minuten. – Ich bitte, dich unter vier Augen sprechen zu dürfen. Nur fünf Minuten.

STRASSER, KARL, MAX *machen Miene sich zu entfernen.*

ADA Hiergeblieben! Hiergeblieben!

Stille.

EMANUEL Schwester. Ich kann es durchaus begreifen, daß du mich haßt. Aber diese Grausamkeit – ich hätte es nie für möglich gehalten, daß du die primitivsten Gesetze gesellschaftlichen Verkehrs –

ADA *unterbricht ihn:* Kritik?! *Dicht vor ihm.* Unterstehe dich, unterstehe dich nicht noch einmal – Man sagt zwar, daß sich Zwillinge gut verstehen, sozusagen: lieben, aber in unserem speziellen Falle, Herr Zwillingsbruder, stimmt das nicht. Es stimmt etwas nicht. Ja ja!

EMANUEL Wir sind alle verrückt!

ADA Ich bin nicht verrückt. Hörst du? Ich will nicht verrückt sein! Ich denke nicht daran, dir diesen Gefallen zu erweisen! – Du hast dich schon einmal zum Anwalt gewisser Individuen erniedrigt. Ich bin nicht verrückt – ich lasse mich nicht unter Kuratel – Kusch! Gewisse Individuen wollten mich nämlich unter Kuratel – *Sie erblickt den Trauerflor an seinem Arme; stockt, grinst und berührt ihn mit der Gerte.* Diese Familie – Ich trage keinen Trauerflor. Keinen. Ich bin nicht stolz auf Gespenster – War es eine fröhliche Leiche?

EMANUEL Laß die Toten, wenn ich bitten darf.

ADA Es gibt keine Toten. Wir Menschen haben eine unsterbliche Seele. *Sie schminkt sich die Lippen.*

EMANUEL Ich weiß, daß du religiös bist.

ADA *zuckt zusammen; fixiert ihn mißtrauisch:* Du findest ein Wort der Anerkennung, du? Jetzt wird man sich hüten müssen – Heraus mit der Hinterlist! Was willst du? Sprich! So sprich!

Stille.

EMANUEL Es geht um ein Menschenleben. – Du allein sollst richten, ob dieser Mensch die nächsten zwölf Stunden überleben darf, oder ob er sich Punkt fünf Uhr früh selbst guillotinieren muß. Um was ich dich bitte, ist eine solch lächerliche Geringfügigkeit, verglichen mit eines Menschen Leben, daß – Ada, es dreht sich um ein Menschenleben. Ohne mein Verschulden hat mich das Schicksal in eine vernichtende Situation hineinmanövriert. Gestern abend wurde im Klub gespielt, wie immer. Karten. Gott, man spielt ja nicht, um zu gewinnen, aber trotzdem kann man verlieren! Ich verlor, verlor, verlor – das Blatt wandte sich gegen mich, im wahrsten Sinne des Wortes. Ich spielte bis fünf Uhr früh, mit ganzer Kraft bemüht wieder gut zu machen, doch wen die Götter vernichten wollen, dem nützt der gute Wille nichts. Ich verlor, bis fünf Uhr früh. – Nun bist du meine letzte Hoffnung. Du kannst mich begnadigen. Nur du. Ich bin hierher gestürzt – bis ich nur diese Station auf dem Fahrplan fand! – Es ist meine vorletzte Station.

ADA Möglich.

Stille.

Wieviel hast du denn verloren?

EMANUEL Siebentausend.

ADA Und das kannst du nicht?

EMANUEL Passé.

ADA Und du, du wolltest mich unter Kuratel?

EMANUEL Nicht ich!

ADA Kusch!

Stille.

EMANUEL Ada. Ich komme zu dir nicht nur als Mensch zu Mensch. Einst standen wir zwei ja fast, als wären wir gar nicht Schwester und Bruder – erinnerst du dich noch?

ADA Ich will mich nicht erinnern.

EMANUEL *zieht einen Revolver:* Ich habe mir meine Guillotine bereits besorgt –

ADA Auch die Kugel?

EMANUEL Wie du einen quälen kannst!

ADA *lacht ihn aus.*

EMANUEL *steckt langsam den Revolver ein.*

ADA Langen drei?

EMANUEL Was drei?

ADA Dreitausend.

EMANUEL *entrüstet:* Ich bin doch kein Hebräer!

ADA Langen drei?

Stille.

Lächelt. Darf man den Herrn Baron einladen, über Nacht hier zu bleiben? Du könntest es ja dann telegraphisch – wenn ich dir die drei bewilligt haben sollte – Strasser! Ein Zimmer! Ein Gast! Ein Gast!

EMANUEL Du hast dich nicht verändert.

ADA Keine Komplimente!

EMANUEL Da du als Kind schon Tiere gequält hast, kann mich dein jetziges Benehmen keineswegs wundern – doch hoffe ich, daß du mich nicht zu Tode peinigst. Ada, es geht um sieben. Drei kosten mich den Kopf.

ADA Diesen Kopf! – Strasser! Führe den Herrn Baron auf sein Zimmer!

STRASSER Sonnenseitig?

ADA Nur nicht Mond! Damit er nicht anfängt zu wandern!

EMANUEL Ich darf wohl bitten, meine Gebrechen nicht derart vor dem Personal –

ADA *unterbricht ihn:* Unter uns! Unter uns! Wir haben keine Geheimnisse! Du erlaubst, daß ich dich deinen Verwandten vorstelle: mein Bruder Emanuel, genannt Bubi. – Dein Schwager Direktor Strasser. Dein Schwager Karl, der wagemutigste Rennfahrer seit Ben Hur, fünf Kilometer in der Stunde –

KARL Kilometer ist gut! Sehr gut!

ADA *grinst:* Nicht? – Und dein Schwager Max!

MAX Angenehm!

EMANUEL *erstarrt.*

Stille.

ADA *schleicht zu Emanuel und küßt ihn auf das Ohr; grinst:* Nicht weinen, Bubi, nicht weinen –

EMANUEL *unterdrückt:* Es ist erschütternd!

ADA *lacht:* Bubi! Bubi!

EMANUEL Als Mensch möchte ich jetzt tot umfallen, aber als Kavalier muß ich mich degradieren lassen.

STRASSER Darf ich bitten, Herr Baron!

MÜLLER *erscheint in der Eingangstüre.*

STRASSER Und Generaldirektor Müller, Präsident der Vereinigten Kalkwerke von Paneuropa!

MÜLLER He?

STRASSER Einen Augenblick, Herr Generaldirektor! Darf ich bitten, Herr Baron!

Stille.

EMANUEL *starr; lächelt sarkastisch und verbeugt sich steif:* Zu freundlich! *Er eilt die Treppen empor.*

STRASSER *folgt ihm.*

MÜLLER Halt!

STRASSER Im Augenblick, Herr Generaldirektor! *Ab.*

MÜLLER Was bin ich?

ADA *zu Karl:* Allons, Ben Hur!

KARL Was man alles werden kann!

ADA Wie du willst, Herkules!

Es dämmert.

MÜLLER Was bin ich?

ADA *zieht sich den Mantel aus und wieder an; pudert sich die Nase, schminkt sich die Lippen.*

KARL Laß das! Los! Die Sonne ist weg – du bist schon schön!

ADA Wird es regnen?

KARL Es wird Nacht.

ADA So? Dann wollen wir nunmehr bis zur Kapelle – ich liebe diese Spätgotik. *Zu Müller.* Bleiben Herr Generaldirektor die Nacht über?

MÜLLER *verwirrt:* Was für Nacht?

ADA Charmant! Dies Kind im Manne – Au revoir, Herr Generaldirektor! *Ab mit Karl.*

MÜLLER *sieht ihr nach; zu Max:* Wohin reiten denn die?

MAX Die reitet nicht nur, die fährt auch. Automobil.

MÜLLER Mit der Peitsche?

MAX Auch das, Herr Generaldirektor. *Er blickt suchend umher.*

MÜLLER Was bin ich?

MAX Generaldirektor.

MÜLLER Ich bin kein Generaldirektor! Ich bin Müller, Vertreter der Firma Hergt und Sohn –

MAX *unterbricht ihn:* Aber bei Ihren Fähigkeiten könnten sie jederzeit Generaldirektor sein!

MÜLLER *setzt sich.*

MAX Natürlich! Aber natürlich!

Stille.

MÜLLER Bei meinen Fähigkeiten? – Natürlich! *Er schnellt empor und eilt hin und her.*

MAX Wenn ich nur meine Schuhe finden könnte –

MÜLLER Es wäre nur zu natürlich – Jederzeit! Fähigkeit,

Begabung, Genie! Jederzeit! Aber, junger Mann, die Welt ist zu verlogen, sie will belogen sein! Glück müßte man haben, Glück!

MAX Haben Sie nicht irgendwo, etwa, zufällig, ein Paar Schuhe gesehen?

MÜLLER *hält ruckartig:* Was für Schuhe?

MAX Schwarze Schuhe.

MÜLLER Schwarze Schuhe?

MAX Meine Schuhe.

MÜLLER Was gehen mich Ihre Schuhe an? Laufen Sie nackt! Mit bloßen Sohlen!

MAX Das tu ich ja!

MÜLLER So passen Sie auf, daß Sie in keinen Reißnagel treten!

MAX Man dankt für Ratschläge! Helfen Sie mir lieber die Schuhe suchen!

MÜLLER Ich helfe keine Schuhe suchen!

MAX Meine armen Zehen!

MÜLLER Was gehen mich Ihre Schweißfüß an!

MAX Schweißfüß?! Herr, das sind Zehen! Gepflegte Zehen! Polierte, rosige, zarte, zerbrechliche – das sind schon gar keine Zehen mehr, das sind Zehlein!

MÜLLER *brüllt:* Halten Sie Ihr loses Maul! Woher will er wissen, was ich für Zehlein habe?!

MAX Ich?

MÜLLER Schluß! Ich möchte den Direktor Strasser! Aber sofort!

STRASSER *tritt aus dem Speisesaal rasch ein:* Herr Generaldirektor!

MÜLLER Ich bin kein Generaldirektor! Sie scheinen mich ja vergessen zu haben?

MAX Wer das könnte!

MÜLLER *zu Strasser:* Ich will Sie erinnern. Sie werden sich schon noch erinnern! Sie sollens nimmer vergessen!

Garantiert!

STRASSER Ach, Sie sind ja der Herr Müller! Ja, richtig! Der Müller von Hergt und Sohn – Ich habe Sie jetzt verwechselt. Verzeihen Sie, daß ich Sie mit meinem Freunde Generaldirektor Müller verwechselt habe. Aber diese Ähnlichkeit! Dasselbe markante Mienenspiel!

MAX Natürlich! Aber natürlich!

MÜLLER Finden Sie?

STRASSER Frappant! Frappant!

Stille.

MAX Diese Schuhe – diese Schuhe – *Bekümmert ab nach oben.*

STRASSER *bietet Müller Platz an:* Bitte –

MÜLLER *wehrt ab:* Keine Konferenz! Selbst wenn ich Generaldirektor wäre, hier wird nicht geredet, hier wird bezahlt! Es dreht sich um jene sechs Kisten Sekt. Geliefert am siebzehnten Februar. Voriges Jahr.

STRASSER Am fünfzehnten.

MÜLLER Am sechzehnten! Bezahlen Sie, bezahlen Sie! Ja oder nein?

STRASSER Nein.

MÜLLER *setzt sich und schlägt wütend die Beine über Kreuz.*

STRASSER *beugt sich über den Tisch.* Nein. *Er setzt sich.* Aber ich bin selbstverständlich bereit, Möglichkeiten zu erwägen –

MÜLLER *unterbricht ihn:* Ich lasse pfänden, Herr! Pfänden!

STRASSER Defizit. Garantiert.

MÜLLER Ich lasse alles beschlagnahmen!

STRASSER »Alles«? Ein unsolider Begriff!

MÜLLER Und dann erstatte ich Strafanzeige: wegen Betrug!

STRASSER Ach! Sie wollen sich selbst stellen?

MÜLLER Mich selbst? Was soll das? Wieso?

STRASSER Ich kenne nämlich einen Generaldirektor, einen gewissen Müller, der verkauft auch Autos, so nebenbei – und hat auch so nebenbei einen gewissen Strasser betrogen – ›betrogen‹ ist dabei noch galant formuliert.

MÜLLER Wann soll denn das gewesen sein?

STRASSER Am dritten März. Voriges Jahr.

MÜLLER Was war das für ein Wagen?

STRASSER Ein rotbrauner –

MÜLLER *unterbricht ihn:* Ach, der Kleine!

STRASSER Klein oder nicht klein! Der Staatsanwalt kennt nur Pferdekräfte!

MÜLLER Sie wollen erpressen?

STRASSER Ich k ö n n t e erpressen, aber ich will zu anständig sein.

MÜLLER Was verdienen Sie dabei?

STRASSER Nichts. Nicht mal sechs Kisten Sekt. Ich bin so und so bankrott.

Draußen weht der Wind.

Der Sommer war verregnet. Zu Weihnachten blühte der Flieder. Zu Ostern fiel Schnee. Schlechter Schnee. Kein Wintersport, nur Grippe. Verseuchte Saison. Kaum ein Gast. Ich hänge hier zu sehr vom Wetter ab.

Der Regen klopft auf ein Dach.

Hören Sie?

MÜLLER Was?

STRASSER Wie es regnet. Pfingsten naht. Wieder verregnet.

Schweigen.

MÜLLER Ich gratuliere. Sie haben ja einen außerordentlich vorteilhaften Vertrag mit dem lieben Gott. Solange Sie Grammophon spielen, scheint die Sonne – aber wie einer um sein Geld kommt, gibt es sogleich einen Wolkenbruch.

STRASSER Also abgesehen vom lieben Gott: sehen Sie denn nicht, daß das Gras schon zur Türe hereinwächst? Die Kräuter?

MÜLLER Was für Kräuter?

STRASSER Mann, Müller! Sehen Sie doch nur diese ungeheure Verwahrlosung! Diese Einsturzgefahr! Man wagt ja kaum mehr Platz zu nehmen!

MÜLLER Nanana! *Der Stuhl unter ihm bricht zusammen; er stürzt zu Boden.*

STRASSER Es geht abwärts. *Er zündet sich eine Zigarette an.*

Schweigen.

MÜLLER *am Boden:* Bankrott. Hm – Was verdienen Sie dabei? *Er grinst.*

STRASSER Sie fallen vom Stuhl!

MÜLLER Würde Ihnen so passen!

STRASSER Sie können es sich anscheinend nicht mehr vorstellen, daß jemand wirklich zu Grunde gehen kann?

MÜLLER *lacht:* Wirklich? Wirklich ›wirklich‹?

STRASSER So wahr Sie jetzt am Boden kauern!

MÜLLER *gekränkt:* Ich kauere nicht. Kauern tut ein Tier. Ich sitze. Man ist doch immerhin noch ein Mensch – Au! Was war das? Was ist das? – Ich kann nicht mehr auf – Au, ich glaube, jetzt ist etwas verrenkt– es wird doch nichts gebrochen, au! So helfen Sie mir doch!

STRASSER *geht auf und ab:* Hernach! Zuerst das Geschäftliche –

MÜLLER *unterbricht ihn:* Hernach, hernach!

STRASSER Nein! Zuerst die Pflicht! Also: ich kann nicht bezahlen –

MÜLLER *unterbricht ihn:* Ich kann nicht aufstehen!

STRASSER Ich kann nicht bezahlen.

MÜLLER Betrug! Betrug! Eine alte Ziege finanziert den Zirkus! Diese sinnliche Aristokratin! Ist ja bekannt, bekannt, stadtbekannt!

STRASSER Ich halte nichts vom Geschwätz der Leute!

MÜLLER Herr, ich bin verunglückt!

STRASSER Ich kann Ihnen lediglich versichern, daß, sobald es mir meine Lage gestatten wird, das heißt: bei günstiger Witterung, ich meine Schulden anfangen werde zu begleichen. Ratenweise, natürlich! Sonst müßte man sich ja sogleich aufhängen!

MÜLLER Wollen sie mich hier liegen lassen, wie einen überfahrenen Hund, ja?! Hilfe! Hilfe! Hilfe!!

STRASSER *stürzt sich auf ihn und hält ihm den Mund zu; brüllt:* Ruhe! Ruhe! Ruhe!!

Stille.

Stützt ihn empor. Sammlung, Herr Müller! Sammlung! Solch ein ausgewachsenes Exemplar, und so brüllen – Wie kann man nur – wegen einer lumpigen Ratenzahlung!

MÜLLER *weinerlich:* Au – meine Existenz – Strasser, ich habe das Gefühl, ich bin entzwei – ob ich mir etwas gebrochen habe? – Sie können das gar nicht beurteilen, diese Ratenzahlung in Verbindung mit der Witterung – meine Existenz – nein, nein! Ich bin kein Hypochonder – und betrogen habe ich Sie auch nicht, das mit dem Auto, dem kleinen – mit dem selben Recht könnte man ja sagen, ein jedes Geschäft – wenn ich mir nur nichts gebrochen habe –

STRASSER *sanft:* Herr Müller. Ich werde Sie nun nach dem Speisesaal bringen – Sie werden mir Recht geben: sobald man etwas im Magen hat, fühlt man sich erleichtert.

MAX *tritt in schwarzen Schuhen aus dem Speisesaal; läßt*

die Türe offen und verbeugt sich tief mit einer Serviette über dem Arm.

MÜLLER Und die Nacht über muß ich nun auch hier – Heut kann ich unmöglich weiter, so hinkend.

STRASSER *führt ihn in den Speisesaal:* Ich habe ja auch Zimmer –

MÜLLER *seufzt:* Nur kein Geld! Aber Sie haben ein goldenes Herz, Sie Schwein – *Ab.*

MAX *allein:* Ich bin nur froh, daß ich endlich meine Schuhe wieder habe. Man ist ja sogleich ein anderer Mensch.

CHRISTINE *einfach dunkel gekleidet; erscheint in der Eingangstüre.*

MAX *formell:* Sie wünschen?

CHRISTINE Ich wollte nur fragen, ob ich Herrn Strasser sprechen könnte.

STRASSER *tritt aus dem Speisesaal.*

MAX *leise:* Es ist ein Frauenzimmer hier, das dich sprechen will.

STRASSER *ebenso:* Mich? Wie sieht es denn aus?

MAX Geschmacksache.

STRASSER *grinst:* Dünn? Dick? Lang? Kurz? Stämmig?

MAX Ich weiß nicht, was du darunter verstehst.

STRASSER So laß mal sehen!

MAX *knipst das Licht an.*

STRASSER *erblickt Christine, fährt zusammen, will schleunigst ab.*

CHRISTINE Strasser!

STRASSER *tut, als erblickte er sie erst jetzt:* Christine! – Du? Kolossal! Ich hab dich jetzt gar nicht gesehen, auf Ehrenwort!

CHRISTINE Lüg nicht.

Stille.

STRASSER *zu Max:* Was lungern Sie hier herum, Kellner,

als gäbe es nichts zu tun! Der Herr Generaldirektor wollen ja soupieren! Daß mir keine Klagen kommen!

MAX *ab in den Speisesaal:* Hoi! Hoi!

Stille.

STRASSER Christine. Dein plötzliches Erscheinen wirft die ganze Exposition über den Haufen –

CHRISTINE Warum hast du meine Briefe nicht beantwortet?

STRASSER Was für Briefe?

CHRISTINE Alle können nicht verloren gegangen sein.

STRASSER Doch! Doch! Die Post ist derart unzuverlässig –

CHRISTINE *unterbricht ihn:* Lüg nicht.

Stille.

Betrachtet Strasser; sieht sich scheu um; eilt plötzlich auf ihn zu, ängstlich lächelnd, schlingt ihre Arme um seinen Hals und küßt ihn. Nein, nein! Das ist ja alles nicht wahr – alles nicht wahr, still! Wir reden ja nur aneinander vorbei. Verzeih mir. Bitte verzeihe, daß ich soeben sagte, du lügst – aber ich bin so ängstlich geworden, ich weiß doch, daß du nicht lügst, nie lügst, daß du nie die Unwahrheit sagst –

STRASSER Einmal habe ich einen Brief erhalten –

CHRISTINE *küßt ihn rasch auf den Mund:* Nein nein nein – Ich weiß ja, daß die Briefe verloren gegangen, alle Briefe, und dann habe ich sie auch vielleicht gar nicht abgesandt – es ist ja, als hätte ich sie gar nicht geschrieben, und die Post ist derart unzuverlässig – warum, warum gibst du mir denn keinen, keinen Kuß?

STRASSER *küßt sie.*

Stille.

CHRISTINE Ich habe dir geschrieben, daß mein zweiwöchentlicher Sommeraufenthalt, voriges Jahr, hier, nicht ohne Folgen für mich – für uns –

STRASSER Du willst doch nicht sagen –

CHRISTINE *unterbricht ihn:* Ja.

Stille.

Ja.

Sturm.

Es war eine harte Zeit. Ich wurde abgebaut, und wenn der liebe Gott mir nicht geholfen hätte, wäre ich untergegangen – ich weiß, du wärest zu mir geeilt, wenn du es auch nur geahnt hättest. Ich gehöre zu dir. Hier ist meine Heimat, in der Stadt friere ich nur. Ich werde dir die Wirtschaft führen – ich habe es dir gesagt, wie ich dich liebe, alles, deinen Körper, es wird mir immer kalt und heiß –

EMANUEL *kommt lautlos die Treppen herab.*

STRASSER *hört ihn trotzdem, stößt Christine von sich.*

EMANUEL Pardon! – Pardon! Sind Baronin schon wieder zurück?

STRASSER Nein.

EMANUEL Noch nicht zurück? Bei diesem Wolkenbruch? Das ist ein Orkan! Man wird die Behörde verständigen müssen, es wird doch nichts geschehen. – Wo, wo läßt sich hier telefonieren?

STRASSER *deutet auf das Pult:* Dort. Aber ob die Behörde Sie beruhigt, ist fraglich. Neulich hat sich ein Auto überschlagen, doch die Behörde –

EMANUEL *unterbricht ihn:* Wie können Sie so reden?! Um Gottes Christi Willen! *Er eilt an das Telefon.*

Orkan.

CHRISTINE *leise:* Was ist das für eine Baronin?

STRASSER Ach!

Schweigen.

CHRISTINE Ich habe gehört, daß hier eine Baronin wohnt – *Sie stockt.*

STRASSER So?

CHRISTINE Du, der liebe Gott hat geholfen. Der liebe Gott – Ich habe nämlich – *Sie stockt wieder.*

STRASSER Was?

CHRISTINE Später. Später.

STRASSER Was verstehst du unter ›lieber Gott‹?

CHRISTINE Strasser. Gib mir dasselbe Zimmer –

STRASSER Welches war denn nur das?

CHRISTINE Du weißt es doch – Nummer elf.

STRASSER Elf ist leider besetzt. Aber selbst, wenn es noch frei wäre, würdest du es wahrscheinlich nicht wiedererkennen, da wir es anders eingerichtet haben.

CHRISTINE Schöner?

STRASSER Vorteilhafter.

CHRISTINE *ergreift seine Hand:* Gib mir irgendein Zimmer – komm! *Sie steigt mit Strasser die Treppen empor.*

EMANUEL *allein; am Telefon:* Keine Verbindung. Grotesk! Grotesk! *Er hängt ein; geht nervös hin und her.* Dieser Orkan! Es wird doch nichts geschehen sein – Jedes Auto überschlägt sich ja nicht, man sollte es nicht für möglich halten –

MAX *kommt aus dem Speisesaal.*

EMANUEL Ober! Wieso kann es möglich sein, daß man keine Verbindung bekommt? Ach, ich meine: am Telefon.

MAX Weil das Telefon verdorben ist.

EMANUEL So gehört es repariert.

MAX Gott, das ist schon seit Wochen in Unordnung – *Er sieht sich suchend um.* Sagen Sie: haben Sie nicht irgendwo eine Speisekarte gesehen?

EMANUEL Ich?!

MAX Der Herr Generaldirektor wollen nämlich frühstücken.

EMANUEL Zustände!

KARL *tritt ohne Gruß ein; sieht sich verstört um; lallt:*

Den Strasser brauche ich, den Strasser – Wo kann ich einen Strasser haben? Aber nicht zu teuer – ein Stück Strasser brauche ich –

EMANUEL, MAX *starren ihn entgeistert an.*

KARL *plärrt plötzlich los:* Ja, heiliges Dromedar, hat euch denn alle der Schlag gerührt, ihr Bolschewisten!

EMANUEL *knickt in den Knien ein:* Bolschewist?!

KARL *zu Max:* Du Mandrill! Wo steckt der Strasser, wo?!

MAX Herr Gorilla, es ist mir leider nicht bekannt, wo die hochwohllöbliche Direktion sich derzeit herumtreiben.

KARL Da muß sie her! Die muß her! Her muß sie! Daher! Hierher! Daher, hopp! *Er rülpst.*

MAX Ach, du bist wieder betrunken?

KARL Ha?

EMANUEL *zittert:* Empörend!

MAX *zu Karl:* Du bist verstört.

KARL Nichts ist unmöglich. *Er rülpst und wankt.*

EMANUEL Empörend! Also das ist empörend! Ein berauschter Lenker im Orkan! Zuchthaus! Jawohl: Zuchthaus! – Jetzt wage ich nicht mehr konsequent zu denken –

MAX Wenn ich nur wüßte, wo die Speisekarte –

KARL Baronin liegen in der Karosse und betonen, nicht aussteigen zu können, bis der Strasser kommt. Sie bilden sich nämlich ein, daß die Direktion sie auf den Händen herauftragen müßte.

EMANUEL Was bedeutet das?

KARL Wir sind umgekippt.

EMANUEL Um Gottes Christi Willen! Mein Kopf! – Chauffeur! Ist sie verletzt!? Leicht? Schwer?

KARL Baronin sind besoffen. – Oder habt ihr euch etwa eingebildet, wir fahren im Orkan zur Scheißkapelle?!

MAX *zu Emanuel:* Wie kann man auch nur!

KARL Wir haben nur unsere Gaumen benetzt, den

Schlund, die Schlünde – im roten Aar, im bleichen Bock, weiß der Satan wo! Aber die verträgt ja nichts, deine Schwester ist, was Alkohol anbelangt, eine Fehlgeburt! Nach dem vierten Glas hat sie schon gesungen, und dann hat sie die Kotflügel vollgespien – du, die kann singen!

Aus der Ferne tönt Adas Stimme, falsch und kreischend: ein sentimentaler Gassenhauer.

EMANUEL *hält die Hand vor die Augen.*

MAX *hält sich die Ohren zu.*

KARL *krümmt sich.*

ADA *verstummt plötzlich.*

DIE DREI *lauschen.*

MAX *leise:* Sie kommt –

KARL Quatsch!

MAX Pst!

Schweigen.

KARL Vorgestern ist sie auch nicht gekommen.

MAX Heute kommt sie. Oder gibt es da etwa ein Gesetz? Wetten?

KARL Mit dir? *Er spuckt aus.*

MAX Wer wettet mit mir?

MÜLLERS STIMME *aus dem Speisesaal:* Ober! Ober!

MAX *zuckt zusammen:* Dieser Beruf! *Ab in den Speisesaal.*

ADA *erscheint in der Eingangstüre, abgespannt; hustet heiser.*

EMANUEL *zog sich in eine finstere Ecke zurück.*

Es ist still geworden.

ADA *hängt sich an Karl, der leicht torkelt:* Herkules, Herkules – es geht mir so miserabel, mein Leib – So hilf mir doch! Ich huste ja meine Seele hinaus – Sag: liebst du mich?

KARL *rülpst:* Ja.

ADA Aber nicht nur meinen Leib, meine Reize – auch meine Seele, nicht?

KARL Auch deine Seele.

Irgendwo singt eine blonde Geige Schmachtfetzen.

ADA Ist das schön, du – du starker, großer, du Siegfried! Und dann regnet es auch nicht mehr, die Sterne stehen am Himmel – Wenn ich nur nicht so durstig wäre! Durst! Durst! Ist das die Sehnsucht?

KARL Nein, das ist Durst.

Die blonde Geige hat ausgesungen.

ADA *reißt sich los von Karl:* Pfui! Jetzt war ich wieder sentimental, was?

KARL Das ist die Liebe, Gretchen.

ADA Ich schäme mich. Ich schäme mich! Nein! Das muß ich vergessen! Komm! Ich habe Durst!

KARL Es lebe die Sehnsucht!

Vorhang

Zweiter Akt

Speisesaal im Hotel zur schönen Aussicht.
Zwei Tische im Vordergrunde sind gedeckt: einer weiß, einer bunt. Auf den übrigen Tischen stehen Stühle mit den Beinen himmelwärts.

MÜLLER *sitzt an dem weißgedeckten Tische und hält die Hände vor das Gesicht; ruft:* Ober! Ober!

MAX *kommt rasch; erblickt auf dem bunt gedeckten Tische die Karte:* Ach, da liegt ja die Speisekarte! Seltsam! Was man alles sucht! *Er breitet sie geschäftig vor Müller aus.*

MÜLLER *blickt mechanisch in das Blatt.*

Stille.

MÜLLER Sagen Sie –: haben Sie Krücken?

MAX Krücken?

MÜLLER Kennen Sie keine Krücken? – Richtige Krücken, solche – *Er macht eine Geste des Humpelns.* Au! Ich habe mir nämlich das Bein gebrochen. Das Schienbein. Das Knie. Den Knöchel. Die Knöchel. – Und nun kann ich nicht laufen.

MAX Sie wollen mit Krücken laufen? Interessant!

MÜLLER Wieso?

MAX Sie werden auch mit Krücken nicht mehr laufen.

MÜLLER Tatsächlich?

MAX Na selbstverständlich!

Stille.

MÜLLER Haben Sie auch keinen Rollstuhl?

MAX Rollstuhl? Nein. Aber Krücken haben wir.

MÜLLER Krücken?

MAX Ja, solche richtige – *Er macht Müllers Geste des Humpelns.*

MÜLLER *braust auf:* Sie haben doch soeben gesagt –

MAX *unterbricht ihn:* Ich habe gesagt, daß Krücken Ihnen nichts nützen dürften, aber ich habe nicht gesagt, daß wir keine haben. Wir haben Krücken. – Da war einmal ein Herr hier zur Erholung, der ging auf Krücken und trug ein eisernes Korsett. Der war seinerzeit im Weltkrieg ziemlich verwundet worden, an der Nordfront –

MÜLLER Unsinn! Es gab doch gar keine Nordfront! Junger Mann. Sie beherrschen ja die vaterländische Geschichte famos!

MAX Gott, damals war ich noch keinen Meter hoch, und was ich in der Schule gelernt habe, das hab ich sofort vergessen – kurzum: als jener von uns ging, brauchte jener die Krücken nicht mehr. Er hat sich nämlich ersäuft, in dem Weiher, dort drüben, weil er unheilbar war. Seine Krücken hat er uns vermacht, weil er sagte, er sei noch nirgends in seinem Leben so friedlich gesessen, wie unter unserer Tanne. Romantisch, was? Aber es muß auch solche Käuze geben – und wir haben seine Krücken auf den Speicher gestellt, aus Pietät, sozusagen: als Erinnerung an große Zeiten.

MÜLLER Das waren sie! Bei Gott! Ein Volk in Waffen! Ihr jungen Hunde müßtet mal ordentlich gedrillt werden – das tut Not!

MAX An welcher Front standen Sie?

MÜLLER Fragen Sie nicht so unverschämt, ja?! Ich verbitte mir das!

Stille.

MAX Soll ich nun die Krücken bringen?

MÜLLER *hat sich wütend in die Speisekarte vertieft:* Bringen Sie mir Schweinebraten mit Röstkartoffel. Und Gurkensalat. Marsch, marsch!

MAX Wir haben keine Kartoffel.

MÜLLER Keine Kartoffel?

MAX Wir haben auch keinen Gurkensalat.

MÜLLER Skandal! Dann bringen Sie Rotkohl!

MAX Wir haben aber auch keinen Schweinebraten.

MÜLLER *schlägt auf den Tisch:* Das ist zuviel!

MAX Zu wenig.

MÜLLER *schnellt empor und läuft schäumend hin und her:* Zuviel! Viel zuviel! Keine Kartoffel, keine Gurke, kein Schwein!

MAX Herr Müller!

MÜLLER Kein Schwein! Was haben Sie denn?!

MAX Sie laufen ja!

MÜLLER *immer hin und her:* Das geht Sie nichts an, Sie! Ich frage: was bekommt hier der, der Hunger hat? Zeigen Sie mir keine Speisekarten –

MAX Nur Formsache!

MÜLLER – geben Sie mir etwas zum Fressen! Was haben Sie, was haben Sie?! Die Wahrheit!

MAX Ich muß erst nachsehen.

ADA UND KARL *erscheinen.*

ADA Ha, der Herr Generaldirektor!

MÜLLER Irrtum, Baronin! Ich bin kein Generaldirektor.

ADA *lächelt:* Inkognito? *Sie setzt sich an den bunt gedeckten Tisch.*

MÜLLER *setzt sich auf seinen Platz:* Mein Name ist Müller, Vertreter der Firma Hergt und Sohn, Weingroßhandlung, kurherzogliche Hoflieferanten, gegründet 1678 –

ADA *unterbricht ihn:* Charmant! Sie werden mir immer charmanter – das haben Sie sich ja charmant ausgeklügelt, und ich will Ihren Willen tun – hören Sie, großes, dickes Kind: Ihren Willen tun, aber Sie dürfen ihn nicht falsch auffassen – Wir wollen auf unseren Willen trinken! Los! Mit Sekt! Mit dem Willen versetzt man bekanntlich Berge, wenn es sein muß. Ich hätte ja ursprünglich ein Mann werden sollen, ich wäre ein Cäsar geworden, ein Nero – Quo vadis, Herr Generaldirektor? Glotz nicht! Sekt! Sekt! Aber keinen von Hergt und Sohn! Faule Firma!

MAX *zu Müller:* Ganz meine Meinung!

ADA Daß man hier nichts anderes ausschenkt, als Jauche in Pullen!

MAX *stellt Gläser auf den Tisch:* Darum trinken ja auch Herr Generalgeschäftsreisender meistens Wasser.

ADA Aber was kann man denn machen, wenn man anstoßen will?! So trinken wir eben mit Jauche auf unsere Ideale!

KARL *hatte sich neben Ada gehockt:* Pupille! Pupille!

MAX *entkorkt eine Flasche mit Krach.*

ADA Salut! Und zusammen die Tische! Zusammen! *Es geschieht.* Ich lade ein! Ihr seid bei mir zu Gast, Herr Generaldirektor! Nach unserem Geschmack! *Sie schnellt empor.* Still! *Sie starrt in sogenannte Fernen; lallt.* – Ist das die Sehnsucht? Still! Jetzt zieht ein Choral durch meine Seele. – Wenn ich die Wörter nur verstehen würde, diese Silben aus einem anderen Reich, so könnten wir singen –

KARL Nur nicht singen!

MÜLLER Schwätzt die immer so viel, wenn sie besoffen ist?

KARL *zu Müller:* Sauf! Auf daß du Generaldirektor wirst!

MAX *hatte Flaschen auf den Tisch gestellt und sich gesetzt:* Ihr habt auch schon gar keinen Sinn für Poesie.

KARL Ich verblöde nie!

ADA Sphärenmusik –

MÜLLER *nippt an seinem Glase:* Ich finde den Sekt recht ordentlich. Oder?

MAX Oder.

KARL *sauft aus der Flasche:* Außerordentlich!

MÜLLER Außerordentlich! *Er leert sein Glas.*
KARL Wenn man dabei nur nicht hungern müßte!
MÜLLER Dito!
MAX Schwalbennester wären noch da.
MÜLLER *höhnisch:* Sonst nichts?
MAX Und Krücken.
MÜLLER *stiert ihn an; leert hastig sein Glas.*
EMANUEL *erscheint.*
ADA *erblickt ihn:* Heiliger Himmel, du lebst ja auch noch! Was die Medizin vermag! Dieser Kopf! Wie er zittert, wie der zittert! Halt! Halt! Daß du ihn nur nicht verlierst! Die Würfel sind gefallen, aber das Resultat wird erst eine Sekunde vor Schluß verkündet – sonst ginge ja die Spannung flöten, und ich hasse die Langeweile – eine Sensation muß das werden! Eine Sensation!
MÜLLER *lacht:* Jetzt hab ich das Wort! Sie sind ein Original, Baronin!
ADA Nicht? – Nimm Platz! Darf man bitten, Sensation! Ohne Vorwort, und keine Kritik!
EMANUEL *nähert sich widerwillig.*
MÜLLER *schnellt empor und schlägt die Haken zusammen:* Müller!
EMANUEL *steif; murmelt; setzt sich an die weißgedeckte Seite.*
KARL Emanuel Freiherr von Stetten, genannt Bubi – Grün ist die Hoffnung, Schwager! Ex!
EMANUEL *schnellt empor; eilt an die Rampe; faßt sich an das Herz.*
ADA Was hat er denn? Was ist ihm denn schon wieder?
KARL Der Idiot.
ADA *schleicht zu Emanuel.*
MÜLLER *zu Karl:* Diese Beleidigung!
MAX Ex! *Saufen.*
ADA *zu Emanuel:* Daß du parierst! Daß du parierst!

EMANUEL Kreuzige mich! Aber verlange nicht von mir, daß ich mit Kellner und Chauffeure an einem Tische trinke!

ADA Das ist kein Kellner! Das ist kein Chauffeur! Das sind standesgemäße Personen! Die scheinen nur zum niederen Volke zu gehören, weil sie Unglück hatten. Das sind keine Arbeiter, keine Handwerker und so – der eine ist Ästhet, der andere war Plantagenbesitzer in Portugal, der dritte Star und Offizier! Die zählen nicht zum Volke, zur Masse, zum Plebs! Die gehören in die Salons! – Pech kann ein jeder von uns haben. Auch du. Bedenke! Darum habe Mitleid mit den Enterbten. Emanuel, ich appelliere an dein Standesbewußtsein, an Ritterlichkeit und Christentum!

EMANUEL *verbeugt sich ergriffen und küßt ihre Hand; eilt an den Tisch und erhebt sein Glas:* Auf das Wohl, die Herren! *Er leert sein Glas und schleudert es in den finsteren Hintergrund; es zerbricht klirrend.*

ADA Bravo! Bravo! *Sie will rasch an den Tisch, bekommt einen Magenkrampf, hält angewurzelt und krümmt sich.*

KARL *zu Ada:* Plärr nicht! Sauf!

MÜLLER Ich komme nach, komme nach, Herr Baron!

MAX *zu Müller:* Es scheint Ihr Schicksal zu sein, alles zu versäumen?

ADA *stöhnt:* Mein Leib, mein Leib –

KARL *zu Ada:* Hinaus!

MÜLLER *zu Emanuel:* Mein Bruder, Herr Baron, war der einzige Bürgerliche im Offizierskorps seines Regiments. Wäre nämlich ich der Älteste von uns Drillingen, wäre heute ich der Rittmeister! Selbstredend a. D., Herr Baron! Man kann doch nicht dem Volke, wenn man im bunten Rock des Königs schwor –

KARL Schwör nicht! Sauf! Du Drilling!

MÜLLER Drillinge können auch saufen, Sie!

ADA *stöhnt, faßt sich plötzlich an den Kopf:* Jetzt hab ich den Strasser vergessen!

EMANUEL *zu Müller:* Ich bezweifle in keiner Weise, daß Sie nicht Talent zum bunten Rock hätten.

MÜLLER Darf ich auf Ihr ganz Spezielles?

EMANUEL Danke. Ich allerdings war zwar nur Fähnrich, schon aus Tradition, aber heute bin ich Pazifist. Die Geschichte meiner Bekehrung ist pittoresk: es sprach nämlich unlängst eine entzückende Person für den Pazifismus – ich habe noch nie solch durchgeistigte Hände gesehen.

MÜLLER Herr Baron! Ich hasse den Militarismus! Mit meinem Bruder, dem Rittmeister, habe ich mich noch nie verstanden, obwohl wir doch Drillinge –

KARL *unterbricht ihn:* Schluß mit der Viehzucht!

EMANUEL *zu Karl:* Sie sind freilich verbittert; aber die Weltpolitik, gewissermaßen die kosmischen Zusammenhänge –

ADA *schreit:* Wo ist der Strasser? Der Strasser! Dieser Strasser – *Sie läuft erregt hin und her.* Es kann ihn doch nicht die Erde verschlungen haben! Hat denn niemand den Strasser gesehen?

EMANUEL *hatte sich mit dem Rücken zu Ada gesetzt:* Doch. Ich.

ADA So sprich doch, ja?!

EMANUEL Nein. *Der Sekt steigt ihm allmählich zu Kopf.* Es gibt nämlich Personen, die durch Bacchus zum Helden avancieren, aber ich bleibe Diplomat. Vorsicht soll nämlich die Mutter der Weisheit sein. Jener Weisheit, die schweigt. *Er trommelt mit den Fingern fröhlich auf der Tischplatte.* Ich traue mich nicht, ich traue mich nicht! Aber ich will es den Herren hier erzählen. Wollen sehen, wer der Mutigste ist!

KARL Ich!

EMANUEL *flüstert.*

ADA Was soll das Getuschel?! Keine Geheimnisse! Unter uns!

KARL *imitiert einen Posaunenstoß:* Der Strasser ist mit einer hübschen Blondine nach hinauf.

ADA *erstarrt.*

EMANUEL *kichert:* Mein Schwager Strasser hat besagte Blondine im Treppenhaus umarmt. Und geküßt.

KARL Daß es knallte!

EMANUEL Vor ungefähr einer Stunde.

MAX Und seit dieser Stund wurd er nimmer gesehen.
Stille.

ADA Ist das wahr?

MÜLLER *schadenfroh:* Na Pupille! Pupille! *Saufen.*

ADA *hysterisch:* Der Strasser, der Strasser – dieser Strasser, dieser Strasser! – Strasser! Strasser! Strasser!!

STRASSER *erscheint.*

ADA *stürzt sich zischend auf ihn und gibt ihm eine klatschende Ohrfeige; lacht:* Hat es geknallt? Hat es geknallt?!

STRASSER *unbeweglich:* Geknallt oder nicht geknallt. Es wird einem allmählich alles egal.

ADA Dir! Aber mir nicht! Weder allmählich noch plötzlich! Nie! Kusch! Du bist mein Eigentum, du! Ich habe dich gekauft, und ich kaufe dich jeden Tag! Ich bezahle!

MÜLLER Hört! Hört!

ADA Ich bezahle. – Kannst du mich denn betrügen, wenn ich nicht will? – Wirf diese Person hinaus! Sofort! Oder ist das keine Hure?

STRASSER Ja. Das ist eine Hure. Und ich hätte sie sogleich hinauswerfen sollen, aber ich habe ein goldenes Herz. Nicht wahr, Herr Müller? *Er tritt an den Tisch, leert hastig ein Glas, setzt sich und vergräbt das Antlitz in den Händen.* Ich bitte um Hilfe. Ich kann nicht mehr denken vor lauter Pech.

ALLE *setzen sich um den Tisch –*

Stille.

ADA *lächelt:* Ja, was hat er denn? Was hat er denn?

STRASSER *sieht sie groß an:* Ada. Die Treue ist kein leerer Wahn. Ich pflichte dir begeistert bei, wenn du auf Hygiene den größten Wert legst. Seit wir uns kennen, seit diesen herrlichen drei Monaten, blieb ich dir treu.

ADA *grinst:* Das kann man nicht kaufen!

STRASSER Aber was vor ungefähr einem Jahre, was vorher war –

ADA *unterbricht ihn:* Geht mich nichts an! Vor uns die Sündflut!

STRASSER Ich danke dir, daß du meiner Meinung bist.

ADA Du bist m e i n e r Meinung! Verstanden? Ihr habt alle meiner Meinung zu sein!

MÜLLER Zu Befehl!

KARL Es gibt nur e i n e Meinung!

EMANUEL Ich seh alles doppelt –

STRASSER *erhebt sich:* Ich bitte um Hilfe. *Er zieht aus seiner Tasche einen Bund bunter Briefe.* Erinnert ihr euch? Rosarot und himmelblau. Und bis vor fünf Wochen jeden dritten Tag vier Seiten.

KARL Was sind das für Seiten?

STRASSER Ihr habt sie doch alle gelesen! *Er setzt sich wieder und streicht sich über die Schläfen.*

Stille.

MAX Richtig! Rosarot und himmelblau! Der Kitsch!

ADA Den hab ich jetzt schon vergessen –

STRASSER Ich auch. Fast. Aber plötzlich erschien die Verfasserin.

KARL Krach.

MAX Bumbum.

Stille.

ADA Ist das die?

STRASSER Ja.

MAX Man gratuliert.

KARL Papa! Papa!

ADA Das ist d i e? *Sie wiehert.* Charmant! Charmant! Das ist ja eine charmante Episode! Armer Strasser, armer! Kannst du mir die Ohrfeige verzeihen, kannst du ungeschehen machen – nein, das kannst du nicht, aber einen Kuß will ich jetzt haben – oah!

STRASSER *gibt ihr einen Kuß.*

MÜLLER Soviel ein Nichteingeweihter aus all dem entnehmen kann, dreht es sich um eine Alimentationsangelegenheit.

EMANUEL Wie war das Wort?

KARL Erraten!

MAX Welch Scharfsinn!

ADA *zu Strasser:* Und? Und? Und?

STRASSER Ich habe es ihr gesagt, das heißt: ich gab es ihr zu verstehen, daß ich nichts mehr mit ihr zu tun haben will, aber sie wollte es nicht verstehen, daß wir uns entfremdet sind. Sie hat tremoliert und gelogen. Unglaublich gelogen! Sie hat zum Beispiel behauptet, ich hätte keinen Brief erhalten!

MAX Unglaublich!

STRASSER Sie will den Mann: das bin ich. Sie will ein Heim: das ist dies Hotel. Sie will Frau Hotelbesitzer werden, so läuft der Hase! Heilige Dreifaltigkeit! Weib, Kind und Pleite!

MÜLLER Ich dachte, Baronin bezahlen –

ADA *unterbricht:* Sie Schalk! Ich finanziere nicht Familien.

MÜLLER Also scheint es eine gefährliche Erpresserin zu sein!

MAX Wer?

ADA *zu Müller:* Ist sie auch! Ist sie auch! Na klar! Da hätten Herr Generaldirektor nur mal diese Briefe hier – diese sentimentale Verschlagenheit!

MAX *erhebt sich:* Pst! *Er liest lispelnd aus einem der Briefe.* ›Mein Innigstgeliebter! Mein Alles! Du kamst diese Nacht im Traum –‹

EMANUEL *melancholisch; er hat auch etwas Magenschmerzen:* Das Leben ein Traum –

KARL *zu Emanuel:* Sie sollten mal austreten.

MAX *liest:* ›– diese Nacht im Traum zu mir und hast Dich über mich gebeugt. Das Kleine schläft gerade, nun kann ich Dir schreiben. Warum schreibst Du mir nicht? Ich fühle mich noch schwach. Täglich, stündlich lechze ich nach Nachricht von Dir. Ich liebe Dich doch, laß mich nicht versinken, reich mir Deinen starken Arm, hilf mir, bitte –‹

ALLE, *außer Strasser, schütteln sich vor Lachen.*

MAX *liest weiter:* ›– Und ich habe Sehnsucht nach Dir, nach einem Heime!‹

MÜLLER Aha!

ADA Das Hotel!

STRASSER Zur schönen Aussicht.

EMANUEL Pardon! Knabe oder Mädchen?

KARL Zwitter.

MÜLLER Wo haben Sie nur diese unmögliche Person aufgegabelt?

STRASSER Das Schicksal ließ mich ihren Weg kreuzen.

MAX Wie hochdeutsch!

STRASSER Sie blieb vierzehn Tage. Zur Erholung. Im Mai. Ich glaube Stenotypistin. Oder etwas in einem Warenhaus.

MÜLLER Schon faul!

STRASSER Ich war auf die Saison angewiesen.

MÜLLER 80% der Frauen sind unterleibskrank. Und erst die gewöhnlichen Mädel, so aus den ärmeren Schichten – Sie verstehen mich, Baron?

ALLE *außer Ada, lachen brüllend.*

ADA Ist Syphilis eigentlich heilbar?

Stille.

KARL *grinst:* Na Prosit!

MAX Gesundheit!

MÜLLER Berufstätige Frauen unterhöhlen das bürgerliche Familienleben.

EMANUEL Die Moral!

STRASSER Man handelt oft unüberlegt.

MÜLLER Ich leere mein Glas auf die gute alte Zeit! *Saufen.*

EMANUEL Nach Ladenschluß holte man sich einen netten, süßen Käfer – und diese Walzer aus Wien!

MÜLLER Der Kaiserstadt!

EMANUEL Für ein warmes Abendessen war alles zu haben! Hernach lüftete man das Barett: mein Liebchen, adieu! Allez! Marchez! Gallopez!

MÜLLER Und damals waren sie noch dankbar dafür, dankbar! Heute aber: nur nicht arbeiten, aber soziale Einrichtungen! Frech und faul! Lauter Gewerkschaftler! Ehrlichkeit und Pflichtgefühl haben unser Vaterland verlassen! Heute e r h o l e n sie sich! Skandal!

EMANUEL Jeder Prolet möchte sich schon erholen!

MÜLLER Müßiggang ist aller Laster Anfang! Ordnung fehlt! Und Zucht! Und der starke Mann! – Seinerzeit, da haben es auch die Weiber am tollsten getrieben! Aber ich gab kein Pardon! Ich nicht! Hoho, ich habe selbst drei dieser Furien niedergeschossen!

MAX Im Kriege?

MÜLLER Nach dem Kriege!

MAX Ich dachte, hier säße ein Pazifist.

EMANUEL Für den äußeren Feind!

MÜLLER *zu Max:* Sie kommen mir sonderbar vor, junger Mann!

STRASSER Zur Sache! Ich habe einen inneren Feind!

MÜLLER Legt an! Feuer!

STRASSER Rührt euch! Was soll ich tun?

Stille.

EMANUEL Wenn ich raten soll, so muß ich erzählen, wie es bei uns Sitte war. Wir haben seinerzeit auf der Universität zwei Kommilitonen vor dem Alimentenzahlen gerettet. Den Grafen Hochschlegel und den Baron Krottenkopf, bleibt natürlich unter uns – Der Hochschlegel Franzi ist verwandt mit dem Kohlenmagnaten, und der Krottenkopf ist der bekannteste Rennstall, Sie spielen ja auch, kurzum: die hatten je eine Liaison mit Folgen, und da haben wir sie gerettet, indem wir klipp und klar behaupteten, wir hätten auch etwas mit den Mädels gehabt. Sie verstehen mich? Etwas stimmt ja immer. Das Leben ist zu eintönig, um nicht zu sagen: langweilig –

MAX *unterbricht ihn:* Sie, das ist Meineid!

KARL Quatsch!

EMANUEL Ach, es kam ja gar nicht vor Gericht! Wir haben sie schon derart eingeschüchtert. Der einen haben wir mit der Kontrolle gedroht!

MÜLLER Da hat sie aber zum Rückzug geblasen! Fluchtartig, was?

EMANUEL Na! Davor haben diese kleinen Mäuschen nämlich Höllenangst. – Später hörte ich, daß die andere ihr Kind umgebracht hätte –

ADA *unterbricht ihn:* Nur nicht unappetitlich werden.

EMANUEL Du hast eine rege Phantasie.

MÜLLER Man könnte doch ruhig einige Millionen Menschen vernichten! Wir haben ja Übervölkerung, nicht?

KARL Wo man hintritt, schnauft ein Mensch.

MÜLLER Wir brauchen einen neuen Krieg. Und Kolonien!

STRASSER Ich verzichte auf Kolonien! Die kann ja jeden Augenblick herunter, hierher – sie wollte sich nur die Händchen waschen, und dann will sie die Leitung übernehmen, die Leitung!

Stille.

EMANUEL *sieht sich um; flüstert:* So etwas muß genau besprochen, daß keiner aus der Rolle fällt, und das Stichwort – Das war damals nämlich ein Theater, ein richtiges Theater, vom Krottenkopf raffiniert einstudiert, ich wundere mich noch heute über unser Talent! – Freilich Sie! Sie als anerkannter Mime – Sie müssen berücksichtigen, daß wir nur Laien – Pst! Sonst zerstört uns noch jemand die Komödie – *Er erklärt unhörbar.*

ALLE *stecken die Köpfe zusammen.*

Beratung.

KARL *räuspert sich.*

MAX Wo?

Beratung.

Wann?

Beratung.

Was?

Beratung.

Wieso? In der Finsternis?

STRASSER Jaja!

ADA *nickt begeistert; wirft den Kopf in den Nacken; lacht lautlos.*

Beratung.

MÜLLER *lacht kurz auf und schlägt sich auf den Schenkel.*

ALLE *erheben sich.*

EMANUEL *gedämpft:* So. Und dann alle fort, nur der bleibt zurück.

MAX *hat den Finger in der Nase:* Ich?

STRASSER Frag nicht so untalentiert!

Alle Gläser und Flaschen kommen auf den weißgedeckten Tisch, der lautlos in den finsteren Hintergrund geschafft wird.

ADA *zu Emanuel:* Talentiert! Bubi, du bist ja ein Genie! Dir gebührt das ewige Leben!

EMANUEL Vergiß nicht, daß ich zum Tode verurteilt bin, daß ich punkt fünf Uhr früh geköpft werde.

ADA Dieser Galgenhumor! Wenn es ein charmanter Henker ist, so will ich ihn bestechen.

EMANUEL Ada!

KARL *zu Emanuel:* Ruhe!

ADA *zu Emanuel:* Du Sensation!

MÜLLER *zu Strasser:* Einen Augenblick! Wo hat die das Muttermal?

STRASSER Schräg rechts.

MÜLLER Von mir aus oder von ihr aus?

STRASSER Von uns aus.

KARL *verschwindet.*

ADA *zu Müller:* Herr Generaldirektor!

MÜLLER Baronin!

ADA *lächelt:* Werden Sie sich in Ihre Rolle hineinleben können?

MÜLLER Hineinknien, Baronin! In alles, was ich anfasse, knie ich mich hinein!

ADA Sympathisch –

MÜLLER *reicht ihr den Arm.*

ADA *hängt sich ein:* Die echten Männer sterben nämlich aus, Herr Generaldirektor.

MÜLLER *schlägt einigemal die Hacken zusammen; ab mit* ADA *in den Hintergrund.*

EMANUEL *folgt ihnen.*

STRASSER *will auch ab.*

MAX Halt! – Ich tu nicht mit.

STRASSER *unterdrückt:* Bist du wahnsinnig geworden?!

MAX Nein, aber ich habe schon einmal geschworen – und ich fürchte, ich werde wieder schwören müssen. Schwörst du mir, daß ich nicht wieder schwören muß?

CHRISTINE *erscheint.*

STRASSER *erblickt sie; setzt sich.*

CHRISTINE Ich dachte, du würdest mich holen. Ich habe am Zimmer gewartet. Du weißt doch, daß ich mich fürchte; allein durch so dunkle Treppenhäuser.

STRASSER Nein, das weiß ich nicht.

CHRISTINE Ich habe es dir doch zuvor gesagt, und du hast es schon vergessen?

STRASSER Ich habe ein ganzes Hotel im Kopf. *Er erhebt sich.* Hast du dich sehr gefürchtet? Ich meine, du bist doch nun allein –

Stille.

CHRISTINE Warum bist du nicht gekommen?

STRASSER *drückt sich:* Ich kann nicht bleiben. – Setz dich nur. Und guten Appetit. *Ab in den finsteren Hintergrund.*

CHRISTINE *unschlüssig; überlegt; setzt sich langsam an den Tisch, mit dem Rücken zur spanischen Wand.*

MAX *stellt sich ihr gegenüber und reicht ihr die Speisekarte.*

CHRISTINE *blickt hinein, ist aber anderswo.*

Stille.

CHRISTINE *ohne ihn anzusehen:* Sagen Sie: könnte ich kein anderes Tischtuch? Dies verdirbt den Appetit.

MAX *ist etwas unsicher; unterdrückt erregt:* Leider – Wir haben nämlich nur wenige weiße Tischtücher, und die sind beschmutzt. Man könnte zwar auch Bettücher, aber die sind zerfetzt, da wir nur unruhige Übernachtungen – Alle unsere Gäste leiden nämlich an Albdrücken.

Stille.

CHRISTINE *hat nicht hingehört; blickt noch immer in die Karte:* Kommt er bald wieder, der Herr Direktor?

MAX Jetzt ist er fort, Christine.

CHRISTINE *starrt ihn an.*

MAX *lächelt verwirrt:* Ja, er ist fort, ganz fort, jetzt ist er fort, sozusagen: fort –

CHRISTINE *entgeistert:* Wer?

MAX Der Herr Direktor, Christine.

CHRISTINE *schnellt empor.*

MAX *unterdrückt:* Jesus Maria Joseph! Setz dich! So setz dich!

CHRISTINE *setzt sich.*

MAX *sieht sich scheu um; beugt sich über den Tisch; leise:* Ich muß nämlich hier einschalten, daß ich meinen Beruf verliere, wenn die Direktion erfährt, daß – Man hat es nämlich nicht leicht als Liebeshummer. Oh, und ob ich dich sofort wiedererkannt habe! Zuvor: in der Halle, aber als Kellner muß man selbst die edelsten Empfindungen, wie zum Beispiel Eifersucht, ersticken, will man weiter Kellner bleiben, was man ja muß. Christine, hast du denn all die holden heißen Stunden vergessen? Oh, rede! Sag! Sprich! *Er zuckt zusammen.* Pst! Schweig! Still!

EMANUEL *kommt; hält einen Augenblick, tritt dann an den Tisch; verbeugt sich:* Verzeihen, Gnädigste, daß ich mich an Ihrem Tische niederlasse, aber ich muß Sie leider belästigen, da ich, wie Sie sich selbst überzeugen können, nirgends anderswo – und ich bin froh über meine Unfähigkeit. *Er setzt sich.*

MAX *verschwindet.*

EMANUEL *fixiert sie durch das Einglas.*

CHRISTINE *weicht seinen Blicken aus.*

EMANUEL *lächelt:* Pardon! Ich habe soeben gesagt, ich sei

froh über meine Unfähigkeit. Über die Unfähigkeit, mich an einen anderen Platz – Pardon! *Er sieht sich um.* Jetzt sind wir allein.

CHRISTINE *starrt ihn an; krallt in das Tischtuch.*

EMANUEL Pardon! Aber es ist alles vergänglich, und das tut weh. Sehr weh. – Vor vier Stunden noch hätte ich den auf Pistolen gefordert, der es gewagt hätte zu behaupten, daß du die Direktion umarmst –

CHRISTINE *schnellt empor und will rasch ab nach rechts.*

KARL *erscheint; verstellt ihr den Weg.*

EMANUEL Was wollen Sie, Chauffeur?

KARL *stiert Christine an:* Herr Baron möchten mal nachsehen. Die Vierradbremse hat sich den Magen verstimmt und die Kerzen brennen, als wäre es Weihnachten, – bald explodiert der Tank – Halt! *Er packt Christine am Handgelenk.*

EMANUEL Lassen Sie die Dame los!

KARL *reißt sie an sich und küßt sie:* Ha du!

STRASSER *erscheint im Hintergrunde.*

EMANUEL *nickt ihm grinsend zu und applaudiert lautlos.*

STRASSER *räuspert sich; tremoliert erschüttert:* Christine! Christine!

CHRISTINE *reißt sich verzweifelt los; wankt.*

EMANUEL *zu Karl:* Sie sind entlassen, Sie Subjekt!

KARL *zuckt die Achsel:* Man darf doch wohl noch eine alte Bekannte begrüßen.

CHRISTINE *schreit gellend auf.*

EMANUEL *überschreit sich:* Hinfort! Verlogener Bandit!

KARL Hoho! Hoho!

STRASSER *stützt sich auf den Tisch:* Christine – Christine –

KARL Die Erotik, Sie Herr Baron, kennt keinen Standesunterschied, vorausgesetzt, daß ein Auto vorhanden ist. Da wiegen andere Unterschiede! Solider Brustumfang und so! Ha, Chrysantheme?

MAX *tritt von links mit einem riesigen Kunstchrysanthemenstrauß rasch ein und eilt auf Christine zu.*

CHRISTINE *bricht lautlos zusammen; fällt ohnmächtig vornüber.*

ALLE *starren auf sie unbeweglich.*

Stille.

MÜLLER *kommt aus dem Hintergrunde; überblickt überrascht die Lage; unterdrückt:* Na was, was hat sie denn?

STRASSER *hebt den Arm:* Pst!

Stille.

EMANUEL *leise:* Still, nur still – Es gibt ja auch Simulanten – bekanntlich.

Stille.

EMANUEL *flüstert zu Karl:* Abgesehen davon: sie heißt doch nicht Chrysantheme, Herr, sie heißt Christine.

KARL *brummt:* Blume bleibt Blume.

MAX *hat sich verhört; schwätzt nervös vor sich hin:* Chrysantheme bleibt Chrysantheme. Ich kenn doch die Chrysantheme – hier, allerdings aus Papier, aus Kunst, aber das macht nichts, denn es sind ja Chrysanthemen –

MÜLLER *laut:* Ich bezweifle, daß sie simuliert.

Stille.

EMANUEL Eigentlich müßte man nachsehen, selbst wenn sie simulieren sollte.

STRASSER *beugt sich über sie:* Dann erst recht.

MÜLLER *beugt sich auch über sie:* Hoppla, Blut!

KARL *grinst:* Das Auge geschlossen. Und ausgezählt.

MAX K.o.?

EMANUEL Nur kein Blut! Sonst wird mir übel.

MÜLLER Keine Sorge!

STRASSER *zündet sich eine Zigarette an:* Nur geritzt.

EMANUEL Blut bleibt Blut.

MAX *schwätzt wieder:* Chrysantheme bleibt Chrysantheme. Gong. Zwote Runde. Der blonde Neger fightet los. Mörderisch. Serie. Serienmörderisch. Das Favoritenauge schließt sich, achte Runde, obwohl er klar nach Punkten führt. Jedoch ein geschlossenes Auge kostet den blauen Gürtel der Meisterschaft, der Vereinsweltmeisterschaft, obzwar es ja auch ein lila Gürtel gewesen sein mag – überhaupt diese Weltmeisterschaft! Eins, zwo, drei, vier, fünf, sechs, sieben, acht, neun, zehn, elf! *Er hebt den Strauß.*

CHRISTINE *wimmert; zuckt; schlägt mit den Armen auf das Parkett.*

EMANUEL, KARL, MÜLLER *zogen sich etwas zurück, ins Halbdunkle.*

STRASSER *steht hinter Christine.*

CHRISTINE *stützt sich schwerfällig empor, kauert und sieht scheu, verstört um sich; sie blutet über dem linken Auge:* Wer, wer hat mich niedergeschlagen? Wer? *Sie erblickt Max mit dem Blumenstrauß.*

MAX *verbeugt sich tief.*

CHRISTINE *entsetzt, will schreien, kann aber nicht; schnellt auf, flieht, erblickt Strasser, stürzt auf ihn zu, stolpert, bricht in die Knie, kriecht zu ihm und küßt seine Hand.*

STRASSER *läßt sie sich küssen.*

CHRISTINE *leise:* Mein bist du – du mein du, mein höchstes Glück –

STRASSER *dumpf:* Es dürfte zu furchtbar sein, die Nichtigkeit des höchsten Glückes zu sehen.

EMANUEL *souffliert:* Es ist zu furchtbar!

STRASSER Ist es auch. Richtig.

CHRISTINE Nicht so, nicht so sein – nicht du so sein –

STRASSER Wie?

CHRISTINE Du bist nicht so, so wie du denkst. Ich kenne dich ja, wie mich – wenn ich nur wieder denken könnte – Wo? Wann? Wie? Was? *Sie klammert sich an sein Bein und schreit verzweifelt.* Strasser! Wo bin ich? Ha, ich bin auf der Flucht! Die Polizei! Rette mich! Rette mich! Die Polizei behauptet ja, ich, ich hätte unser Kind zur Seite, ich hätte unser Kind erwürgt, zerstückelt und in Zeitungspapier –

STRASSER *hält ihr den Mund zu.*

Stille.

MAX Großer jüdischer Gott!

Stille.

EMANUEL *leise:* Das ändert die Situation.

KARL *ebenso:* Jetzt bin ich aus der Rolle gefallen.

MAX Das Stichwort, das Stichwort –

Stille.

MÜLLER Na gute Nacht!

CHRISTINE *hat sich beruhigt; tonlos:* Es war keine gute Nacht. Dieser Traum, dieser entsetzliche Traum –

STRASSER *atmet auf:* Traum?

CHRISTINE Nur ein Traum. Aber es hätte Wirklichkeit werden können –

MAX Psychoanalytisch hochinteressant.

CHRISTINE Ich war unschuldig, aber alles schwor gegen mich, vor allem die Not. Und dann hatte ich auch kein Alibi, ich war immer allein – und dann überschlug ich mich. Stürzte. Kopfüber! Schneller und schneller! Drehte mich, wand mich – Oh, ich glaube, ich drehe mich noch! Drehe mich, drehe mich – Ich bin das Drehen! Strasser! Wo schlag ich auf?!

STRASSER Ich bin kein Prophet.

CHRISTINE Kopfüber!

STRASSER Fasse dich! Du warst lediglich in Ohnmacht gefallen und bist vierundzwanzig Stunden ohne Besinnung gelegen.

EMANUEL Bravo!

STRASSER Du hast das Bewußtsein verloren, weil du ausnahmsweise der Wahrheit begegnet bist.

CHRISTINE Was ist die Wahrheit? *Sie erblickt Max; starrt ihn ängstlich an.*

STRASSER Ach, könnte man nur so in Ohnmacht fallen! Nur einmal so sich drehen, hindrehen, herdrehen, herumdrehen – Ich bin verdammt, alles bei Bewußtsein zu verdauen, zu sehen und hören, wie die eigenen Gedärme arbeiten.

EMANUEL *kichert unterdrückt; zu Müller:* Der absolute Hölderlin?

MÜLLER Wer ist Hölderlin?

CHRISTINE *erhebt sich scheu:* Wer? Wer ist das? Du, wer ist das dort mit den Blumen?

STRASSER Du kennst ihn.

CHRISTINE Nein.

STRASSER So kennt er dich!

CHRISTINE Nein!

MAX Christine!

CHRISTINE Wir kennen uns nicht, mein Herr!

STRASSER *zu Christine:* Du kannst es ruhig zugeben, daß er dich kennt. Es ist alles an den Tag gekommen.

MAX Durch die Sonne wahrscheinlich.

CHRISTINE *schreit:* Nein, nein! Wir kennen uns nicht! Der irrt sich, verwechselt mich, täuscht sich! Der lügt ja! Lügt! Lügt!

EMANUEL *gibt Max Zeichen, daß er sprechen soll.*

STRASSER *zu Christine:* Still!

MAX *ist noch immer unsicher:* Christine. Laßt also Chrysanthemen sprechen. Blumen lügen nämlich nie. Auch Chrysanthemen lügen bekanntlich nie. – Die Liebe ist eine Blume, und unsere Chrysantheme blühte im Verborgenen, war gewissermaßen ein Gewächs der Nacht. Mond und so. Aber über Nacht, da schien die Sonne mitten in der Nacht. Man kann es gar nicht erfassen. Kaum glaublich, schier unglaublich, aber ich habe um eine Chrysantheme mein Brot verloren. Nun ziehe ich dahin. Ach, wohin? Woher, wohin?

CHRISTINE Träume ich?

MAX Chrysantheme. Trockne und presse diesen Strauß zum Gedenken an deinen dich liebenden Emil Krause aus Chemnitz.

EMANUEL *für sich; grimmig:* Das auch noch! Gott, wie blöd!

MÜLLER *ebenso:* Wenn Emil improvisiert –

KARL *ebenso:* Schlimm!

CHRISTINE Träume ich das?

STRASSER Nein!

CHRISTINE *fährt sich mit der Hand langsam über die Augen; leise:* Nein? – Nein?

STRASSER Auf alle Fälle schmerzt es mich zutiefst da drinnen, daß du mich mit meinem eigenen Oberkellner betrogen hast.

CHRISTINE Du sprichst chinesisch! Sind wir in China?!

STRASSER Wir sind in Deutschland. Ich spreche deutsch. Kerndeutsch! – Höre: ich habe bereits des öfteren Verdacht gefaßt, aber oh wie war ich feig: ich wich dem ungetrübten Auge der Wahrheit aus.

CHRISTINE Pfui, wie gemein!

STRASSER Die Wahrheit ist immer gemein!

MAX Hm.

EMANUEL *unterdrückt zu Max:* Ab!

CHRISTINE *starrt Strasser an:* Wie anders du aussehen kannst, nein, wie anders – jetzt sehe ich –

STRASSER Was?

CHRISTINE Daß die recht behalten, die mich warnten.

STRASSER Vor der Wahrheit?

CHRISTINE Nein, vor dir.

STRASSER Man hat dich gewarnt?

CHRISTINE Ja.

STRASSER Wer?

CHRISTINE Alle. Alle. Alle – *Sie nähert sich ihm und hängt sich an ihn* – aber, aber ich kann ja nicht, ich kann es nicht glauben – nur meinen Gefühlen bin ich gefolgt, allen zu Trotz der inneren Stimme, die nie trügt. Dem Herz.

STRASSER *lächelt schmerzlich:* Tja! Ich habe ein goldenes Herz –

CHRISTINE Du, es flüstert in mir: wir zwei sind von der Vorsehung für einander bestimmt –

STRASSER Flüstert?

CHRISTINE *haucht:* Ja – Bei dir vergesse ich mich selbst. *Stille.*

STRASSER *reißt sich plötzlich los von ihr:* Aha! Aha! Jawohl! Wir zwo waren von der Vorsehung für einander bestimmt, aber du hast die Vorsehung belogen! Schamlos belogen! Ja, du! Ist ja gar nicht wahr! Ist ja alles verlogen! Du vor allem! Ich habe ja gar kein Kind! Kein einziges! Und wie überschäumte ich schon vor Glück, eines zu haben, zu bekommen haben! Ja, wagst du zu leugnen, Weib, daß, während ich dir zu Füßen lag, du über mein Haupt hinweg und hinter meinem Rücken umeinandergebuhlt hast?! Wagst du die Wahrheit zu widerlegen, die Wahrheit?! Oh, es ist alles verlogen, alles!

CHRISTINE *krümmt sich:* Nein, das ist nicht wahr –

STRASSER Wie? – Darf ich bitten, Herr Baron?

EMANUEL Herr Strasser! Ich verwahre mich auf das Entschiedenste gegen die öffentliche Erörterung intimer Seelenqualen –

STRASSER *unterbricht ihn:* Mehr Licht!

EMANUEL Kein Skandal!

STRASSER Haha! Was frägt ein Herz, ein goldenes Herz, das verwundet umherzuckt, gekränkt, getreten, gemordet – was kümmert solch ein Herz das Wort Skandal?! Solch Herz schlägt auf den Tisch: Tabula publico! Coram rasa! Solch Herz soll auf der Stelle blind umfallen, wenn es dir, ja dir, du Schlange, auch nur in Gedanken untreu sündigte! – Und du? Und du?! Sieh die Blumen, die Blumen! Auto und Chauffeur! Zu dritt, zu dritt! Und das Tabarin! Zu viert! Zu fünft!!

EMANUEL *formell:* Wir sprechen uns noch, Herr. Denn selbst wenn es Hunderte waren, stelle ich mich schützend vor eine Dame. Obwohl sie mich mit meinem eigenen Lakai betrogen hat, bleibe ich dennoch bis zum letzten Tropfen Kavalier. Das ist Kinderstube, Herr!

STRASSER Keine Komplikationen!

KARL Prozeß?

STRASSER Ich schwöre.

KARL Klar!

MAX *bekreuzigt sich.*

CHRISTINE *starrt vor sich hin; tonlos:* Es waren keine hundert, keine hundert –

STRASSER So waren es fünf!

EMANUEL Den Prozeß, Madame, dürften Sie kaum gewinnen. Behörden bereiten nur zu gerne Unannehmlichkeiten, denn sie nehmen den Lebenswandel scharf unter die Lupe – unter das Mikroskop!

STRASSER Oh, es gibt noch einen Gott!

CHRISTINE *dumpf:* Jetzt weiß ich nicht mehr, ob es einen Gott gibt. Wenn ich nur verzweifeln könnte. Muß man denn immer lügen –

STRASSER Das frage dich!

CHRISTINE Ja, mich selbst –

KARL Was war das mit dem Tabarin?

CHRISTINE *schreit:* Ich kenne kein Tabarin!

EMANUEL *gibt Müller ein Zeichen; klatscht in die Hände.*

MÜLLER *hatte sich etwas zurückgezogen; lacht schallend.*

STRASSER Kommen sie nur, Herr Generaldirektor! Kommen sie nur!

MÜLLER *nähert sich langsam Christine; hält vor ihr; fixiert sie dreckig.*
Stille.
Du kennst kein Tabarin?
Stille.
Kennst du mich?
Stille.
Nanana! Tu man nicht so! So vom Mond importiert! Das wäre schon unverschämt, ja! – Was suchst du hier? Was? Wie? Hier hast du nichts verloren! Verstanden?! Willst du einen biederen Bürgersmann, einen kreuzbraven Gewerbetreibenden, meinen Schulkameraden Strasser in Unkosten stürzen? Denkst wohl, die würzige Luft hier schadet weder dir noch deinem Bankert? Verstanden?! Aushalten willst du dich lassen, aushalten! Nur nicht arbeiten, was? Wie?

CHRISTINE Bin ich wahnsinnig geworden? – Hilfe!

MÜLLER Wer hilft Nutten? Kein Aas! Kein Gott! *Er ergreift ihren Arm.* Was macht das Muttermal? Das Muttermal! Hoppla, da wird wer bleich und blaß? Das Muttermal, das Muttermal! Rechts, schräg rechts! Von mir aus!

CHRISTINE Was für Muttermal?

MÜLLER *schüttelt sie:* Lüg nicht, Nutte!

CHRISTINE Ich hab kein Muttermal! Au! Lassen Sie los! *Sie reißt sich los und flieht.* Ich habe kein Muttermal!

STRASSER Sollte ich mich geirrt?

CHRISTINE *hört es; hält ruckartig; begreift allmählich.*

KARL *zu Strasser:* Rindvieh!
Stille.

EMANUEL *faßt sich; zu Christine:* Richtig! Aber natürlich! Sie haben kein Muttermal! Freilich!
Stille.

MAX Muttermal ist ganz anders.
Stille.

STRASSER *verwirrt:* Es dreht sich hier nicht um das Muttermal, es dreht sich hier darum, daß nach dem Gebote der Redlichkeit du von mir nicht verlangen – – nach all dem was geschah, nicht verlangen, daß ich mein Geld, das ich gar nicht habe, für irgendein Kind –

CHRISTINE *unterbricht ihn; sie steht in einiger Entfernung mit dem Rücken zu den anderen:* Es dreht sich hier nicht um Geld.
Stille.

MÜLLER Haha!

EMANUEL Pah!

KARL Quatsch!

STRASSER Ich hasse Illusionen!

MÜLLER ›Nicht um Geld‹!

MAX *zu Christine:* Sondern?
Stille.

CHRISTINE *in leicht singendem Tonfall, voll unterdrückter Erregung:* Wollen mich die verehrten Herren ausreden lassen?

DIE VEREHRTEN HERREN *setzen sich.*

CHRISTINE Ich wollte alles, was ich besitze, dem Manne geben, dem ich mein Herz gab, dem Vater des Kindes, alles. Vielleicht dachte ich an frühere Zeiten. Ich wollte helfen, sonst nichts. Ich wollte das Hotel zur schönen Aussicht verbessern, vergrößern und neu möblieren –

STRASSER *scharf:* Mit was denn?

CHRISTINE Ich habe zehntausend Mark.

DIE WERTEN HERREN *schnellen empor.*
Stille.

MAX Ist das wahr?

MÜLLER Zehntausend –

STRASSER Betrug! Betrug! In den Briefen stand nichts als Jammer und Not und ins Wasser! ›Zehntausend Mark‹! Erstunken und erlogen!

CHRISTINE Still! – Not und Jammer stand nicht nur in den Briefen, und ich wäre ins Wasser gegangen, hätte sich nichts geändert.

KARL Hast das große Los gezogen?

CHRISTINE Vielleicht.

EMANUEL Pfui, wie dumm!

MÜLLER Der typische Roman!

CHRISTINE Im Herbst wurde ich abgebaut und ich hätte noch gestern nicht einmal das Fahrgeld nach hierher gehabt und wäre noch gestern vielleicht gar ins Wasser gegangen, hätte mir nicht der liebe Gott geholfen.

STRASSER Was verstehst du unter ›lieber Gott‹?

CHRISTINE Zehntausend Mark.

Stille.

Ich habe dir erzählt, daß ich eine Doppelwaise bin. Mein Vater fiel bei Verdun, und meine Mutter starb in der Inflation. Aber ich hatte eine Tante in St. Gallen, die hinterließ mir zehntausend Mark, zahlbar wenn ich volljährig – Ich bin am 14. März geboren. Also wurde ich gestern einundzwanzig Jahre alt.

Stille.

STRASSER *vor den Kopf geschlagen:* Warum, warum hast du mir das nicht sogleich anvertraut?

CHRISTINE Was?

STRASSER Das mit dem lieben Gott, dem Geburtstag.

CHRISTINE Wolltest mir gratulieren?

STRASSER *erregt; unterdrückt:* Also bitte, bleiben wir nur hübsch bei der Wahrheit!

CHRISTINE Ich hatte Angst vor der Wahrheit. Vor dem Geburtstag. Vor dem lieben Gott.

STRASSER Ist das nun dumm oder gemein?

CHRISTINE Minderwertig!

Stille.

STRASSER Du! Du wolltest als Bettelkind gefreit werden, du Kitsch!

CHRISTINE Ja, das wollte ich.

MAX Rosarot und himmelblau!

CHRISTINE Jetzt ist es mir, als hätte ich nie daran gedacht, diese schöne Aussicht neu zu möblieren. Jetzt lach ich mich selber aus.

STRASSER Triumphiere nur! Ein trauriger Ruhm!

EMANUEL Minderwertig.

CHRISTINE Entschieden!

Stille.

Strasser. Die Post ist zuverlässig.

STRASSER Ich habe alle Briefe erhalten.

Stille.

CHRISTINE Nun muß ich fort. *Sie will ab, hält aber nach einigen Schritten.* Wann fährt der erste Zug?

MAX Wohin?

CHRISTINE Fort.

MAX Fünf Uhr sieben.

CHRISTINE Danke. *Ab.*

DIE WERTEN HERREN *starren ihr nach; betrachten sich gegenseitig verstohlen, weichen sich aus; gehen hin und her; kreuz und quer.*

Stille.

MAX *schüttelt den Kopf:* Das begreife ich nicht, das begreife ich nicht! Komisch. So ein Zufall!

STRASSER Komisch?

KARL Zehntausend? Das ist kein Zufall, das ist Glück!

STRASSER *grimmig:* Der liebe Gott!

Stille.

MÜLLER Mit zehntausend ist man Millionär.

MAX Ist das soviel Geld?

EMANUEL Sie Kind!

Stille.

KARL Ich hatte mal zehntausend –

MAX *unterbricht ihn:* In Portugal?

KARL *zuckt zusammen, hält und stiert ihn an:* Was soll das schon wieder?

MAX Der Zufall ist eine eigenartige Einrichtung. Eigentlich undramatisch, aber man trifft ihn trotzdem. Ab und zu.

MÜLLER Wenn man bedenkt, wie man sich um sechs Kisten Sekt raufen muß –

EMANUEL Man soll gar nicht denken – Man könnte leben. Ja, nicht nur das! Auch aufatmen!

MAX Als Millionär könnte man auf den Himalaya, nach Bali und Berlin, über den Ozean fliegen, im Sandmeer baden, Krieg führen, ja sogar Frieden stiften –

KARL *unterbricht ihn:* Wann fährt der Zug?

MAX Nach Paris?

KARL Nach Chemnitz!

MAX *überrascht:* Nach Chemnitz?

KARL *brüllt ihn an:* Nein, nach Kalkutta!!

MAX Fünf Uhr sieben.

EMANUEL Es wäre Pflicht, die Dame rechtzeitig zu wecken, damit sie den Zug nicht versäumt.

MAX Die Dame hat es zwar nicht befohlen, aber die Pflicht –

MÜLLER *unterbricht ihn:* Ich werde wecken!

KARL Ich!

STRASSER Ich! Man kann sich nämlich auf das Personal nicht verlassen und die p. t. Gäste darf man doch nicht bemühen, Herr Generaldirektor.

EMANUEL Pardon! Ich bringe kein Opfer, da ich nun so nicht schlafen kann –

KARL *unterbricht ihn:* Ich dachte, Sie sind mondsüchtig, Baron!

EMANUEL *lächelt spöttisch:* Es ist Neumond, Herr.

MAX *sieht empor; verträumt:* Der Mond. – Damals schien der Mond. Voll Sehnsucht und Sinnlichkeit. Reifer Sinnlichkeit. Dito Sehnsucht. Ach, du Mond! Wo blieben all die holden heißen Stunden, die herrlichsten Stunden meines Lebens?

STRASSER Was für Stunden?

MAX Kavalier schweigt.

STRASSER *brüllt:* Was für Stunden?!

MAX Mein Herr. ›Vater‹ ist ein gewaltiges Problem. Ein Fragezeichen!

KARL Apropos Fragezeichen: bekannt kommt sie mir vor. Verteufelt bekannt!

STRASSER Wer?

MÜLLER Wen der Beruf zu reisen zwingt, der weiß nie, wo er sein Kind trifft.

EMANUEL Ich liebe Kinder. Über alles.

STRASSER *setzt sich.*

ADA *erscheint verschlafen; setzt sich neben Strasser und betrachtet ihn von oben bis unten genau; lächelt liebevoll:* Nun? – Nun? – Wenn ich nur nicht so erschlagen wäre – Nun? Hast du die Hure hinausgeworfen, ja?

STRASSER *nickt ja.*

ADA Charmant! – Ich habe ja leider Gottes nur den Anfang vernommen, dann bin ich entschlummert – aber ihr seid Künstler – charmant! *Sie tätschelt seine Wange; gähnt.* Du – Wie schade, schade, schade, daß ich so müde – du –

STRASSER *tonlos:* Gute Nacht.

ADA *legt das Haupt auf den Tisch:* Danke – danke dir, daß du die hinausexpediert – *Sie gähnt.* Ein gutes Gewissen ist ein sanft Ruhekissen.

Vorhang

Dritter Akt

Korridor im Hotel zur schönen Aussicht.
Im Hintergrunde sieben schmale Türen. Von links nach rechts: Zimmer Nummer neun, zehn, elf, zwölf, zwölf a, vierzehn, fünfzehn.
Nacht. Lampenlicht.

STRASSER *tritt rasch aus dem Zimmer zwölf und eilt zu fünfzehn; zögert einen Augenblick; klopft an die Türe.*

MÜLLER *in Hemdsärmeln und ohne Kragen, die Hosenträger hängen ihm hinten herab, reißt die Tür auf:* Herein! *Er erblickt Strasser.* Schon wieder! Na was denn, was denn?

STRASSER *scharf, erregt:* Herr Müller! Ich fordere, aufgeklärt zu werden!

MÜLLER Fragen Sie Papa und Mama!

STRASSER Keine Witzelei! Die Sache ist zu ernst!

MÜLLER Wollen Sie mich auf die Toilette bitten?

STRASSER Sollten Sie mich zwingen –

MÜLLER *unterbricht ihn:* Ich gehe nie auf die Toilette, ich bleibe bei meiner Behauptung! Ich wiederhole: ich habe die Dame im Tabarin gesehen, gehört, gefühlt, gekannt, sie ist mir auf diesem Schoß gesessen, sie hat mir dieses Kinn gekrault, sie hat und so weiter. Ich habe nämlich keine Angst vor Ihrer Toilette, verstanden? Na gute Nacht!

STRASSER Halt! – Als Ehrenmann sind Sie zum Beweis verpflichtet.

MÜLLER Abwarten!

STRASSER Ich warte nicht!

MÜLLER Ich auch nicht! Bezahlen Sie den Sekt! Schluß! *Er schlägt die Tür zu; ab.*

STRASSER *allein; gequält:* Das nennt sich Gottes Ebenbild –

MAX *in Segelmütze und kurzem hellem Mantel über den Frack, in der Hand eine abgeschabte Reisetasche, kommt aus Zimmer neun; tritt, ohne Strasser zu beachten, zu zwölf a und klopft leise an.*

STRASSER *mit dem Rücken zu Max; hört es; lauscht.*

MAX *unterdrückt erregt durch die Türe:* Christine – Christine, Christine – Christine!

STRASSER *hat sich ihm zugewandt:* Was klopfst du dort?

MAX *setzt sich zerknirscht auf seinen Koffer:* Ich klopfe, ich klopfe, ich klopfe. Und sie hört nicht, sie hört nicht, sie hört nicht. *Er vergräbt das Haupt in den Händen; seufzt.* Ich habe geklopft. Ich habe schon oft geklopft.

STRASSER Du wirst bald ausgeklopft haben.

MAX Sie wird mich erhören.

STRASSER Du bist wohl noch besoffen?

MAX Apropos besoffen: ich habe das Gefühl, als hätte ich meine Schuhe verloren – kennst du das Gefühl?

STRASSER *grimmig:* Apropos Gefühl: weißt du, was ich jetzt am liebsten tun würde?

MAX Das habe ich heute schon einmal gehört.

STRASSER Auch gefühlt?

MAX Still! – Es geht nämlich um in mir. Wenn man nur in sich hineinsehen könnte. Apropos hineinsehen: da drinnen ist es still. *Er deutet auf zwölf a; leise.* Apropos still: Stille kann unheimlich werden. Damals hat sich auch nichts gerührt, allerdings drei Tage lang – Damals: jener mit den Krücken.

STRASSER Kusch!

Stille.

MAX Apropos Krücken: man sollte doch eigentlich nachsehen, es ist nämlich eigentümlich –

STRASSER *unterbricht ihn:* Apropos eigentümlich: was soll der Koffer?

MAX Apropos Koffer: ich nehme meinen Abschied.

STRASSER *perplex:* Was?

MAX *erhebt sich; nervös:* Apropos Abschied: ich muß nämlich fort. Dringende Familienangelegenheiten. Fünf Uhr sieben.

STRASSER Fünf Uhr sieben?

MAX Sollten der Direktion durch meine überstürzte Abreise Unkosten erwachsen, bin ich selbstverständlich bereit, für selbe aufzukommen.

STRASSER Mit was denn?

MAX Hoho! Unberufen! Unberufen!

KARL *tritt aus zehn in goldbestickter Paradeuniform mit Handschuhen; zu Max:* Ruhe!

MAX *zu Strasser:* Hörst du?

KARL *zu Max:* Halt das Maul! – Hast wieder gewinselt ›Christine, Christine‹? Hast wieder an der Tür gescharrt, wie ein Hund, den man ins Sauwetter prügelt? ›Christine, Christine!‹

MAX *zu Strasser:* Wer ist dieser Herr?

KARL Du kennst mich noch nicht, Leisetreter. Schleimer. Hund.

MAX *zu Strasser:* Bitte, stelle mir diesen Herrn vor.

KARL *zu Max; deutet auf Strasser:* Dieser Herr und ich, wir kennen uns nicht!

MAX Seit wann?

STRASSER Seit zwo Stunden.

MAX Das ist aber lustig!

KARL Hahaha!

STRASSER Dieser Herr besitzt die Schamlosigkeit, zu behaupten, vor einem Jahr mit der Dame von Nummer zwölf a in intime Beziehungen geraten zu sein.

MAX Zwölf a!

KARL Dieser Herr besitzt die Schamlosigkeit, an meinem Ehrenworte zu zweifeln.

MAX Hm. – Vielleicht sagt er die Wahrheit.

KARL Wer?

MAX Apropos Ehrenwort: irren ist menschlich. Ich, zum Beispiel, hätte die Dame von Nummer zwölf a kaum wiedererkannt, und es ist doch erst ein Jahr dahinverflossen –

EMANUEL *tritt aus vierzehn; mit einem nassen Handtuch auf der Stirne:* Pardon! – Würden die Herren so freundlich sein und mir verraten, wie spät, respektive früh – meine Uhr ist plötzlich kaputt, scheinbar.

KARL Wir haben keine Uhr!

MAX Uns fehlt jetzt jeder Sinn für Zeit.

EMANUEL Ich verreise nämlich fünf Uhr sieben.

MAX Mit der Dame von zwölf a?

Stille.

STRASSER Es ist Mitternacht, Baron.

KARL Und Vollmond!

EMANUEL Ich verbitte mir diesen ewigen Mond!

STRASSER Es ist Mittag, und die Sonne scheint.

MAX In Amerika dürfte es regnen.

ADA *schleppt sich verstört herein; hält; fixiert die vier.*

Stille.

ADA Was gibts? – Was gibts?

Stille.

Warum habt ihr mich sitzen lassen? Allein. Unten.

STRASSER Du hast so süß geschlafen. Dich wecken wäre herzlos gewesen. Gewiß!

ADA Herzlos? *Sie grinst.* Ja, das hat schon so mancher bemerkt, daß es charmant aussieht, wenn ich schlafe. Ich liege nämlich wie ein Kind, rolle mich zusammen und falte die Händchen – nicht?

Stille.

Lauscht. Hat einer was gesagt? – Hat keiner was gesagt? Warum sagt denn keiner was?!

STRASSER Gute Nacht!
ADA Guten Morgen! Ich sage: guten Morgen!
STRASSER Plärr nicht! Es ist Nacht!
ADA Strasser! Ich hasse diese Witze! Das sind keine Witze!
STRASSER Richtig! Im Ernst. Man bittet um Ruhe: die Gäste wollen schlafen.
ADA Was für Gäste?
Stille.
Was für Gäste? Ihr seht mich wohl zehnfach, ihr besoffenen Gegenstände! Es gibt hier bekanntlich nur einen Gast, und der bin ich. Es kann nur einer befehlen. Die anderen haben zu gehorchen! Ihr seid doch meine Sklaven, nicht? Ich verzichte auf Ruhe, ich fühle mich frisch. – Sollte ein Sklave schlafen wollen, so wird er lebendig begraben, und wenn er widerspricht, wird ihm die Zunge herausgerissen, und will er nicht hören, die Ohren abgesägt, und geht er auf mich nicht ein, wird er kastriert! *Sie lacht.*
KARL Man sollte das Irrenhaus anrufen.
MAX Das Telefon ist leider verdorben.
EMANUEL So gehört es repariert.
ADA *lacht:* Strassersklave! Geh auf mich ein! Geh auf mich ein!
MÜLLER *in Hemd und Unterhosen; reißt Türe fünfzehn auf:* Na was ist denn los?! Die reinste Revolution!
MAX Wer weitergeht, wird erschossen.
ADA *kann nicht mehr aufhören zu lachen:* Ein Gast! Ein Gast! Und was für ein illustrer Gast!
MÜLLER Was hat denn die dumme Kuh?
ADA *hat es nicht gehört:* Incognito! Ich habe Sie total vergessen, Herr Generaldirektor!
MÜLLER *brüllt sie an:* Ich bin kein Generaldirektor! Ruhe! Wiehern Sie nicht, sehen Sie zu, daß Sie in die Klappe kommen, besoffene Person! Mitten in der Nacht, na,

das ist schon räudig! *Ab; er schlägt die Türe zu.*

ADA *perplex:* Was war das? Wie war das Wort?

STRASSER Räudig.

MAX R wie Rembrandt, äu wie Euter, d wie Daheim, i wie Inzest, g wie gebenedeit.

ADA Dieses Schwein ist wohl verrückt geworden, wie? *Eine Uhr schlägt vier-, dann dreimal.*

STRASSER *zählte mit:* Drei.

EMANUEL *zählte auch mit:* Nein, vier!

MAX *ist anderswo:* Es wird bald fünf.

EMANUEL *entsetzt:* Schon fünf?

STRASSER *fährt Emanuel an:* Sie versäumen nichts!

ADA *grinst:* Steht die Guillotine? Steht die Guillotine?

STRASSER Herr Baron erreichen den Zug.

EMANUEL *erregt:* Sie Wirt. Ich verbiete es Ihnen, sich mit meiner Abreise zu beschäftigen!

STRASSER Ich verbiete es Ihnen, die Dame von zwölf a mit Ihren unsittlichen Anträgen zu belästigen! Und wären Sie königliche Hoheit, Baron!

ADA *scharf:* Was ist das für Dame?
Stille.
Wo gibt es hier eine Dame? Und seit wann?

STRASSER Das geht dich nichts an!

ADA Hierbleiben! Hierbleiben! – Strasser, schau mir in das Auge! In das Auge – Was für Dame, was für Dame? Soll das etwa? Habt ihr gelogen? Ist das die? Diese Kloake! – Hinaus damit! Sofort! Oder ich hole sie an den Haaren herbei – *Sie will zu zwölf a.*

KARL *reißt sie zurück, daß sie niederbricht:* Halt das Maul! Selber Kloake! Kusch! Oder ich zertrete dich!

ADA *am Boden:* Na, was hat er denn?

KARL Dieses Maul. Wie ein Lurch!

ADA Emanuel! So ohrfeige ihn!

KARL Jener Greis? Mich?

ADA Ohrfeige ihn!

EMANUEL Ada, ich habe es mir bereits überlegt, ob ich ihn züchtigen soll, aber das Resultat wird erst eine Sekunde vor fünf Uhr veröffentlicht. Damit die Spannung nicht flöten geht, denn wir hassen bekanntlich die Langeweile – und lieben die Sensation.

KARL *grinst:* Ein schlagfertiger Patriarch.

ADA *verwirrt; irr:* Die Sensation – Oh, dieser Kopf! Was kostet dieser Kopf? Siebentausend? Wie? Ich biete einen roten Heller! Zum ersten, zum zweiten, zum dritten!

EMANUEL Ich behalte meinen Kopf. – Zu guter Letzt hat man doch auch seinen Stolz. Adieu! *Er verbeugt sich steif und ab in vierzehn.*

ADA *sieht ihm nach:* Adieu! – Adieu, du Kopf! Wenn nicht, dann nicht! Wenn kein Kopf, so die Uniform! Jene charmante Uniform – Zum ersten, zum zweiten, zum dritten! Zieh dich aus, Herkules!

KARL Gott, wie neckisch!

ADA Nicht? *Sie erhebt sich stöhnend.* Hierbleiben! *Sie lächelt und nähert sich taumelnd Karl.* Herkules, laß mich an deinem Kinn riechen – du duftest wie mein erstes Erlebnis.

KARL Zurück! Schon lange her, das erste Duften, was? Dreißig? Vierzig? Fünfzig! Ein halbes Jahrhundert! Wann wird denn Schluß?! *Ab in zehn.*

ADA *starrt ihm fassungslos nach:* Schluß? – Was für Schluß? Von was Schluß? – Ich verstehe kein Wort – *Sie wankt.*

MAX Es wird bald fünf.

STRASSER *zu Ada:* Komm. Geh zu Bett.

ADA Nein! Jetzt muß ich noch eine Kleinigkeit trinken – etwas prickelndes.

STRASSER Du bist schon betrunken. Und krank.

ADA Ich bin nicht krank!

STRASSER *kneift sie in den Arm:* Geh zu Bett!

ADA Au! Du mußt mich sanfter anfassen – wir Frauen sind nun mal so. Au!

STRASSER Ada, du hast kein Recht, eine Mutter zu beschimpfen. Das Weib erfüllt durch die Geburt eine göttliche Funktion. Wo wären wir, wenn es keine Mütter gäbe? – Ich habe mich geirrt: sie ist keine Prostituierte, sie kennt nur mich. Ich werde die Dame von zwölf a um Verzeihung bitten, daß ich gewagt habe, niedrig über sie zu denken. Sie wird mir die Wirtschaft führen, ich lege ihr alles zu Füßen: mich und das Hotel. *Er geht hin und her.*

ADA *ist nahe daran, bewußtlos zu werden:* Lüg nicht! Lüg nicht!

STRASSER Geh zu Bett!

MAX Es wird bald sechs.

STRASSER Es wird bald sieben.

MAX Schau, Ada: ich bin jung und du bist alt. Ich spreche sachlich, um uns unnötige Aufregungen zu ersparen. Wir wollen nicht weh tun, wir wollen unsere Bindung, die uns viele reine Freude brachte, sanft lösen, um uns ohne bitteren Geschmack zurückerinnern zu können. Schau, ich bin jung und du bist alt. Ein junger Mann, geleitet von einer erfahrenen Frau, ist derselben immer zu Dank verpflichtet, und auch deshalb befleißige ich mich, sachlich zu sein, objektiv, gerecht. Schau, du darfst und kannst nicht verlangen, daß ein normal immerhin entwickelter junger Mann sich zeitlebens an dich kettet. Ich müßte mich ja zwingen, und das wäre wider die Natur. – Nein! Das täte nicht gut. Lieber nichts! *Er tritt zu zwölf a; horcht; klopft.* Christine – Christine, Christine!

STRASSER *fährt ihn an:* Laß das, wenn man bitten darf!

MAX Du bist ein böser Mensch, Strasser. Du könntest ja

einen erschlagen, aber das wahre Gefühl ist nicht umzubringen: es kommt immer wieder. Und klopft. Auch als Gespenst. *Ab in neun.*

STRASSER *sieht ihm verdutzt nach:* Das wahre Gefühl?

ADA *lallt:* Hierbleiben – Hierbleiben –

STRASSER Ins Bett! Ins Bett! *Ab in zwölf.*

Eine andere Uhr schlägt zwölf.

ADA *wimmert; erregt hin und her; immer rascher; sie zählt mit:* – drei, vier, fünf – neun, zehn, elf, zwölf –

CHRISTINE *tritt aus zwölf a, erblickt Ada; erschrickt.*

ADA *hält ruckartig; betrachtet sie scheu.*

Stille.

Zwölf.

CHRISTINE Ich bin es.

Stille.

ADA Ich habe Ihre Briefe gelesen – Halt! Bleiben! Bitte, bleiben – um Jesu Christi Willen, ich habe das Gefühl, der ganze Raum steckt voller Leute und ich bin blind!

CHRISTINE Ich dachte, endlich könnte man fort, ohne jemanden wiederzusehen.

ADA Wiedersehen? Wissen Sie, wer ich bin?

CHRISTINE Ja.

ADA Wer bin ich?

CHRISTINE Ich wohnte im Zimmer Nummer elf. Vor einem Jahre.

ADA Wer wohnt jetzt in Zimmer Nummer elf?

CHRISTINE Eine alte Frau.

ADA Tatsächlich?

CHRISTINE Ja.

Stille.

ADA Wie einfach sich das sagen läßt: eine alte Frau –

CHRISTINE Es ist doch so.

ADA Ja. – Man sollte jung sterben. Mit der Zeit wird alles

zwecklos. Nicht?

CHRISTINE Möglich.

ADA Man sagt, jede Mutter meint, ihr Kind sei das schönste. Meine Mutter hat aber darüber nicht nachgedacht – Glauben Sie, daß ich sehr häßlich bin?

CHRISTINE Möglich.

ADA Sie kennen mich nicht.

CHRISTINE Ich kenne diese Stimme. Ich habe hinter dieser Tür gehorcht. Zuvor.

ADA Das war nicht ich!

CHRISTINE Doch!

Stille.

ADA Ich bin nämlich eigentlich ganz anders, aber ich komme nur so selten dazu.

CHRISTINE Warum erzählen Sie mir das?

ADA Seien Sie nicht grausam. Bitte. – Gestatten Sie, daß ich Ihnen helfen darf, damit Sie das Kind ohne Sorgen –

CHRISTINE *unterbricht sie:* Ich habe keine Sorgen.

ADA Das gibt es nicht.

Stille.

CHRISTINE *gehässig:* Ich danke für Ihre Wohltätigkeit. Mir hat nämlich der liebe Gott geholfen. Wissen Sie, was das heißt?

ADA Nein, das weiß ich nicht.

Stille.

Das weiß ich wirklich nicht. Lachen Sie mich nur aus –

Sie nickt ihr zu; langsam ab in elf.

CHRISTINE *starrt ihr nach; will fort, hält jedoch nach einigen Schritten und überlegt; kehrt plötzlich entschlossen um und tritt an Türe elf; klopft; lauscht – nichts.*

MAX *tritt aus neun; erblickt sie, erhellt sich; unterdrückt:* Pst! Sonst kommt nämlich wieder wer, ich habe geklopft und geklopft und war bereits nahe daran zu verzweifeln, aber nun wird alles gut – Halt! Es ist erst halb vier. Zum Bahnhof sind es fünfzehn Minuten. Geht man gemütlich, braucht man zwanzig, wenn Sie sich aber beeilen, nur zehn. Halt! Ich fahre ja auch fünf Uhr sieben. Wir haben noch Zeit.

CHRISTINE Wer ›wir‹?

MAX Wir zwei, Christine. Ich und Sie. Sie und ich. Wir. Ich bin nämlich kein Kellner, sondern Kunstgewerbler. Und dann habe ich das Gefühl, eine unschöpferische Periode hinter mir zu lassen. Ich fahre fünf Uhr sieben. Ob ich wieder zum Plakat finde, hängt lediglich von Ihnen ab.

CHRISTINE Ich verstehe kein Wort.

MAX Sagen Sie das nicht!

CHRISTINE *spöttisch:* Meint der Herr mich?

MAX Ich kenne nur eine Christine.

CHRISTINE Ist das dieselbe Christine, die sich hier vor ungefähr einem Jahr für den Herrn mit dem Chrysanthemenstrauß interessierte?

MAX Ja. Das heißt: nein. Sicher. Ich habe mich geirrt. Vielleicht. Apropos Irrtum: auf mein Ehrenwort: wahre Liebe gibt es nur einmal, alles übrige dürfte zu untergeordneter Bedeutung schwinden, gemessen an der Tatsache, daß man in seinem Leben bekanntlich nur ein einziges Mal den Menschen trifft, mit dem man zusammengehört bis über das Grab. Still! Vielleicht drücke ich mich ungeschickt aus, aber es ist so. Lachen Sie mich nicht aus, bitte. Wir zwei müssen uns schon mal begegnet sein, da ich Sie nicht vergessen kann. Ja, wir haben uns sogar schon geliebt, in unserer letzten Inkarnation, ich bin nämlich Buddhist. Vor tausend Jahren waren Sie ein Ritter und ich war Ihr treuer Knappe.

CHRISTINE Ich denke nicht daran, was ich vor tausend Jahren war.

KARL *tritt aus zehn; erblickt die beiden:* Hoppla! *Zu Christine.* Hat er schon wieder geklopft? *Zu Max.* Kerl, du klopfst ja tausend Jahr!

MAX Rühr mich nicht an! Terrorist! Sachlich, bitte! Laß mich allein!

KARL *hatte sich Max nicht genähert; zu Christine:* Er leidet nämlich an Verfolgungswahn.

CHRISTINE *will ab:* Ach, lassen Sie mich in Ruh!

KARL und MAX Halt!

MÜLLER *tritt aus fünfzehn in Hemd und Unterhosen und versperrt ihr dadurch den Weg:* Na wohin? Ich wollte gerade auf das Klosett. Aber Kleines, wer wird denn noch daran denken, daß ich mich gestern nicht ganz korrekt benahm. Ich weiß, was sich gehört, doch es ging mir zu nahe, daß du dich mit solchen Kerls – Wir kennen uns zwar aus dem Tabarin, aber ich bin der Letzte, der kein Verständnis dafür hätte, wie leicht ein unbescholtenes Mädchen mit gutem Kern in unserem neuen Deutschland auf die schiefe Ebene kommt. Schwamm darüber! Das Kind soll einen ehrlichen Namen haben! Meinen Namen. Nur nicht verzagen: du wirst noch eine rechtschaffene Hausfrau mit Gefühl für das Familienleben. Oh, das hast du, kleiner Blondkopf! Hinter diesem Stirnchen sitzt Sinn für Ordnung und Zucht. Ich sehe mich schon im eigenen Geschäfte und sehe dich schalten und walten in Küche und Keller. Du erinnerst mich manchmal, so in der Bewegung, an meine selige Mutter. Arme Kleine! Bist ein gefallenes Mädchen, aber ich leite dich retour in die bürgerliche Atmosphäre. Na, was sagtst du?

EMANUEL *tritt rasch aus vierzehn; reißt im letzten Augenblick das Handtuch vom Kopfe; hält es in der Hand:* Pardon! Ich habe alles gehört. Es ist menschliche Pflicht, die Dame zu warnen. Dieser Herr liebt aus platter Gewinnsucht. Es riecht nach Heiratsschwindel.

MÜLLER *braust auf:* Wie kommen Sie mir vor?!

EMANUEL Ich bin Herr Baron Stetten, Müller. Ich weiß nicht, ob Gnädigste sich für Golf interessieren, aber abgesehen vom Golf: Gnädigste werden meinen Namen bereits kennen.

CHRISTINE Nein.

EMANUEL Ich nehme an, daß Sie ein schlechtes Namensgedächtnis haben, um nicht glauben zu müssen, daß es Ihnen an historischem Sinn mangelt. Gnädigste. Es ist immer tragisch, wenn solch glorreiches Geschlecht erlischt. Christine. Da keine Hoffnung besteht, unser Geschlecht auf natürliche Weise zu verlängern, bitte ich Ihr Kind adoptieren zu dürfen.

CHRISTINE Ich habe ein gutes Gedächtnis und kenne mich in der vaterländischen Geschichte nicht aus.

EMANUEL Still, bitte! – Wollen sie Baronin werden?

MÜLLER Wie selbstlos!

EMANUEL Kein Krämerstandpunkt! Ich bringe Opfer, meine Herren! Es ist klar, daß ich durch die Ehe mit einer nicht standesgemäßen Person auf die Zugehörigkeit zur anständigen Gesellschaft werde verzichten müssen.

KARL Auch mit siebentausend?

EMANUEL In einer knappen Stunde müßte ich mir eine Kugel durch diesen Kopf jagen, aber ich verzichte. Ich bringe Opfer über Opfer.

MÜLLER Spartanisch!

KARL *zu Christine:* Verzichte! Der würde doch alles verspielen! Den ganzen lieben Gott!

MAX Auf ein Blatt.

EMANUEL Ich habe ausgespielt. Ich kenne keine Karten mehr, vorausgesetzt, daß mir jemand hilft. – Wollen Sie Baronin werden?

Stille.

Sagen Sie ja.

KARL Sag nein!

EMANUEL Ich verbitte mir jede Beeinflussung! Sie selbst soll entscheiden. Wir leben doch nicht im finsteren Mittelalter, wir Modernen haben gelernt, auch im Weibe den Menschen zu achten. Nur der Mensch zählt! So wählen Sie! Hie Baron Stetten! Hie Müller, Chauffeur und Kellner!

MAX Ich bin kein Kellner!

EMANUEL Sondern? Photograph?

CHRISTINE Still! Ich überlege. Ich überlege. *Sie lacht lautlos.*

MÜLLER Tu nicht so blasiert!

EMANUEL Sie sind keine kalte Frau.

MAX Lachen Sie mich nur aus –

CHRISTINE *horcht auf; lacht nicht mehr.*

KARL Ich wähle! Ich bin ein Mann, kein degenerierter Idiot! Das Weib will genommen werden!

EMANUEL Pardon! Kein Faustrecht!

KARL Keine Entrüstung! Wer verliert und nicht bezahlt, ist selbst ein Schuft!

MÜLLER Wer?

KARL Der Herr Baron!

EMANUEL Zustände!

STRASSER *tritt aus zwölf, ohne bemerkt zu werden.*

MAX *zu Emanuel:* Pfui!

MÜLLER Donnerwetter ja!

KARL *zu Emanuel:* Sie gehören geköpft.

STRASSER Es wird bald fünf.

ALLE *starren ihn an.*

STRASSER *zu Karl:* So köpfe ihn! Aber schmerzlos. Du hast doch Routine im Zahnziehen.

Stille.

Christine. Mach einen Bogen um diese Galauniform: es steckt in ihr ein Zuchthäusler.

Stille.

KARL *zu Strasser:* Wärst du in Portugal gewesen, hätte man dich gehängt.

MAX Vielleicht begnadigt.

MÜLLER Zu lebenslänglichem Zuchthaus.

STRASSER Aber ohne Verlust der bürgerlichen Ehrenrechte, nicht wahr, Sie Galauniform?

KARL *ohne Grimm:* Was willst du denn von mir?

STRASSER *grinst herausfordernd aus plötzlicher Unsicherheit.*

KARL *nickt ihm zu:* Lach mich nur aus. *Er nähert sich langsam Christine; dumpf.* Fräulein. Es ist gut. Ich bin ein Zuchthäusler. Ich saß sechs Jahr, weil ich einen erschlagen habe. Nicht Mord. Totschlag. Aber es wurden mir keine mildernden Umstände zugebilligt, das heißt: nur ganz geringe, und die zählen kaum vor Gericht und sind doch sehr ausschlaggebend. Sie sollen keine Angst vor mir haben, Fräulein. Bitte. Es gibt ja nichts, was einem nicht zustoßen könnte. Man kann sich auch selbst erschlagen, und doch umhergehen, Fräulein. Und dastehen: in Galauniform.

Stille.

CHRISTINE *leise:* Ist das wahr?

KARL Es ist wahr, Fräulein.

STRASSER Es ist gelogen, Christine. Von A bis Z.

CHRISTINE Kusch!

Stille.

STRASSER *zu Christine:* Du hast recht: was ich dir antat, ist ein perfideres Verbrechen als Mord.

MÜLLER Wieso kommen Sie zu dieser Behauptung?

MAX Jeder von uns trägt die gleiche Schuld.

MÜLLER Na klar!

EMANUEL Pardon! Es war mein Plan.

STRASSER Quatsch!

MÜLLER Wir haben ihn alle unterschrieben! Wir alle fühlen uns verantwortlich!

MAX Ich habe die ganze Nacht nicht geschlafen.

KARL Das haben wir alle nicht.

CHRISTINE Still! Würden die werten Herren Reue spüren, hätte mir nicht der liebe Gott geholfen?

MÜLLER Jawohl!

EMANUEL Jederzeit.

KARL Das war niedrig, Fräulein.

Stille.

MAX Warum glaubst du mir das nicht, das mit den tausend Jahren?

Stille.

STRASSER Ich hätte nichts bereut, hätte dir nicht der liebe Gott geholfen.

EMANUEL Charakterlump!

MAX Er kann nicht lieben.

KARL Er ist überhaupt kein Mensch.

MÜLLER Wo bleiben die Ideale?

STRASSER Das weiß ich nicht! Ich weiß nur, daß ich dich nun liebe, weil du zehntausend Mark hast. Ohne diese Summe hätte ich auch keine Reue empfunden. Du kannst doch nicht verlangen, daß einer, der wirtschaftlich zu Grunde gerichtet worden ist, sich in eine Bettelprinzessin verliebt.

CHRISTINE Und das Kind?

STRASSER Du kannst doch nicht verlangen, daß ich dich ewig liebe, nur weil du ein Kind von mir hast.

Stille.

CHRISTINE Ja, das ist wahr. Aber ich wäre fast zugrunde gegangen –

STRASSER Ich hätte dir nicht helfen können.

CHRISTINE Das weiß ich noch immer nicht.

STRASSER Glaub es!

MÜLLER Nach dem bürgerlichen Gesetzbuche ist der Vater verpflichtet –

STRASSER *unterbricht ihn:* Wo nichts ist, hat der Kaiser sein Recht verloren!

CHRISTINE Man müßte ein anderes Gesetzbuch schreiben.

MÜLLER Das wäre das Ende der Familie.

CHRISTINE Wenn schon.

EMANUEL Und das Ende des Staates.

CHRISTINE Wenn schon!

Stille.

Es gibt einen lieben Gott, aber auf den ist kein Verlaß. Er hilft nur ab und zu, die meisten dürfen verrecken. Man müßte den lieben Gott besser organisieren. Man könnte ihn zwingen. Und dann auf ihn verzichten.

KARL Man soll nicht an ihn glauben.

CHRISTINE Man muß.

Stille.

STRASSER *zu Christine:* Bleib bei mir.

CHRISTINE *sieht Strasser groß an:* Der Zug fährt in einer halben Stunde und wer sich beeilt, ist in zehn Minuten am Bahnhof, aber mir ist es noch immer, als müßte ich den Zug versäumen –

MAX *sieht Christine groß an:* Dreizehn ist meine Glückszahl. Und Christine wohnt zwölf a.

STRASSER Du wirst den Zug versäumen.

CHRISTINE Nein. – Nein. Nein, ich werde nichts versäumen – Laß mich fort, bitte – Wenn mich das Kind nicht mehr braucht, so komme ich dich besuchen – sollte dies Haus dann noch stehen – *Ab.*

Vorhang

SCHLUSS

Rund um den Kongreß

Posse in fünf Bildern

Personen: Ferdinand · Schminke · Luise Gift · Das Fräulein · Alfred · Der Kellner · Der Generalsekretär · Hauptmann · Der Polizist · Der Präsident · Die Vorsitzende · Der Sanitätsrat · Der Studienrat · Einige Delegierte · Der Vertreter des Publikums

Erstes Bild

FERDINAND *steht mit einem Spazierstock an einer Straßenkreuzung und kennt sich nicht aus.*

SCHMINKE *begegnet ihm.*

FERDINAND Verzeihung. Ich bin nämlich fremd und kenn mich nicht aus. Ich möchte in das Restaurant Miramar und weiß nicht, wo es liegt.

SCHMINKE Restaurant?

FERDINAND Miramar.

SCHMINKE Das ist kein Restaurant.

FERDINAND Vielleicht ein Caférestaurant?

SCHMINKE Nein. Das ist ein Bordell.

FERDINAND Interessant!

SCHMINKE Auch das.

FERDINAND Komisch. Eigentlich wollte ich nur meinen Bruder Alfred besuchen, der ist nämlich Kellner in diesem Miramar, und im November werden es drei Jahre –

SCHMINKE Ich pflege prinzipiell keine Auskunft über Bordelle zu geben.

FERDINAND Aber ich möcht doch nur meinen Bruder Alfred besuchen.

SCHMINKE Prinzipiell nicht.

FERDINAND ›Prinzipiell‹ – dieser Ton. Ich kenn doch diesen Ton – ›prinzipiell‹. Sie heißen doch Schminke? Nicht?

SCHMINKE Sie kennen mich? Woher?

FERDINAND Prinzipiell, Herr Schminke.

SCHMINKE Wer ist denn das?

FERDINAND Ich selbst, Herr Schminke. Komisch. Ja, das macht mich direkt stutzig. Nämlich: wenn Sie mich nicht kennen, so werden Sie meine Schwester wahrscheinlich auch vergessen haben.

SCHMINKE Wer ist denn Ihre Schwester?

FERDINAND Meine Schwester ist tot.

SCHMINKE Ich verbitte mir das.

FERDINAND Bitte. Bitte!

SCHMINKE *ab.*

FERDINAND Ein schlechter Mensch.

LUISE GIFT *kommt.*

FERDINAND Verzeihung. Ich bin nämlich fremd und kenn mich nicht aus. Kennen Sie einen Tanzpalast namens Miramar?

LUISE GIFT ›Tanzpalast‹ ist gut.

FERDINAND Ein Etablissement.

LUISE GIFT Ein Stadion.

FERDINAND Ein maison de discrétion.

LUISE GIFT Junge, Junge!

FERDINAND Ich hab nämlich gehört, daß dieses Miramar ein etwas diskretes Lokal sein soll.

LUISE GIFT Haben Sie gehört?

FERDINAND Soeben.

Stille.

LUISE GIFT Muß es unbedingt im Miramar sein?

FERDINAND Zu freundlich!

LISE GIFT Oh, bitte! Sie werden es nicht bereuen.

FERDINAND Man soll den Teufel nicht an die Wand malen.

LUISE GIFT Sind Sie auch so abergläubisch?

FERDINAND Was mich betrifft: ja.

LUISE GIFT Ich trau mich oft nicht vors Haus. Besonders wenn alles beflaggt ist.

FERDINAND Also apropos Haus: wo liegt nun jenes Haus?

LUISE GIFT Jenes liegt nirgends. Jenes ist nämlich abgebrannt.

FERDINAND Abgebrannt?

LUISE GIFT Im April.

FERDINAND Um Gottes Willen!

LUISE GIFT Man vermutet Brandstiftung. Aus Neid.

FERDINAND Sagen Sie: wer ist denn alles verbrannt?

LUISE GIFT Wen meinen Sie?

FERDINAND Eigentlich wollt ich nur meinen Bruder Alfred besuchen.

LUISE GIFT Alfred? Ist das Ihr Bruder?

FERDINAND Kennen Sie ihn?

LUISE GIFT Leider.

FERDINAND Lebt er noch?

LUISE GIFT Leider. Er ist nämlich ein kompletter Schuft.

FERDINAND Immer wieder?

LUISE GIFT Er hat sein Ehrenwort gebrochen.

FERDINAND Komisch. Was war das für ein Ehrenwort?

LUISE GIFT Er hat mir sein Ehrenwort gegeben, daß er es niemandem sagen wird, daß ich mein Ehrenwort gebrochen habe. Aber er will mich nicht ärgern, es ist ja bekannt, daß man sein Ehrenwort nicht halten kann.

FERDINAND Als ich das erste Mal mein Ehrenwort gebrochen hab, da war ich zehn Jahre alt. Ich erinner mich gern, weil ich gern melancholisch werd. Es wird so angenehm ruhig, wenn man an sein erstes gebrochenes Ehrenwort denkt.

LUISE GIFT Ich glaub, Sie sind ein guter Mensch.

FERDINAND *zieht den Hut:* Danke.

LUISE GIFT Bitte.

SCHMINKE *kommt wieder und scheint etwas zu suchen.*

FERDINAND Guten Abend, Herr Schminke!

SCHMINKE *zuckt zusammen, erkennt Ferdinand und nähert sich ihm:* Herr! Sie haben zuvor behauptet, ich hätte Ihre verstorbene Schwester gekannt. Was war denn Ihre Schwester?

FERDINAND Nutte.

SCHMINKE Was wollen Sie damit sagen?

FERDINAND Ich hatte zwo Schwestern. Die jüngere starb nach elf Minuten und die ältere war Nutte.

SCHMINKE Was soll ich mit Ihrer elfminutenalten Schwester?

FERDINAND Ich wollte damit nur sagen, daß nicht alle meine beiden Schwestern Nutten waren. Und was meine verstorbene ältere Schwester, die Nutte, betrifft, die Sie vergessen haben –: ich wollte Sie nur erinnern, daß Sie dieser verstorbenen Nutte noch etwa dreiundfünfzig Mark schulden und da sie mich als alleinigen Erben eingesetzt –

SCHMINKE Herr! Ich habe noch nie mit Nutten verkehrt!

FERDINAND Ich meine diesen Verkehr in einer geistigen Hinsicht. Sie sind doch ein geistiger Mensch. Ich, zum Beispiel, ich bin kein geistiger Mensch, aber auch geistige Menschen müssen ihre Schulden bezahlen.

SCHMINKE Ich habe keine Schulden!

FERDINAND Sie sind doch Journalist?

SCHMINKE Na und?

FERDINAND Und meine verstorbene Schwester, die Nutte, lieferte Ihnen das gesamte Material für einen so langen Artikel.

SCHMINKE Material? Betreffs?

FERDINAND Betreffs Bekämpfung der Prostitution. Sie haben das gesamte Material dieser verstorbenen Nutte verwertet, ohne ihr einen Pfennig zu bezahlen.

SCHMINKE Ich bin auch nicht verpflichtet.

FERDINAND Gesetzlich nicht. Aber moralisch.

SCHMINKE Ich bin ausgesprochener Moralist.

FERDINAND Mit achtzehn Pfennig pro Zeile. Sie hätten ohne meine Schwester höchstens eine halbe Zeile schreiben können. Macht fünfzig Prozent. Ist gleich etwa dreiundfünfzig Mark.

SCHMINKE Hier dreht es sich nicht um Ihre Nutte, sondern um die Bekämpfung der Prostitution. Ja um noch mehr! Um eine Idee.

FERDINAND Für achtzehn Pfennig die Zeile.

SCHMINKE Man muß doch leben, um für eine Idee kämpfen zu können!

FERDINAND Man hört auch andere Ansichten.

SCHMINKE Soll ich mich kreuzigen lassen?

FERDINAND Bin ich der liebe Gott?

SCHMINKE Es gibt keinen lieben Gott! Basta!

FERDINAND Hm!

SCHMINKE *ab.*

LUISE GIFT Wer war denn das?

FERDINAND Ein schlechter Mensch.

LUISE GIFT Warum?

FERDINAND Weil er nicht bezahlen will, was er einer toten Nutte schuldet.

LUISE GIFT Lassen Sie bitte die Toten ruhen.

FERDINAND Es gibt keine Toten, sofern es sich um dreiundfünfzig Mark dreht. Wir Menschen haben eine unsterbliche Seele.

LUISE GIFT *betrachtet sich im Spiegel mit dem Lippenstift:* Ich auch. Ich auch. *Sie schminkt und pudert sich und summt dazu den Totenmarsch von Chopin; plötzlich:* Alfred ist im Café Klups.

FERDINAND Klups? Klups klingt solid. Ist Alfred jetzt in diesem Klups Kellner? Ist er eigentlich schon Oberkellner geworden?

LUISE GIFT Nein. Er spielt Billard.

FERDINAND So?

LUISE GIFT Und Karten. Und Schach. Und dann spielt er wieder Billard.

FERDINAND Von was lebt er denn eigentlich?

LUISE GIFT Eigentlich von mir.

Stille.

FERDINAND Komisch. Also: wo liegt denn dieses Café Klups?

LUISE GIFT Da gehen Sie einfach immer rechts. Oder links.

FERDINAND Danke.

LUISE GIFT Bitte.

FERDINAND Komisch.

LUISE GIFT Sie können es eigentlich gar nicht verfehlen.

FERDINAND Mein Kompliment!

LUISE GIFT Leben Sie wohl!

FERDINAND Ergebenster Diener!

LUISE GIFT Sie mich auch!

FERDINAND Gute Nacht!

LUISE GIFT Ein guter Mensch.

FERDINAND Auf Wiedersehen!

LUISE GIFT Grüß Gott!

FERDINAND *ab.*

LUISE GIFT *winkt ihm nach.*

DAS FRÄULEIN *kommt.*

LUISE GIFT Jetzt bin ich aber erschrocken! Ich dacht, es kommt wer anders.

DAS FRÄULEIN Wer?

LUISE GIFT Ich weiß es nicht.

DAS FRÄULEIN Das bin nur ich.

Stille.

LUISE GIFT Nun?

DAS FRÄULEIN Ich hab es mir überlegt.

Stille.

Ja. Du hast sehr recht. Man soll sich dafür bezahlen lassen.

LUISE GIFT Na endlich!

DAS FRÄULEIN Endlich.

LUISE GIFT Ich hab es schon immer gesagt, daß du intelligent bist.

DAS FRÄULEIN Ich hab es schon immer gewußt, daß du recht hast, aber ich wollt es nicht sagen. Jetzt sag ichs. Ich machs genau wie du.

LUISE GIFT Es geht immer leichter und leichter.

DAS FRÄULEIN Wer sagt das?

LUISE GIFT Coué.

Stille.

Weißt du, was ich dir nicht glaub? Daß du noch niemals dafür Geld genommen hast. Das glaub ich nicht. Du hast doch schon? Was?

DAS FRÄULEIN Ich hab erst einmal dafür Geld genommen.

LUISE GIFT Wann?

DAS FRÄULEIN Vorgestern.

LUISE GIFT Nu und?

DAS FRÄULEIN Zwölf Mark.

LUISE GIFT Gratuliere.

DAS FRÄULEIN Ist das viel?

LUISE GIFT Genug.

DAS FRÄULEIN Ich dachte, das wäre normal.

LUISE GIFT Du Kind. Kindchen. Zwölf Mark sind Henry Ford. Für zwölf Mark verlangt man schon was Elegantes. Du mußt wer sein. Was vorstellen. Geh mal auf und ab.

DAS FRÄULEIN *geht auf und ab.*

LUISE GIFT Wie du jetzt so wirkst, kostest du nicht mehr als zwo.

DAS FRÄULEIN Ich bin doch kein Tier.

LUISE GIFT Du sprichst so gewählt.

DAS FRÄULEIN Das kommt wahrscheinlich daher, weil ich viel Romane gelesen hab.

LUISE GIFT Viel Lesen ist ungesund.

DAS FRÄULEIN Ich kannte mal einen, der schrieb Romane. In einem hübschen Blockhaus.

LUISE GIFT Man sieht jetzt sehr hübsche Blockhäuser.

DAS FRÄULEIN In der Nähe liegt ein See.

Stille.

LUISE GIFT Wir werdens schon auch schön haben. Du wohnst natürlich bei mir. Solang du magst.

Stille.

DAS FRÄULEIN Du hast mich neulich gefragt, wie alt ich bin. Ich hab gesagt dreiundzwanzig, aber ich werd erst dreiundzwanzig. Im September.

LUISE GIFT Warum erzählst du mir das jetzt?

DAS FRÄULEIN Nur so.

Stille.

LUISE GIFT Ich seh jünger aus. Nicht?

DAS FRÄULEIN Jünger als ich?

LUISE GIFT Nein, als ich.

DAS FRÄULEIN Sicher.

Stille.

LUISE GIFT Ich hab den ›Generalanzeiger‹ abonniert. Es wird schon gemütlich. Wenn wir uns mal schlecht fühlen, machen wir uns einen Tee und bleiben auch abends daheim. Was hast du jetzt vor?

DAS FRÄULEIN Es ist mir gleich.

LUISE GIFT Dann geh zu mir, ich komm bald nach. Blätter mal in dem Buch auf der Kommode. Man muß sich da auskennen, besonders im zweiten Teil. Es ist ein medizinisches Werk: ›Das Liebesleben in der Natur‹. Mit Anhang.

DAS FRÄULEIN Das kenn ich schon.

LUISE GIFT Auch den Anhang? Man muß da vorsichtig sein.

DAS FRÄULEIN Wohin gehst du jetzt?

LUISE GIFT Zum Doktor. *Sie kreischt plötzlich:* Glotz mich doch nicht so an!

ALFRED *erscheint und überblickt die Situation:* Daß du immer kreischen mußt. *Er geht auf und ab.* Piano,

Luise! Piano! Jetzt fletscht sie wieder die Hauer. *Zum Fräulein.* Guten Abend!

LUISE GIFT Ich hab keine Hauer.

ALFRED Natürlich hast du Hauer.

LUISE GIFT Ich hab Zähne.

ALFRED Das kann jeder sagen. Ist das jenes Fräulein?

LUISE GIFT Was für'n Fräulein?

ALFRED Jenes.

LUISE GIFT Wo?

ALFRED Da.

LUISE GIFT Dort? Dort ist kein Fräulein.

ALFRED Na wer ist denn das?

LUISE GIFT Das ist nichts.

Stille.

ALFRED *nähert sich Luise Gift:* Luise. Du machst mich mal wieder korrekt nervös. Das ist unverantwortlich von dir für dich. Du hast mir doch erst gestern von einem Fräulein berichtet, das es sich noch überlegen wollte –

LUISE GIFT *unterbricht ihn:* Jenes Fräulein geht dich nichts an.

ALFRED Piano!

LUISE GIFT Jenes Fräulein wünscht nämlich nur mich. Sonst niemand. Hörst du?

ALFRED *zum Fräulein:* Haben Sie das gehört, Fräulein?

DAS FRÄULEIN Ja.

ALFRED *zum Fräulein:* Sie lügt, was?

DAS FRÄULEIN *schweigt.*

LUISE GIFT *nähert sich Alfred; leise:* Laß es mir bitte.

ALFRED *spöttisch:* Das ›Nichts‹?

LUISE GIFT Du hast mir dein Ehrenwort gegeben –

ALFRED *unterbricht sie:* Bitte stell mir das Fräulein vor.

LUISE GIFT Bestie.

ALFRED Kusch.

LUISE GIFT *weint.*

DAS FRÄULEIN So beruhig dich doch! Ist ja widerlich!

ALFRED Und ob!

LUISE GIFT *starrt das Fräulein an:* Wie war das?

ALFRED W wie wir, i wie ich, d wie du, e wie elegant, r wie Rücksicht, l wie Luder, i wie infam, ch wie Chonte.

LUISE GIFT Widerlich.

DAS FRÄULEIN Ja.

ALFRED Ja.

LUISE GIFT Sehr widerlich?

DAS FRÄULEIN Sehr.

LUISE GIFT Bestie.

Stille.

ALFRED *zum Fräulein:* Hier sehen Sie eine Abart der Hysterie. Luise ist eben kränklich. Bereits als Kind litt sie unter einer allseits porösen Haut. Luischen! Ist die Leber noch frisch? Was hat denn der Doktor gesagt?

LUISE GIFT *erschlagen:* Ich wollte gerade zum Doktor.

ALFRED Na man rasch! Gesundsein ist Trumpf. Bazillen verpflichten! Du solltest Leichtathletik treiben.

DAS FRÄULEIN *kichert.*

ALFRED Hundert Meter. Diskus. Hürden. Stabhoch!

LUISE GIFT *tonlos:* Produzier dich nur, produzier dich nur.

ALFRED *verbeugt sich vor dem Fräulein und steppt etwas:* Voilà!

DAS FRÄULEIN *lacht.*

LUISE GIFT Jetzt geh ich. Ja. Jetzt geh ich. *Sie rührt sich nicht vom Fleck.*

ALFRED *zum Fräulein:* Ich bin Alfred.

DAS FRÄULEIN Ich hab mirs gleich gedacht.

ALFRED Wieso? Hat sie mich verleumdet?

DAS FRÄULEIN Im Gegenteil.

ALFRED Soweit ich die Gesamtsituation überblicken kann, haben Sie es sich überlegt.

DAS FRÄULEIN Ja.

LUISE GIFT *zum Fräulein; apathisch:* Das ist der Alfred.

ALFRED Sie hatte bereits das Vergnügen.

LUISE GIFT Alfred muß gemein sein, er kann nicht anders.

ALFRED Sie lügt.

LUISE GIFT *will langsam ab, bleibt plötzlich stehen:* Alfred. Ich hab zuvor deinen Bruder gesprochen.

ALFRED Bruder? Ist denn der hier? Seit wann?

LUISE GIFT Ich hab ihn zufällig kennengelernt.

ALFRED Ich bin nur zufällig sein Bruder, er ist nämlich ein Trottel.

LUISE GIFT Er ist ein guter Mensch.

ALFRED Wirds bald?

LUISE GIFT Ich geh schon.

ALFRED Marsch.

LUISE GIFT *ab.*

Stille.

ALFRED Sagen Sie Fräulein: haben Sie sich schon mal das Horoskop stellen lassen?

DAS FRÄULEIN Nein. Verstehen Sie was von Planeten?

ALFRED Immerhin. Ich beschäftige mich mit okkulten Dingen. Luischen, zum Beispiel, ist im Sternbilde des positiven Wassermann geboren.

DAS FRÄULEIN Was bedeutet das?

ALFRED Daß man keine Seele hat.

DAS FRÄULEIN Sie ist aber sehr aufmerksam zu mir. Sie sagt mir, wie ich gehen muß und alles. Sie hilft mir. Ich kann, zum Beispiel, bei ihr wohnen.

ALFRED Weil sie, zum Beispiel, schwül mit u schreibt.

DAS FRÄULEIN Ist sie sehr krank?

ALFRED Sie wird voraussichtlich erblinden.

DAS FRÄULEIN Was fehlt ihr denn?

ALFRED Unter anderem ist sie auch mondsüchtig. Ja: bei Vollmond steigt sie aus dem Fenster, klettert die Fassade hoch und tanzt den Tanz ihrer Jugend: Kwadrille! Sie ist nämlich schon stellenweise grau. Sie sind doch blond?

DAS FRÄULEIN Wer?

ALFRED Sie.

DAS FRÄULEIN Blond? Ja.

ALFRED Echt?

DAS FRÄULEIN *nimmt den Hut ab.*

ALFRED Bravo! Bravo.

Stille.

Sagen Sie, gnädiges Fräulein: hätten Sie Sehnsucht, monatlich fünfhundert Mark zu verdienen?

DAS FRÄULEIN Wie?

ALFRED Monatlich.

DAS FRÄULEIN Fünf –

ALFRED Hundert. Bar. Fest. Sie.

Stille.

DAS FRÄULEIN Danke nein.

ALFRED Sie sind wohl total verblödet?

DAS FRÄULEIN Möglich.

ALFRED Ihr Profil ist zwar begabt.

DAS FRÄULEIN Ich hab Angst.

ALFRED Vor mir? Wie kann man vor mir Angst haben? Ich hab ja vor mir selbst keine Angst!

Stille.

DAS FRÄULEIN Was wird man von mir verlangen für fünfhundert Mark?

ALFRED Das Normale.

DAS FRÄULEIN Wer?

ALFRED Ein gewisser Ibanez aus Parana.

DAS FRÄULEIN Ibanez persönlich?

ALFRED Nicht ganz.

DAS FRÄULEIN Ich geh in keine Kaserne.

ALFRED Parana kennt keine kasernierte Liebe! Parana

besteht in diesem Punkte lediglich aus Appartements. Ein Haus, ein Fräulein! Das ist Gesetz in Parana, um die schamlose Ausbeutung der Fräuleins zu verhindern und den anständigen Mädchenhandel zu schützen. Die paranensische Reichsregierung –

DAS FRÄULEIN *unterbricht ihn:* Wo liegt Parana?

ALFRED In Südamerika.

DAS FRÄULEIN Nein.

Stille.

Neineinein –

ALFRED Lieben Sie Europa?

DAS FRÄULEIN Ich geh nicht in die Kolonien.

ALFRED Geographie schwach. Außer britisch, französisch und niederländisch Guyanna gibt es in Südamerika bekanntlich keine Kolonien, nur souveräne Staaten. Freie demokratische Republiken. Die Bevölkerung ist vorzüglich spanisch und portugiesisch, mittelgroß, leidenschaftlich und schwarz. Infolgedessen sind Blondinen tatsächlich bevorzugt.

LUISE GIFT *erscheint.*

ALFRED Schon zurück vom Doktor?

LUISE GIFT Ich war nicht beim Doktor. Ich hab gehorcht.

Stille.

ALFRED Auf Wiedersehen, gnädiges Fräulein! *Ab.*

Stille.

DAS FRÄULEIN Vielleicht fahr ich nach Südamerika.

LUISE GIFT Sei nicht boshaft.

DAS FRÄULEIN Ich bin nicht boshaft.

LUISE GIFT Aus Südamerika kommt keine zurück.

DAS FRÄULEIN So bleib ich eben dort.

LUISE GIFT Du bleibst bei mir.

DAS FRÄULEIN Ich bin nicht so veranlagt.

LUISE GIFT Ich bin überhaupt nicht veranlagt!

Sie nähert sich ihr. Ich bin ja ganz anders, aber ich

komme so selten dazu – *Sie fährt ihr durch die Haare und zerrt sie plötzlich.*

DAS FRÄULEIN Au! Laß mich los! *Sie reißt sich los und schlägt sie vor die Brust, daß sie zurücktaumelt.* So laß mich doch! *Sie läuft davon.*

LUISE GIFT *lacht:* Auf Wiedersehen! Auf Wiedersehen! *Sie lauscht auf Antwort.*

Stille.

Sie brüllt. Auf Wiedersehen! *Sie lauscht wieder.*

Stille.

Sie wimmert.

Ende des ersten Bildes

Zweites Bild

FERDINAND *betritt das Café Klups, hält neben dem Billard und sieht sich um; er ist der einzige Gast.*

DER KELLNER *kommt und kaut an einem Trumm Brot.*

FERDINAND Guten Abend.

DER KELLNER Mahlzeit.

FERDINAND Verzeihung. Ich bin nämlich fremd und kenn mich nicht aus. Ist das hier das Café Klups?

DER KELLNER Ja.

FERDINAND Warum steht dann aber draußen ›Café Viktoria‹?

DER KELLNER Es heißt ja hier ›Viktoria‹.

FERDINAND Klups heißt wohl der Besitzer?

DER KELLNER Nein. Der ehemalige Besitzer.

Stille.

FERDINAND Komisch. Ist Herr Klups schon lange tot?

DER KELLNER Herr Klups ist überhaupt nicht tot. Herr Klups hat sich nicht bewährt.

FERDINAND Paragraph?

DER KELLNER 181a. »Eine männliche Person, welche von einer Frauensperson, die gewerbsmäßig Unzucht treibt, unter Ausbeutung ihres unsittlichen Erwerbes ganz oder teilweise den Lebensunterhalt bezieht, oder welche einer Frauensperson gewohnheitsmäßig oder aus Eigennutz in Bezug auf die Ausübung des unzüchtigen Gewerbes Schutz gewährt oder sonst förderlich ist, wird

FERDINAND mit Gefängnis –

DER KELLNER nicht unter –

FERDINAND einem Monat –

DER KELLNER bestraft.« Und seitdem heißen wir hier ›Viktoria‹.

Stille.

FERDINAND Wieso ›Viktoria‹?

DER KELLNER Mich kann man nicht ausfragen.

FERDINAND Es hätt mich ja nur interessiert.

DER KELLNER Warum?

FERDINAND Aus Mitgefühl. Man ist doch zu guter Letzt ein Mensch.

DER KELLNER Zu guter Letzt. Nehmen Sie Platz!

FERDINAND *setzt sich.*

DER KELLNER Sie wünschen? Kaffee, Tee, Schokolade.

FERDINAND Kaffee.

DER KELLNER Tasse oder Kännchen?

FERDINAND Tasse.

DER KELLNER *ab.*

ALFRED *kommt und entdeckt Ferdinand, der ihn nicht bemerkt; er zieht sich den Rock aus und spielt in Hemdsärmeln Billard gegen sich selbst.*

FERDINAND *erblickt Alfred und erhebt sich überrascht.*

ALFRED *fixiert ihn einen Augenblick und setzt das Spiel fort.*

FERDINAND Alfred!

ALFRED *läßt sich nicht stören:* Ha?

FERDINAND Du bist ja gar nicht überrascht, daß ich dich überrascht hab!

ALFRED Nein!

FERDINAND Komisch.

ALFRED Ich wußt es schon.

FERDINAND Woher?

ALFRED Mich kann man nicht ausfragen.

FERDINAND Es hätt mich ja nur interessiert.

ALFRED Warum?

FERDINAND *setzt sich.*

Stille.

DER KELLNER *bringt Ferdinands Tasse; zu Alfred:* Halleluja!

ALFRED Kaffe.

DER KELLNER Tasse oder Kännchen?

ALFRED Kännchen.

DER KELLNER *ab.*

Stille.

FERDINAND Du spielst anscheinend gern Billard. Sehr gern?

ALFRED Ja.

Stille.

FERDINAND Alfred. Was hab ich dir denn getan?

ALFRED Nichts.

FERDINAND Also?

ALFRED Also.

FERDINAND Ich hab dir doch nichts getan –

ALFRED Eben!

FERDINAND Achso.

ALFRED Ja.

Stille.

FERDINAND Komisch. Ich hab mir gedacht, du wirst freudig überrascht sein.

ALFRED Weil du zufällig mein Bruder bist?

FERDINAND Trotzdem.

ALFRED Ich lege keinen Wert auf Familienanschluß.

FERDINAND Ja, wir sind eine verkommene Familie. Man muß nur zurückdenken – als ich zur ersten heiligen Kommunion schritt, hatte Papa gerade den Pelz gestohlen. Großpapa war übrigens auch vorbestraft.

ALFRED Und Mama?

FERDINAND Laß Mama! Sie hat uns geboren und das genügt.

ALFRED Stimmt.

Stille.

FERDINAND Auch wenn wir keine Brüder wären, hätt ich

mich gefreut, wenn du freudig überrascht gewesen wärst. Rein menschlich.

ALFRED Wenn du mich anpumpen willst, muß ich dir leider eröffnen, daß ich pleite bin.

FERDINAND Du warst noch nie menschlich.

ALFRED Ich bin pleite.

FERDINAND Das tut mir aber leid. Rein menschlich.

ALFRED Halts Maul.

Stille.

FERDINAND Ich hab mich emporgearbeitet. Durch Zufall.

ALFRED *horcht auf:* Wie?

FERDINAND Durch Zufall.

ALFRED Wie heißt der Mann?

FERDINAND Mir hat nämlich der liebe Gott geholfen.

ALFRED Was verstehst du unter lieber Gott?

FERDINAND Zweitausend Mark.

ALFRED *nähert sich ihm:* Wie war das?

FERDINAND *lächelt:* Ja.

DER KELLNER *bringt Alfreds Kännchen:* Wohin?

ALFRED Dorthin – Da. *Er setzt sich zu Ferdinand.*

DER KELLNER *stellt das Kännchen hin und spielt gelangweilt Billard.*

ALFRED Und – sag: Was machst du mit deinem lieben Gott?

FERDINAND Privatisieren.

ALFRED Du könntest deinen lieben Gott verdoppeln.

FERDINAND Ah!

ALFRED Verdoppeln. Garantiert.

FERDINAND Wer garantiert?

ALFRED Ich.

FERDINAND Solche Geschäfte mach ich nicht.

ALFRED Das sind durchaus korrekte Geschäfte.

FERDINAND Ich meine die Garantie.

ALFRED Sofort! Erstens: ich habe eine Agentur. Eine Stellenvermittlung nach Südamerika. Wenn man nur einen Teil deines lieben Gottes hätte, könnte man den Betrieb bedeutend rentabler ausbauen.

FERDINAND Was sind das für Stellungen?

ALFRED Überwiegend Kindergärtnerinnen.

FERDINAND Schämst du dich nicht, mich für so dumm zu halten?

ALFRED Pardon, wenn ich dich für dümmer hielt.

Stille.

FERDINAND Ich würde ja das Geschäft trotzdem machen, obwohl es rein menschlich natürlich nicht zu verantworten wäre, aber auch das Menschliche ist nicht absolut und daher die Konzessionen. Du siehst, ich hab mich mit Philosophie beschäftigt.

ALFRED Jawohl.

FERDINAND Jetzt trink ich, zum Beispiel, ein Täßchen Kaffee und wenn ich den lieben Gott verdoppeln könnte, dann wärs ein Kännchen. Es dreht sich oft nur um ein Kännchen im menschlichen Leben.

ALFRED Jawohl.

FERDINAND Ich hab viel vom Leben gelernt und hätt nichts dagegen, wenn ich mir ein Kännchen bestellen könnt.

ALFRED Du wirst dir eine Kaffeeplantage –

FERDINAND *unterbricht ihn:* Erzähl!

ALFRED Gegenwärtig stehe ich gerade vor einem Abschluß. Mit der bekannten Firma Ibanez. In Parana. Ich kann aber leider nur die Hälfte der Transportkosten decken; könnte man die ganze Überfahrt bezahlen, so wäre dein lieber Gott in sechs Wochen verdoppelt.

FERDINAND Und die Garantie?

ALFRED Bin ich.

FERDINAND Das ist mir zu gewagt.

ALFRED Du bist doch mein Bruder.

FERDINAND Ich lege keinen Wert auf Familienanschluß.

ALFRED Wiederhol mich nicht! Aber auch wenn wir keine Brüder wären – rein menschlich.

FERDINAND Wiederhol mich nicht.

Stille.

ALFRED Wer nichts wagt, verdoppelt auch nichts.

FERDINAND Ich bin kein Hasardeur.

ALFRED Und wo bleibt dann dein Kännchen?

FERDINAND Das wär ja ein Grund.

ALFRED Um was zu wagen.

FERDINAND Etwas Kühnes!

ALFRED Grandioses!

FERDINAND Monte Carlo!

ALFRED Gesprengt! Abgemacht?

FERDINAND Abgemacht.

LUISE GIFT *kommt.*

FERDINAND Guten Abend, gnädige Frau!

LUISE GIFT Grüß Gott!

ALFRED *erblickt sie und zuckt zusammen; erhebt sich.*

LUISE GIFT Komm mal her, bitte.

ALFRED *nähert sich ihr:* Na?

LUISE GIFT Kannst du es erraten, was ich jetzt am liebsten tun würde?

ALFRED Nein. Und dann interessiert es mich auch nicht.

LUISE GIFT Du hast wieder einmal dein Ehrenwort gebrochen.

ALFRED Es interessiert mich nicht, Luischen.

LUISE GIFT Du bist eine korrupte Kreatur.

DER KELLNER *zu Luise Gift:* Was wünschen die Dame?

ALFRED Nichts.

LUISE GIFT Kaffee.

DER KELLNER Tasse oder Kännchen?

LUISE GIFT Kännchen.

DER KELLNER *ab.*

ALFRED Na denn Adieu!

LUISE GIFT Halt! Hast du mir nicht dein Ehrenwort gegeben, daß du mir das Fräulein läßt? Daß du sie mir nicht, wie die anderen –

ALFRED *unterbricht sie:* Ich bin Kaufmann. Mit Leib und Seele.

LUISE GIFT Wenn sich das Fräulein nach Südamerika einschifft –

ALFRED *unterbricht sie:* Dann?

LUISE GIFT *grinst:* Ich meinte nur.

ALFRED Der Zeigefinger hat mir nicht gefallen.

LUISE GIFT Und er hat doch mal für dich geschworen –

ALFRED Kusch. Erwähne ich denn mein Vorleben?

LUISE GIFT Im eigenen Interesse? Kaum.

ALFRED Kehre ich jemals den Fähnrich hervor? Betone ich jemals, daß ich eine Hoffnung der europäischen Filmindustrie war?

LUISE GIFT *grinst:* Ein Bonvivant –

ALFRED Ich verbitte mir jede Verleumdung. Das war schon lange vorher. Du weißt, daß meine Augen die Jupiterlampen nicht ertragen konnten. Oder?

LUISE GIFT Oder.

ALFRED Luischen. Was wird denn, wenn sich das Fräulein nach Südamerika –?

LUISE GIFT *grinst:* Zuchthaus. Zuchthaus.

ALFRED Für dich?

LUISE GIFT Für dich.

ALFRED Luischen. Du hast mal einen Meineid geschworen. Einen korrekten Meineid.

LUISE GIFT Für dich.

ALFRED Egal.

LUISE GIFT Mir ist alles egal.

ALFRED Mir nicht. Merk dir das.

LUISE GIFT Das weiß ich. Drum zeig ich dich ja an –

ALFRED Nur kein Lärm –

LUISE GIFT Sonst?

ALFRED Gib acht! Mir kann nämlich nichts passieren, denn dir fehlt der zwote Zeuge.

LUISE GIFT *grinst:* Daß dich immer das Gesetz schützt –

ALFRED Es gibt noch eine Justiz.

LUISE GIFT Es wird auch noch Leute geben, die auf den zwoten Zeugen pfeifen –

ALFRED Utopisten. Idealisten. Alles, nur keine Realpolitiker!

FERDINAND Bitte, stell mich der Dame vor.

ALFRED Mein Bruder Ferdinand – Frau Luischen Gift.

FERDINAND *verbeugt sich:* Ich hatte bereits das Vergnügen.

LUISE GIFT Wir kennen uns.

FERDINAND Sehr erfreut!

LUISE GIFT Seit wir uns gesehen haben, hat Ihr Bruder Alfred schon wiedermal sein Ehrenwort gebrochen.

ALFRED *zu Luise Gift:* Ob du parierst?

LUISE GIFT Daß du mich nicht anrührst, daß du mich nicht an –

ALFRED Toll! Ich kann es mir tatsächlich nicht vorstellen, in welch sozialer Schicht du dich neuerdings bewegst, da du befürchtest, ich könnte ein Weib mißhandeln.

LUISE GIFT Hast mich noch nie, was?

ALFRED Nie.

LUISE GIFT Und am siebzehnten März?

ALFRED *zu Ferdinand:* Sie lügt.

FERDINAND *lächelt verlegen.*

LUISE GIFT Bestie.

ALFRED Kusch. *Ab.*

DER KELLNER *kommt und stellt Luise Gifts Kännchen auf Ferdinands Tisch.*

FERDINAND *bietet Luise Gift Platz an:* Darf ich bitten –

Trommelwirbel in der Ferne.

LUISE GIFT *erstarrt.*

SCHMINKE *betritt rasch das Café Klups und setzt sich.*

DER KELLNER *zu Schminke:* Der Herr wünschen?

SCHMINKE Kaffee.

DER KELLNER Tasse oder Kännchen?

SCHMINKE Tasse. *Er zieht ein Manuskript aus seiner Tasche und korrigiert.*

FERDINAND *erkennt Schminke.*

Abermals Trommelwirbel. Plötzlich ist alles beflaggt: riesige Fahnen hängen in das Café Klups. Militärmusiktusch. Hochrufe und begeisterter Applaus in einem überfüllten Versammlungssaal.

DER KELLNER *horcht.*

FERDINAND *fixiert Schminke.*

Stille.

LUISE GIFT *nähert sich tastend entsetzt dem Kellner; lallt:* Herr Doktor. Jetzt fang ich mich an zu fürchten, Herr Doktor –

DER KELLNER Ich bin kein Doktor.

LUISE GIFT Hab ich Doktor gesagt?

DER KELLNER Man soll sowas nicht vernachlässigen.

LUISE GIFT Was? Du, warum ist denn plötzlich alles beflaggt? Ich hab so Angst vor diesen Fahnen – weil dann sind auch im Spiegel lauter Fahnen und dann merk ich, daß ich bald er- *Sie stockt.*

DER KELLNER er-

LUISE GIFT Vor vier Wochen konnt ichs von hier aus noch lesen: ›Für Damen‹ – ›Für Herren‹ – Jetzt verschwimmts. Ich sehs nicht mehr. Mit der Zeit verschwimmt alles. Nicht?

DER KELLNER Wahrscheinlich.

LUISE GIFT Wie einfach sich das sagen läßt. Jetzt möcht ich eine Postkarte schreiben.

DER KELLNER Nanu?

LUISE GIFT *ist anderswo:* Kartengrüße. An mich selbst.

FERDINAND *zum Kellner:* Verzeihung. Ich bin nämlich fremd und kenn mich nicht aus. Warum ist denn plötzlich alles beflaggt?

DER KELLNER Um den Kongreß zu ehren.

Man hört wieder begeisterten Applaus.

FERDINAND Was ist das für ein Kongreß?

DER KELLNER Ein internationaler Kongreß.

LUISE GIFT *lauernd:* Was will denn der Kongreß?

DER KELLNER Er will die Bekämpfung der Prostitution international organisieren mit besonderer Berücksichtigung des internationalen Mädchenhandels.

LUISE GIFT *setzt sich.*

DER KELLNER *stellt Tischfähnchen auf die Tische:* Laut einem Erlaß des Gesamtkabinetts und einer ortspolizeilichen Vorschrift muß alles beflaggt werden. Zuwiderhandlungen werden strafrechtlich verfolgt.

LUISE GIFT *grinst irr:* Fahnen heraus! Fahnen heraus!

DER KELLNER Ruhe! *Er horcht.* Wenn man nämlich sehr horcht, hört man den Kongreß reden, aber man muß ein feines Gehör haben.

Stille.

Jetzt spricht der Berichterstatter.

LUISE GIFT Was erzählt er denn, der Herr Berichterstatter?

DER KELLNER Ich versteh nicht, was er sagt. Er spricht nämlich spanisch.

FERDINAND Nein, das ist Portugiesisch.

DER KELLNER Können Sie Portugiesisch?

FERDINAND Nein.

LUISE GIFT So. Also die Prostitution wollen sie bekämpfen –

DER KELLNER Genau wie am Kongo, so auch an der Spree.

FERDINAND Auch in Chile.
DER KELLNER Auch in Kolumbien.
FERDINAND Auch in Ecuador.
DER KELLNER Auch in Paraguay.
FERDINAND Auch in Uruguay.
DER KELLNER Auch in Venezuela.
FERDINAND Auch in San Salvador.
SCHMINKE Wo bleibt denn mein Kaffee?
DER KELLNER Tasse oder Kännchen?
SCHMINKE Tasse!
LUISE GIFT Wer ist denn das?
DER KELLNER Ein schlechter Mensch.
FERDINAND Haben Sie ihn vergessen, gnädige Frau? Das ist doch jener Herr, der einer verstorbenen Nutte dreiundfünfzig Mark schuldet.
LUISE GIFT Was will denn dieser schlechte Mensch?
DER KELLNER Eine Tasse.
FEDINAND Und dann will er die käufliche Liebe bekämpfen.
LUISE GIFT Also ein Delegierter. *Sie erhebt sich.*
DER KELLNER Aus Sumatra.
FERDINAND Aus Java.
DER KELLNER Aus Parana! Aus Parana!
LUISE GIFT *setzt sich an Schminkes Tisch und lächelt.*
SCHMINKE *setzt sich an einen anderen Tisch.*
FERDINAND UND DER KELLNER *sehen interessiert zu.*
LUISE GIFT *setzt sich wieder zu Schminke und blickt in sein Manuskript.*
SCHMINKE Sie wünschen?
LUISE GIFT *lächelt:* Sie müssen deutlicher schreiben, sonst kennt sich ja keiner aus. Sie wollen doch den Mädchenhandel bekämpfen?
SCHMINKE Ich bewundere Ihre Beobachtungsgabe.
LUISE GIFT Oh, bitte! Herr! Nach Südamerika wird ein

Fräulein verkauft!

SCHMINKE Ich muß Ihnen leider sagen, daß ich mich für Einzelfälle nicht interessiere. Prinzipiell nicht.

FERDINAND Prinzipiell.

SCHMINKE Ein derartiges Eingehen auf Einzelschicksale wäre lediglich zwecklose Zersplitterung.

LUISE GIFT Sie wollen sich also nicht zersplittern und lieber das Fräulein verkaufen –

SCHMINKE *unterbricht sie:* Ich bin doch kein Kommissariat! Erstatten Sie Anzeige.

LUISE GIFT Mir fehlt der zwote Zeuge.

SCHMINKE Hätten Sie auch den zwoten Zeugen, könnte man meiner Überzeugung nach, an dem Wesen der Dinge nichts ändern. Es ist doch völlig egal, ob sich das Fräulein in Südamerika oder in Mitteleuropa prostituiert. Der Mädchenhandel spielt ja auch eine sekundäre Rolle, das primäre ist die Prostitution und vor allem ihre Entstehung.

Stille.

LUISE GIFT Sie bekämpfen also prinzipiell die käufliche Liebe, junger Mann?

SCHMINKE Wenn es Sie nicht stört: ja.

LUISE GIFT *grinst:* Es stört mich nicht, wenn du mich bekämpfst, Schnucki –

SCHMINKE *zum Kellner:* Ich möchte endlich meinen Kaffee!

DER KELLNER Tasse oder Kännchen?

SCHMINKE Tasse! Tasse zum tausendstenmal!

DER KELLNER Nanana! *Ab.*

FERDINAND Ein schlechter Mensch.

LUISE GIFT Nanana – Darf man fragen: wie wird man hier eigentlich bekämpft? Mit dem Füllfederhalter?

SCHMINKE Leider.

LUISE GIFT *gehässig:* Sie möchten wohl Reichspräsident

werden?

SCHMINKE Ich bitte zu berücksichtigen, daß ich eine Denkschrift korrigiere. An die Adresse des Kongresses.

LUISE GIFT *ahmt ihn nach:* Ich bitte es zu berücksichtigen, daß ich von Ihrem Kongreß bekämpft werd.

SCHMINKE Nicht Sie! Nur Ihr Beruf!

LUISE GIFT Nur? Was soll ich denn, wenn der Kongreß meinen Beruf abschafft, he? Was kann ich denn? Ich muß wieder von vorn anfangen! *Sie ahmt ihn wieder nach.* Ich bitte es zu berücksichtigen, daß die ganzen Delegierten mich vernichten wollen, indem daß sie bloß immer vom großen S daherreden! Korrigieren Sie es in Ihrer Denkschrift, daß der Kongreß die wuchernden Hotels bestrafen soll!

SCHMINKE *erhebt sich:* Das ist eine völlige Verkennung –

LUISE GIFT Ein Skandal ist das! Ein Skandal!

DER KELLNER *kommt mit Schminkes Tasse.*

SCHMINKE Zahlen!

DER KELLNER Dreiundfünfzig Mark.

LUISE GIFT Schämen Sie sich! Schämen Sie sich! Eine tote Nutte bestehlen!

FERDINAND Prinzipiell.

Ende des zweiten Bildes

Drittes Bild

SCHMINKE *wartet auf einem Platz voller Fahnen vor dem Kongreßsaal.*
Im Kongreßsaal wird begeistert applaudiert.

SCHMINKE *horcht; geht auf und ab.*

DER GENERALSEKRETÄR *erscheint; er ist im Frack und sehr nervös:* Herr Schminke!

SCHMINKE *eilt auf ihn zu.*

DER GENERALSEKRETÄR Sie sind Herr Schminke? Ich bin der Generalsekretär des internationalen Kongresses für internationale Bekämpfung der internationalen Prostitution und habe enorm zu tun. Herr Schminke sind Presse? Ich bedauere es außerordentlich, daß Sie bei der Absendung der Pressekarten übersehen worden sind, denn ich und der Kongreß legen auf eine großzügige Zusammenarbeit mit der Presse den allergrößten Wert. Auf alle Fälle freut es mich ehrlich, Ihnen bereits heute mitteilen zu können, daß die aufopferungsvolle Arbeit des Kongresses bereits heute äußerst beachtliche Erfolge gezeitigt hat. So hat der Kongreß bereits bis heute zwölf Unterausschüsse eingesetzt, die die Reihenfolge der zur Diskussion stehenden Programmpunkte bestimmen sollen. Ja!

SCHMINKE Es freut mich außerordentlich, daß die Reihenfolge der zur Diskussion stehenden Programmpunkte bereits heute bestimmt wird.

DER GENERALSEKRETÄR Werden soll! Ja!

SCHMINKE Und was die Absendung der Pressekarten betrifft, so würde ich mich allerdings außerordentlich wundern, wenn ich nicht übersehen worden wäre.

DER GENERALSEKRETÄR Ja!

SCHMINKE Und was die Bekämpfung der Prostitution betrifft –

DER GENERALSEKRETÄR *unterbricht ihn:* Ja! Na denn Hochachtung! *Er will ab.*

SCHMINKE Halt! Es dreht sich hier nicht um Pressekarten!

DER GENERALSEKRETÄR Sondern?

SCHMINKE *überreicht ihm sein Manuskript.*

DER GENERALSEKRETÄR Was ist das?

SCHMINKE Eine Denkschrift.

DER GENERALSEKRETÄR Was soll ich damit?

SCHMINKE An die Adresse des Kongresses.

DER GENERALSEKRETÄR Motto?

SCHMINKE ›Mit Aufhebung der bürgerlichen Produktionsverhältnisse verschwindet auch die aus ihnen hervorgehende offizielle und nicht offizielle Prostitution.‹

DER GENERALSEKRETÄR Wer sagt das?

SCHMINKE Das wissen Sie.

Stille.

DER GENERALSEKRETÄR Ich weiß nichts. Lassen Sie die bürgerlichen Produktionsverhältnisse in Ruhe, Sie Kommunist! Ja!

SCHMINKE Haben Sie den traurigen Mut zu leugnen, daß die Prostitution ausschließlich ein Produkt wirtschaftlicher Not ist?

DER GENERALSEKRETÄR Nicht ausschließlich!

SCHMINKE Zu neunundneunzig Prozent!

DER GENERALSEKRETÄR Zu achtundneunzig!

SCHMINKE Zu neunundneunzig!

DER GENERALSEKRETÄR Zu hundert! Wenn Sie nämlich auch die seelische Not berücksichtigen wollen! Auch Königinnen leiden Not! Auch am Golfplatz wird gelitten! Ja!

SCHMINKE Nur kein Pathos.

DER GENERALSEKRETÄR Es ist mir bekannt, daß gewisse Elemente jede Regung seelischer Not als bürgerliches

Vorurteil verhöhnen. Ja! Also: ich bestätige hiermit den Einlauf Ihrer sogenannten Denkschrift, die der Kongreß zu den Akten legen wird, da die Prostitution bekanntlich unausrottbar, ja kaum bekämpfbar ist, weil das Prinzip der käuflichen Liebe zu tief in uns verankert ist, man möchte fast sagen: die käufliche Liebe ist ein wesentlicher Bestandteil des Menschlichen schlechthin. Ja!

SCHMINKE Sie verteidigen die Prostitution?

DER GENERALSEKRETÄR Sie zwingen mich dazu! Ja!

SCHMINKE Nein.

DER GENERALSEKRETÄR Bringen Sie mich nicht aus dem Konzept, Sie!

SCHMINKE Was soll denn der ganze Kongreß?!

DER GENERALSEKRETÄR Organisieren! Die internationale Bekämpfung der internationalen Prostitution international organisieren. Ja! *Er will rasch ab, kehrt aber plötzlich um und fixiert Schminke.* Was haben Sie soeben gesagt?

SCHMINKE Kritik.

DER GENERALSEKRETÄR Ich warne Sie.

SCHMINKE Danke.

DER GENERALSEKRETÄR Bitte. Ich warne Sie zum zweiten Male. Der Kongreß streitet Ihnen das moralische Recht zur Kritik kraft seines guten Willens glatt ab, und Ihr politisches Recht verstößt gegen die Verfassung. Ich warne Sie zum dritten Male. Wenn Sie Ihren Platz nicht schleunigst verlassen, so lasse ich ihn räumen. Ja!

SCHMINKE *rührt sich nicht.*

DER GENERALSEKRETÄR Also: Wollen Sie freiwillig folgen?

SCHMINKE Nennen Sie das freiwillig?

DER GENERALSEKRETÄR Ich fühle mich voll der Langmut, und Sie tragen die Konsequenz. Ich warne Sie zum vierten Male.

SCHMINKE Zum fünften Male.

DER GENERALSEKRETÄR Zum sechsten Male! Ich zähle noch bis zehn. Bei zehn stehen Sie an der Wand. Garantiert. Der Kongreß ist zwar gut, aber streng und infolgedessen gerecht. Ja! *Er zählt.* Sieben. Acht. Neun. Nun?

SCHMINKE Zehn.

DER GENERALSEKRETÄR Schweigen Sie! Wer zählt da?! Wer zählt da im wahren Sinne des Wortes?! Ich oder Sie?!

SCHMINKE Zehn.

DER GENERALSEKRETÄR So schweigen Sie doch, Sie Fanatiker! Das könnte Ihnen so passen, den Märtyrer zu markieren! Der Kongreß will keine Heiligenscheine, Herr! Und ich persönlich kann keiner Fliege ein Haar krümmen und bin zu guter Letzt nur ein Angestellter, der davon lebt, daß er für den Kongreß verantwortlich zeichnet! Wie wärs mit einem Kompromiß?

SCHMINKE Ich zähle.

DER GENERALSEKRETÄR Herr Schminke. Ich bin Familienvater und wenn Sie den Platz nicht räumen, wird mir zum Ersten gekündigt.

SCHMINKE Ich möchte sehen, ob der Kongreß den Mut hat, mich bei zehn an die Wand zu stellen.

DER GENERALSEKRETÄR Natürlich hat der Kongreß den Mut, aber ich trage die Verantwortung, Sie verantwortungsloses Subjekt! Sie tragen natürlich keine Verantwortung, wenn Sie erschossen werden! ›Nicht der Mörder, der Ermordete ist schuldig‹ – auch sone Literatenerfindung! Ja!

SCHMINKE *zählt:* – sieben, acht, neun, zehn!

Trommelwirbel.

DER GENERALSEKRETÄR *hält sich verzweifelt die Ohren zu.*

SOLDATEN *mit Gasmasken und aufgepflanztem Seitengewehr erscheinen im Hintergrunde.*

DER GENERALSEKRETÄR Le Kladderradatsch!

HAUPTMANN *tritt vor und spricht österreichisch:* Pardon, meine Sährverehrten! Mir scheint, als hätt hier wer bis zehn gezählt – a servus, Herr Generalsekretär! Na was machtn der Kongreß? Beratn? So? Apropos Kongreß: die Henriett laßt si scheidn. Die Schwester von der Henriett is die Josephin. Und die Schwester von der Josephin is die Pojdi.

SCHMINKE Hauptmann! Ich habe bis zehn gezählt und fordere füsiliert zu werden.

Stille.

HAUPTMANN *starrt Schminke an; er spricht plötzlich preußisch:* Wa? Wie? Wer istn dieser Kümmeltürke?

DER GENERALSEKRETÄR Er bekämpft die bürgerliche Produktionsweise.

HAUPTMANN *österreichisch:* Bürgerliche Produktionsweis? Weiß der Teifl, was das is! Apropos Produktionsweise: die Christl heirat an Judn.

SCHMINKE Na wirds bald?

HAUPTMANN *preußisch:* Halten Sie die Fresse, Lausejunge! Kümmeltürke!

SCHMINKE Ich fordere füsiliert zu werden!

HAUPTMANN *preußisch:* Fresse, Fresse! Hier wird nicht jefordert, hier wird jehorcht! Disziplin! Kümmeltürke, Kümmeltürke!

DER GENERALSEKRETÄR Ich heiße Pontius Pilatus und wasche meine Hände in Unschuld. Mein Name ist Hase, und für Tumultschäden durch höhere Gewalt trägt ausschließlich jener Kümmeltürke die Verantwortung! Ja!

HAUPTMANN *österreichisch:* Aber mein sehr verehrter Herr von Hase, aber das is doch ganz wurscht, wer die

Verantwortung trägt. *Er kommandiert.* Stillgestanden!

SOLDATEN *stehen still.*

HAUPTMANN *österreichisch:* Wollens der Exekution beiwohnen, Herr von Hase?

DER GENERALSEKRETÄR Danke, nein. Ich kann keine Exekution sehen, ich leide nämlich an einem nervösen Magen.

HAUPTMANN *österreichisch:* Geh, wer wirdn so verweichlicht sein, Herr von Hase! Oder sans gar gegn die Todesstraf?

DER GENERALSEKRETÄR Oh, nein!

HAUPTMANN *österreichisch:* Wissens, so a Deliquenterl is halt nur a arms Hascherl, aber man muß ihm halt derschiessn, wo bleibtn sunst die Autorität? Es muß halt sein, in Gotts Namen!

DER GENERALSEKRETÄR Amen!

Rasch ab.

HAUPTMANN *kommandiert:* Zum Gebet!

SOLDATEN *beten.*

SCHMINKE *steht mit dem Rücken zum Publikum an einer imaginären Wand.*

HAUPTMANN *kommandiert:* Legt an! Feuer!

SOLDATEN *füsilieren Schminke.*

Im Kongreßsaal wird begeistert applaudiert.

SCHMINKE *bleibt unbeweglich aufrecht stehen.*

HAUPTMANN *kommandiert:* Weggetreten!

SOLDATEN *ab.*

HAUPTMANN *zündet sich eine Zigarette an.*

In einer kleinbürgerlichen Wohnung erklingt der Donauwalzer: Klavier und Violine.

HAUPTMANN *summt mit.*

SCHMINKE *nähert sich ihm langsam:* Hauptmann.

HAUPTMANN Pardon! Mit wem hab ich die Ehr?

SCHMINKE Sie haben mich doch soeben füsiliert.

HAUPTMANN Ah, der Herr von Schminke! Aba freilich, i hab Sie ja jetzt grad hingricht. Aba wissens, Herr von Schminke, mit sowas is dann für mich so ein Fall erledigt. Sie san für Ihre Sachn bestraft und wenn aner für seine Untaten gebüßt hat so is die Sach für mich akkurat erledigt. I trag niemand was nach. Es is ganz so, als wär nix geschehn. Darf i Ihnen a Zigarettn –? *Er bietet ihm eine an.*

SCHMINKE Sie irren sich. Ich bin ja tot.

HAUPTMANN *starrt ihn an:* Aso. Ja. Aba natürlich!

SCHMINKE Ich bitte Sie nur zu berücksichtigen, daß Sie mich erledigen konnten, daß man aber eine Idee nicht töten kann.

HAUPTMANN Was meinens denn für a Idee?

SCHMINKE Haben Sie Angst?

HAUPTMANN Aba Herr von Schminke!

SCHMINKE Ich bin kein Herr. Ich bin eine Idee.

HAUPTMANN Also wissens, vor aner Idee hab i schon gar ka Angst.

SCHMINKE Es gab einmal einen römischen Hauptmann, der sagte: ›So stirbt kein Mensch.‹ Und damit sagte er bereits –

HAUPTMANN *unterbricht ihn:* Na, was werd er scho gsagt habn, der römische Rittmeister?

SCHMINKE Daß er die neue Welt sieht.

HAUPTMANN Amerika?

SCHMINKE Nein.

Stille.

HAUPTMANN *begreift plötzlich:* Aso.

SCHMINKE Ja.

Stille.

Auf Wiedersehen! *Ab.*

HAUPTMANN *zum Publikum:* Also die neue Welt, des warn die Katholikn und die alte Welt, des warn die Judn, respektive die Antike. Die war a scho morsch, man muß ja bloß an die Ausschweifungen der Remerinnen denkn – *Er denkt.* Aba pensionieren hat er si do net lassn, der remische Rittmeister, wenn er a den allgemeinen Verfall, gewissermaßen Vision – A! Redn mer von was anderm!

Ende des dritten Bildes

Viertes Bild

FERDINAND *wartet im Hafen, dort wo man nach Südamerika fährt. Alle Schiffe sind reich beflaggt. Er steht unter einem Transparent: »Willkommen zum internationalen Kongreß für internationale Bekämpfung des internationalen Mädchenhandels«.*

EIN POLIZIST *kommt.*

FERDINAND Verzeihung. Ich bin nämlich fremd und kenn mich nicht aus. Ist denn schon neunzehn Uhr?

DER POLIZIST Wenn die Sirene dort oben heult, dann ist es neunzehn.

FERDINAND Wo?

DER POLIZIST *deutet nach oben:* Dort.

Stille.

FERDINAND Ich seh keine Sirene.

DER POLIZIST Ich seh sie aber deutlich.

FERDINAND Ich bin nämlich kurzsichtig.

DER POLIZIST Ich nicht.

Die Sirene heult.

Stille.

Jetzt ist es neunzehn.

FERDINAND *verbeugt sich:* Danke.

DER POLIZIST *salutiert:* Bitte! *Ab.*

FERDINAND *sieht ihm nach:* Ein guter Mensch.

ALFRED *kommt; grüßt kurz und lautlos.*

FERDINAND *grüßt infolgedessen auch lautlos.*

Stille.

ALFRED *mißtrauisch:* Das war doch ein Polizeipräsident?

FERDINAND Möglich.

ALFRED Was wollt er von dir?

FERDINAND Nichts. Ich wollt was von ihm.

ALFRED Erniedrig dich nicht.

FERDINAND Ich hab nur gefragt, ob es schon neunzehn ist –

ALFRED Ich bin pünktlich.

FERDINAND Ich auch.

ALFRED Hast dus dabei.

FERDINAND Ja. Ja. *Er lächelt verschämt.*

ALFRED *fixiert ihn:* Den ganzen lieben Gott?

FERDINAND *verlegen:* Ja. Nein. Ich hab mir nämlich gedacht, daß vielleicht vorerst auch der halbe liebe Gott reichen könnte, dürfte, müßte, sollte –

Stille.

ALFRED Trottel.

FERDINAND Bitte?

ALFRED Na gib schon her.

FERDINAND *gibt ihm den halben lieben Gott.*

ALFRED *zählt die Scheine, steckt sie ein und quittiert sie:* Da. *Er atmet auf.* Endlich Luft. Als kleiner Kaufmann erwürgt dich die Konkurrenz, aber schon mit einem halben lieben Gott in der Tasche kann man an die Gründung des Konzerns – *Er sinniert.* Unberufen!

FERDINAND Glück auf!

ALFRED Kusch.

Stille.

FERDINAND Was bin ich jetzt eigentlich?

ALFRED Mein Teilhaber. Mein Mitdirektor. Mein Aufsichtsrat! *Er reicht ihm die Hand.*

FERDINAND *schlägt ein:* Alfred!

ALFRED Unberufen!

FERDINAND Glück auf!

ALFRED Kusch! Man soll sowas nicht verschrein!

FERDINAND Man darf doch noch gratulieren –

ALFRED *entdeckt das Transparent, starrt es fasziniert an und buchstabiert:* – ›internationaler Kongreß – Bekämpfung – des Mädchenhandels – Willkommen‹ –

Willkommen?

FERDINAND Ja.

ALFRED Was soll denn das?

FERDINAND Das ist der Kongreß.

ALFRED Das ist aber peinlich. Hoffentlich kein Omen. Ausgerechnet am Tag der Geschäftserweiterung – ›Willkommen?‹ – Der Kongreß kann uns ja zwar nichts, jedoch, aber, trotzdem, dennoch, infolge –

FERDINAND Wann krieg ich nun mein Kännchen?

ALFRED Was für Kännchen?

FERDINAND Mein Kännchen Kaffee. Ich hab mich doch nur deshalb beteiligt. Was ich tu, ist doch alles nur um ein Kännchen.

ALFRED Und mit sowas ist man verwandt.

FERDINAND Du kannst doch nichts dafür.

ALFRED Trottel.

FERDINAND Bitte?

Stille.

ALFRED *leise:* Ich kann dich nicht länger vertragen.

FERDINAND Bitte?

ALFRED *laut:* Geh in das Café Klups und bestell dir dein Kännchen. Du bist mein Gast.

FERDINAND *starrt ihn erschüttert an:* Verzeih mir bitte, lieber Bruder.

ALFRED Was denn?

FERDINAND Daß ich dich für schlechter hielt, als du bist. Ich hätt es wirklich nicht gedacht, daß du soviel Herz hast. Ich danke dir. Ich werds dir nie vergessen. *Er will ab, hält jedoch plötzlich.* Verzeihung. Ich bin nämlich fremd und kenn mich nicht aus. Wie komm ich nun am besten in das Café Klups?

ALFRED Du bist schon richtig.

FERDINAND Auf Wiedersehen! *Ab.*

ALFRED *sieht auf seine Uhr und will ab.*

LUISE GIFT *erscheint und versperrt seinen Weg.*

ALFRED *fixiert sie, ohne zu grüßen.*

Stille.

LUISE GIFT Lach mich nicht aus, bitte.

ALFRED *grinst:* Du Krüppel. Du Mißgeburt. *Schroff:* Weg! Ich hab ein Rendezvous.

LUISE GIFT Mit dem Fräulein?

ALFRED Wahrscheinlich.

LUISE GIFT Es ist mir aus den Augen gekommen, das Fräulein.

ALFRED *ungeduldig:* Aus den Augen –

LUISE GIFT – aus dem Sinn.

ALFRED *horcht auf:* Tatsächlich?

LUISE GIFT *nickt; ja.*

ALFRED Gratuliere. *Er sieht wieder auf seine Uhr und will rasch ab.*

LUISE GIFT Alfred! Ich wollt dich nur um eine Minute bitten –

ALFRED Eine Minute hat sechzig Sekunden. Sechzig ist viel. *Er schreit sie an:* Einen anderen Kopf, wenn man bitten darf, ja?!

LUISE GIFT Ich schneid sofort ein lustiges Gesicht, wenn ich weiß, daß du mir verzeihst –

ALFRED Das zuvor? Eine Drohung ohne zwoten Zeugen? Quatsch, ich bin nicht kleinlich.

LUISE GIFT Schlag mich.

Stille.

ALFRED *fixiert sie mißtrauisch und nähert sich ihr.*

LUISE GIFT Schlag mich.

ALFRED Nein.

LUISE GIFT Quäl mich nicht, schlag mich.

ALFRED Warum?

LUISE GIFT Weil ich es verraten hab, daß du das Fräulein nach Südamerika verkaufst – schlag mich.

Stille.

ALFRED *langsam, lauernd:* Wem hast du mich verraten?

LUISE GIFT Dem Kongreß.

ALFRED Und?

LUISE GIFT Zuerst hab ichs einem Delegierten verraten, aber der wollt nichts davon wissen, der war nämlich so prinzipiell – und dann hab ich das Fräulein überall gesucht und nirgends gefunden und dann hats mich gepackt – *Sie brüllt:* Im Kopf hats mich gepackt, im Kopf – *Sie wimmert* – da bin ich zum Kongreß und habs dem Herrn Generalsekretär verraten –

ALFRED Und was meinte der Herr Generalsekretär?

LUISE GIFT Er war sehr höflich, der Herr Generalsekretär, und hat mich hinausbegleitet und dann hat er gemeint, ohne Zeugen könnt man zwar nichts wollen, aber er will dennoch den Fall aufgreifen, hat er gemeint – in irgendeiner Form –

Stille.

ALFRED *kneift sie in den Arm.*

LUISE GIFT Au! Au! Au –

Stille.

ALFRED Das war perfid.

LUISE GIFT Ich widerrufs. Ich schwörs ab.

ALFRED Hyäne.

LUISE GIFT Verzeihs mir, bitte. Bitte.

ALFRED Nein, ich schlag dich nicht.

LUISE GIFT Bitte schlag mir ins Gesicht. Mit der Faust.

ALFRED Rechts oder links?

LUISE GIFT Mitten ins Gesicht – bitte –

Stille.

ALFRED Du riechst aus dem Mund. Nach Schnaps.

LUISE GIFT Ich werd es wieder gutmachen –

ALFRED Kannst du es ungeschehen machen? Nein, sagt Strindberg, der schwedische Dichter.

LUISE GIFT Bitte. Sonst bin ich allein.

ALFRED Ich nicht.

LUISE GIFT Lüg nicht. Lach mich nicht aus, bitte.

Stille.

ALFRED Wir wollen sachlich bleiben. Wir wollen uns nicht weh tun, lösen wir unsere Liaison, die uns viele reine Freude brachte, sanft und korrekt, um uns ohne bitteren Geschmack rückerinnern zu können. Schau, Luischen, ich bin jung und du bist alt. Du darfst es nicht forcieren, daß ein normal immerhin entwickelter junger Mann sich zeitlebens an dich kettet. Es hat keinen Sinn, daß ich dir verzeihe, denn einerseits kannst du mir nur mehr Unannehmlichkeiten bereiten und andererseits kannst du mir nicht mal mehr nützen. Mir hat nämlich der liebe Gott geholfen. Weißt du, was das heißt?

LUISE GIFT Nein, das weiß ich wirklich nicht. Lach mich nur aus –

ALFRED Das sieht nur so aus. *Ab.*

LUISE GIFT *allein:* Futsch.

Stille.

Er war ja sogar höflich. – Radikal futsch.

Stille.

Was hat er gesagt? Der liebe Gott hat ihm geholfen? Wenn es einen lieben Gott gibt – was hast du mit mir vor, lieber Gott? Hörst du mich, lieber Gott? – Du weißt ich bin in Düsseldorf geboren. – Lieber Gott, was hast du mit mir vor, lieber Gott –?

In der Ferne spielt eine Jazzband und nähert sich; der Hafen verwandelt sich in das Café Klups; die Gäste, meist Prostituierte, Rennsachverständige und Zuhälter lassen sich vom Kellner bedienen; ein neues Transparent taucht auf: »Tanz im Café Klups. Betrieb! Stimmung! Laune!«; die Jazzband betritt das Podium.

LUISE GIFT *ist es, als würde sie all das träumen. Allgemeiner Tanz im Café Klups.*

DER POLIZIST *wächst aus dem Boden und hebt die Hand:* Halt!

Alles verstummt.

DER KELLNER *verbeugt sich vor dem Polizisten.*

DER POLIZIST *schnarrt:* Wo ist denn das Tischfähnchen? Hier fehlt doch irgendwo ein Fähnchen – zu Ehren des Kongresses.

DER KELLNER Hier fehlt kein Fähnchen.

DER POLIZIST Hier fehlt ein Fähnchen – und zwar auf dem dritten Tische links hinten an der rechten Wand gegenüber – dieser Dame! *Er deutet ruckartig auf Luise Gift.*

LUISE GIFT *heult auf:* Nein! Nein! Ich kann doch nichts dafür!

DER POLIZIST Das kann jede sagen! Jede sagen!

LUISE GIFT Ich bin unschuldig, Herr Wachtmeister! Ich kann nichts für das Fähnchen! Ich hab noch keinem Fähnchen was getan – *Sie wimmert.*

DER POLIZIST Kennen wir! Kennen wir! *Er zieht sein Notizbuch.* Ihr Name?

DER KELLNER Herr Polizeipräsident! Überzeugen Sie sich doch persönlich. Darf man bitten –

DER POLIZIST *eilt an den bezeichneten Tisch und hält ruckartig:* Hm. Der Tisch ist allerdings beflaggt. Das Fähnchen flattert im vorschriftsmäßigen Winde, jedoch –

DER KELLNER *unterbricht ihn, fährt ihn an:* Was wollen Sie denn?! Was wollen Sie denn?!

DER POLIZIST Kaffee. *Er nimmt Platz an dem Tischchen.* Vorerst.

DER KELLNER Tasse oder Kännchen?

DER POLIZIST *bösartig:* Hüten Sie sich vor mir.

DER KELLNER Also Kännchen?

DER POLIZIST Natürlich Kännchen! Natürlich!

DER KELLNER *ab.*

Allgemeiner Tanz im Café Klups.

DAS FRÄULEIN *erscheint und spricht mit dem Kellner.*

LUISE GIFT *erkennt sie und horcht.*

DAS FRÄULEIN Kennen Sie einen Herrn Alfred?

DER KELLNER Herr Alfred müßte schon hier sein. Was wollen Sie? Kaffee, Tee, Schokolade –

DAS FRÄULEIN Kaffee.

DER KELLNER Tasse oder Kännchen?

DAS FRÄULEIN Ist mir gleich. *Sie erblickt Luise Gift.*

LUISE GIFT Herr Alfred müßte schon hier sein.

DAS FRÄULEIN So laß mich doch!

LUISE GIFT *zum Kellner, tonlos:* Schnaps.

DER KELLNER Ha?

LUISE GIFT *tonlos:* Schnaps. Den billigsten Schnaps. *Sie faßt sich an den Kopf und wankt.*

DER KELLNER Ist Ihnen schlecht, Frau Baronin?

LUISE GIFT *rülpst:* Vielleicht, Herr Baron. – Es dreht sich, als hätt ich schon zuviel Schnaps – das war ein billiger Schnaps – der billigste. *Sie rülpst wieder und nähert sich torkelnd dem Fräulein.* Jetzt ists vorbei. Radikal.

DAS FRÄULEIN Freut mich.

LUISE GIFT Sei nicht grausam, bitte.

DAS FRÄULEIN Es freut mich für dich.

LUISE GIFT Das ist schön von dir. *Sie rülpst – horcht, rülpst nochmal.* Hörst du mich?

DAS FRÄULEIN Das ist Schnaps.

LUISE GIFT Billigster Schnaps. Nur um den Kummer zu löschen, den Kummer – Du wirst mich mal verstehen –

DAS FRÄULEIN Ich verzichte.

LUISE GIFT Ich auch. Ich verpfusch dich nicht, vielleicht findet mal eine in Südamerika das Glück. – Ich wünsch es dir.

DAS FRÄULEIN Bitte, schau mich nicht an.

LUISE GIFT Gestern hab ich ein Gedicht verfaßt. Ich kann nämlich auch dichten. Wenn ich allein bin, dann dicht ich manchmal. Hier hab ichs. *Sie entfaltet einen Zettel und liest.* ›Und ich suche und suche Dich, Du meine Seele, mein besseres Ich.‹ Das ist das Gedicht.

DAS FRÄULEIN Das ist aber kurz.

LUISE GIFT Aber romantisch. Nimm es mit dir über das Meer. Über das romantische Meer. *Sie rülpst.* Und verlier es nicht.

DAS FRÄULEIN *steckt den Zettel ein.*

LUISE GIFT Wann fährst du?

DAS FRÄULEIN Das weiß nur Alfred.

LUISE GIFT Und sein lieber Gott.

Pause.

Gute Reise!

DAS FRÄULEIN Danke.

LUISE GIFT *will ab, wendet sich aber nochmals dem Fräulein zu:* Was ich noch fragen wollte –: wo hast du heut Nacht geschlafen?

DAS FRÄULEIN Warum?

LUISE GIFT Ich möcht dort vorbeigehen.

DAS FRÄULEIN Ich hab zwölf Mark verdient.

LUISE GIFT Zwölf? – In deinem Alter hab ich das auch verdient. Umgerechnet, denn damals war ja alles billiger. Bin ich sehr häßlich?

DAS FRÄULEIN Nein.

LUISE GIFT *rülpst und ab.*

Allgemeiner Tanz im Café Klups.

ALFRED *betritt das Café Klups, entdeckt das Fräulein, zieht sich mit ihr in eine Ecke zurück, das heißt in den Vordergrund:* Der Paß ist in Ordnung. Ditto die Karte. Zwischendeck. Morgen früh.

DAS FRÄULEIN *betrachtet den Paß:* Was bin ich? Kindergärtnerin?

ALFRED Geben Sie acht! Wir werden beobachtet.

DAS FRÄULEIN Ich wollt mal Kindergärtnerin werden.

ALFRED Wenn Sie drüben sind, so grüßen Sie Herrn Ibanez und richten Sie, bitte, meine besten Empfehlungen an seine werte Gemahlin aus.

DAS FRÄULEIN Ist Herr Ibanez verheiratet?

ALFRED Sehr sogar. Er macht nichts ohne seine Frau. Sie brachte zwei Pariser Bordelle mit in die Ehe und er hat nämlich nur die Nutznießung.

DAS FRÄULEIN Wie sieht er denn aus, der Herr Ibanez?

ALFRED Er könnt Generalsekretär sein.

DER GENERALSEKRETÄR *betritt rasch das Café Klups.*

DER KELLNER Sie wünschen? Kaffee, Tee, Schokolade –

DER GENERALSEKRETÄR Ich suche einen gewissen Herrn Alfred.

DER KELLNER Was wollen Sie von ihm?

DER GENERALSEKRETÄR Das werde ich ihm selbst sagen.

DER KELLNER Ein gewisser Herr Alfred ist mir unbekannt.

DER GENERALSEKRETÄR Leugnen Sie nicht! Ich weiß alles! Ja!

ALFRED *tritt vor:* Na was wissen Sie denn schon? Wer sind denn Sie? Ich bin der Gewisse.

DER GENERALSEKRETÄR Ich bin der Generalsekretär des internationalen Kongresses für internationale Bekämpfung des internationalen Mädchenhandels –

ALFRED *unterbricht ihn:* Es gibt keine Mädchenhändler!

DER GENERALSEKRETÄR Sondern?

ALFRED Na was wissen Sie denn schon?

DER GENERALSEKRETÄR Sie irren sich! Ich komme keineswegs mit feindlicher Absicht, ich spreche lediglich im Namen der zivilisierten Nationen. Der Kongreß hat soeben einstimmig beschlossen, Damen und Herren aus dem Personenkreise der Prostitution über die Prostitution zu befragen, um die Prostitution wirklich bekämpfen zu können. Im Namen des Kongresses fordere ich Sie auf, an der Verwirklichung unserer hohen Ideale mitzuarbeiten!

ALFRED Muß es sein?

DER GENERALSEKRETÄR Ihr Mißtrauen entbehrt jeder Begründung. Der Kongreß appelliert lediglich an den korrekten Fachmann in Ihnen. Der Kongreß weiß, daß ein Fräulein nach Südamerika verkauft wird, und der Kongreß bittet Sie durch mich, ihm Gelegenheit zu gewähren, jenes Fräulein befragen zu können. Der achte Unterausschuß interessiert sich nämlich durch Mehrheitsbeschluß plötzlich für die psychologische Seite. Sozusagen die rein menschliche. Es dürfte ja voraussichtlich nur akademischen Wert –

ALFRED *unterbricht ihn:* Jenes Fräulein fährt in sechs Stunden.

DER GENERALSEKRETÄR Dann bitte ich Sie, jenes Fräulein sofort vor dem Kongreß erscheinen zu lassen. Es steht zwar ein Bankett auf dem Programm, aber zwischen den Gängen –

ALFRED *unterbricht ihn wieder:* Garantieren Sie?

DER GENERALSEKRETÄR Natürlich. Ja!

ALFRED Falls aber jenes Fräulein die Überfahrt versäumt –

DER GENERALSEKRETÄR – werden Ihre Verluste ersetzt.

ALFRED Zu hundert Prozent.

DER GENERALSEKRETÄR Natürlich! Ja!

Pause.

ALFRED Was zahlen Sie, wenn jenes Fräulein vor dem Kongreß erscheint?

DER GENERALSEKRETÄR Pardon! Es dreht sich doch nur um Informationen –

ALFRED Egal! Wer lernt umsonst? Nicht unter fünfzig Mark.

DER GENERALSEKRETÄR Vierzig Mark.

ALFRED Fünfzig.

DER GENERALSEKRETÄR Fünfundvierzig.

ALFRED Fünfzig.

DER GENERALSEKRETÄR Achtundvierzig.

ALFRED Schämen Sie sich.

DER GENERALSEKRETÄR Der Kongreß muß sparen und so kann ich mich nicht schämen. Ich bin Beamter.

ALFRED Ein sparsamer Mensch.

DER GENERALSEKRETÄR Achtundvierzig.

ALFRED Nehmen Sie es zu Protokoll, daß ich dem Kongreß zwo Mark schenke. Für Wiederinstandsetzung gefallener Mädchen.

DER GENERALSEKRETÄR Ich danke Ihnen für Ihre hochherzige Stiftung im Namen des Kongresses. *Er grinst, verbeugt sich und ab.*

FERDINAND *betritt das Café Klups, setzt sich und klopft mit dem Spazierstock auf den Tisch; fröhlich:* Kaffee! Kaffee! Kaffee!

DER KELLNER Tasse oder Kännchen?

FERDINAND Ein Kännchen! Auf Herrn Alfreds Rechnung!

DER KELLNER Das kann jeder sagen.

FERDINAND Herr Alfred ist mein Bruder, Herr!

DER KELLNER *zu Alfred:* Alfred! Kann das dein Bruder sein?

DAS FRÄULEIN *erblickt Ferdinand, schreit gellend auf und taumelt zurück.*

Alles verstummt.

FERDINAND *ist aufgesprungen und starrt das Fräulein an:* nein, so ein Zufall – ein Zufall –

Stille.

ALFRED Kennt ihr euch?

FERDINAND Jawohl.

ALFRED Wie kennt ihr euch?

DAS FRÄULEIN *hat sich gefaßt:* Ich bin nur erschrocken.

FERDINAND Ist das jenes Fräulein, das wir nach Südamerika verkaufen?

ALFRED Yes.

FERDINAND Komisch.

ALFRED Wieso?

FERDINAND Das Fräulein war mal nämlich meine Frau.

DAS FRÄULEIN *rasch ab.*

ALFRED *ihr nach.*

FERDINAND *sieht ihnen nach, setzt sich dann mechanisch und nippt von seinem Kaffee.*
Musiktusch.

Ende des vierten Bildes

Fünftes Bild

DER KONGRESS *beim Bankett mit diskreter Tafelmusik von Mozart. Fressen und Saufen.*

DER GENERALSEKRETÄR *erhebt sich nervös:* Hochzuverehrender Herr Präsident! Mit ehrlicher Ehrfurcht, rein menschlichem Stolz und tatsächlich aufrichtiger Dankbarkeit dürfen wir im Namen unserer Nachwelt die überragenden Verdienste des Kongresses rühmend erwähnen und feiern. Ja!

EIN LAKAI *läßt eine Schüssel fallen, die klirrend zerbricht.*

DER KONGRESS *zuckt nervös zusammen.*

DER GENERALSEKRETÄR Das Unselbstische unserer Arbeit bietet die beste Gewähr für den endlichen Sieg unserer Ideale, den Triumph des An-sich-Seelischen über das An-sich-Körperliche, –

EIN DELEGIERTER *mit vollem Maul:* Bravo! Bravo!

EINE DELEGIERTE Hört! Hört!

DER GENERALSEKRETÄR – die Herrschaft der gereinigten Liebe und die unwiderrufliche Ausrottung der käuflichen Fleischeslust. Ja! Und so erhebe ich nun im Namen des Kongresses mein Glas auf das geistige Wohl unseres hochverdienten Präsidenten, des Generaldirektors der Vereinigten künstlichen Ölwerke, des wirklichen Geheimen Rates Dr. Dr. honoris causae!

DER KONGRESS Hoch! Hoch! Hoch!

Fressen und Saufen.

EIN DELEGIERTER *leise zu seinem Nachbar:* Wie heißt der Präsident?

SEIN NACHBAR Honoris Causae.

DER DELEGIERTE Das klingt romanisch.

DER NACHBAR Ist aber ein guter Deutscher.

DER PRÄSIDENT *erhebt sich:* Mein Kongreß! Indem ich

mir erlaube, für das mir dargebrachte seltene Vertrauen zu danken, begrüße ich vor allem den anwesenden Vertreter des Kriegsministeriums.

HAUPTMANN, *der in dieser Eigenschaft am Bankett teilnimmt, verbeugt sich leicht.*

EINE DELEGIERTE Hurrah!

DER PRÄSIDENT Hoffen wir auf die tatkräftige Hilfe der beteiligten Ressorts. Dann bin ich überzeugt, daß wir bis zum nächsten Kriege gewaltige Fortschritte erzielt haben werden. Danke meine Damen und Herren! *Er setzt sich.*

DER KONGRESS *erhebt sich, trinkt sich zu und setzt sich. Fressen und Saufen.*

EIN LAKAI *eilt herbei und überbringt dem Generalsekretär ein Telegramm.*

DER GENERALSEKRETÄR *öffnet es hastig, liest und erbleicht.*

DER KONGRESS *starrt ihn erwartungsvoll an.*

DER GENERALSEKRETÄR *erhebt sich:* Leider hat es Gott dem Allmächtigen laut seines unerforschlichen Ratschlusses gefallen, ausgerechnet den Vertreter des Wohlfahrtsministeriums soeben vom Schlage treffen zu lassen. Ja! *Er setzt sich.*

EIN DELEGIERTER Bitte, dürfte ich noch etwas Gemüse –?

EIN ANDERER DELEGIERTER Oh, bitte!

DER ERSTE DELEGIERTE Oh, danke!

Fressen und Saufen.

EIN DRITTER DELEGIERTER Ja da nimmt man am besten etwas Sahne und röstet die Zwiebel – kennen Sie Mazzesknedl?

EINE DELEGIERTE Ach! Betreffs der körperlichen Ertüchtigung unserer Jugend bin ich nämlich Laie.

EIN VIERTER DELEGIERTER Wie interessant! Wie interessant!

DER ERSTE DELEGIERTE Bitte, dürfte ich noch etwas Gemüse –?

EIN FÜNFTER DELEGIERTER Da lob ich mir eine Weltanschauung. F. Nietzsche sagt –

EIN SECHSTER DELEGIERTER Warum? Nur darum?

DIE DELEGIERTE Genau so! Genau so!

EIN SCHWERHÖRIGER DELEGIERTER Ich zum Beispiel bin schwerhörig.

EIN KURZSICHTIGER DELEGIERTER Ich zum Beispiel bin kurzsichtig.

DER DRITTE DELEGIERTE Wa? Wie? Mayonnaise? Mayonnaise? Nicht möglich!

EINE ALTMODISCHE DELEGIERTE Stolz weht und treu die Wacht am Rhein!

DER ZWEITE DELEGIERTE Kennen Sie den? Zwei Radfahrer treffen sich in Czernowitz –

DIE ALTMODISCHE DELEGIERTE Vater, ich rufe dich!

DER VIERTE DELEGIERTE Wissen Sie, was das Grundstück heute wert ist?

DER SECHSTE DELEGIERTE Nein, ich bin kein Antisemit.

DER ERSTE DELEGIERTE Jedoch. Bitte, dürfte ich noch etwas Gemüse –?

EINE DRITTE DELEGIERTE Mein Vater war kommandierender General.

DIE ALTMODISCHE DELEGIERTE Ach! Wo?

DIE DRITTE DELEGIERTE In Luzern.

DAS FRÄULEIN *erscheint vor dem Kongreß.*

DER KONGRESS *starrt sie verdutzt an.*

Pause.

DAS FRÄULEIN Als ich acht Jahr alt war, starb mein Vater, während meine Mutter noch lebt. Aber wir wollen nichts voneinander wissen, denn sie hat meinen Vater nicht ausstehen können. Ich hab sehr bald verdienen müssen, weil nichts da war, aber die ersten Jahre hat es mir nirgends gefallen, weil ich boshaft behandelt worden bin. Ich lernte nähen.

Pause.

DER PRÄSIDENT Was soll das? Wer ist denn die Person?

DER GENERALSEKRETÄR Pardon! Die Damen und Herren scheinen vergessen zu haben: diese Person ist jenes Fräulein, das nach Südamerika verkauft wird.

DER PRÄSIDENT Achjaja –

DER GENERALSEKRETÄR Laut Beschluß unseres achten Unterausschusses –

EINE DELEGIERTE *erhebt sich und unterbricht ihn:* Ich führe den Vorsitz im achten Unterausschuß. Wir hatten einstimmig beschlossen, diese Person zu analysieren, um auch von der seelischen Seite her die Prostitution bekämpfen zu können.

DER VORSITZENDE Achjaja –

DIE VORSITZENDE Wir legen dieser Person drei Fragen vor. Erstens: ob sie sich freiwillig oder gezwungenermaßen verkauft? Zweitens: wenn freiwillig, dann wieso? Drittens: wenn gezwungenermaßen, dann warum?

DER GENERALSEKRETÄR Also, bitte, Fräulein, antworten Sie. Ja!

DAS FRÄULEIN Ich bin Kindergärtnerin.

DER VORSITZENDE Lassen Sie das, wir sind unter uns!

DER GENERALSEKRETÄR Hat man Sie gezwungen, Kindergärtnerin zu werden?

DAS FRÄULEIN *schweigt.*

DER GENERALSEKRETÄR Ja oder nein?

DAS FRÄULEIN *schweigt.*

DER GENERALSEKRETÄR So antworten Sie doch, bitte! Ja!

DER PRÄSIDENT Na los! Los! Los!

DAS FRÄULEIN Ich habs mir überlegt.

DER GENERALSEKRETÄR Geben Sie acht! Hat Sie jener

Herr Alfred etwa gezwungen –?

ALFRED *tritt rasch vor den Kongreß:* Halt! Ich verbitte mir jede Verdächtigung! Bitte, Fräulein, sagen Sie es dem Kongreß: hab ich Sie gezwungen oder sind Sie mir denn nicht direkt nachgelaufen? Antwort, bitte!

DAS FRÄULEIN Ich bin Ihnen direkt nachgelaufen.

ALFRED Na also!

DER GENERALSEKRETÄR Pardon, Herr, aber unsereins hört so mancherlei –

ALFRED Es gibt überhaupt keinen Mädchenhandel. Es gibt lediglich Stellenvermittler und das gewaltsame Fortschleppen der Fräuleins ist Quatsch!

EIN DELEGIERTER *erhebt sich:* Pardon, aber das dürfte stimmen.

ALFRED Und ob!

DER DELEGIERTE Ich bin Sanitätsrat in Santa Fé de Bogota und an Hand meiner reichen persönlichen Erfahrungen sehe ich die Ururursache der Prostitution in einer gewissen Degeneration.

ALFRED Na was denn sonst!

DER SANITÄTSRAT In einer gewissen Entartung. Vor allem einzelner Muskelpartien.

ALFRED Na klar! *Er zündet sich eine Zigarette an.*

DER SANITÄTSRAT In Santa Fé de Bogota ist das Wetter meistens schön. *Er sieht in weite Fernen.*

DER PRÄSIDENT *lacht über einen Witz, den ihm sein Nachbar erzählt hat:* – wie? Und dann hat er gesagt sie wäre –

SEIN NACHBAR Kennen Sie den? Zwei Radfahrer treffen sich in Czernowitz – *Er flüstert.*

ALFRED Sagen Sie, Herr Sanitätsrat, würde sich nach Ihrer Erfahrung der Export nach Santa Fé de Bogota rentieren?

DER SANITÄTSRAT Sicherlich! Ich kenne jedes Bordell in

meinem Vaterlande und kann Ihnen daher mit dem besten Gewissen nur raten zu exportieren. Leider Gottes sind derlei Geschäfte ungemein vorteilhafte Kapitalsanlagen.

ALFRED Hm. *Er rechnet in seinem Notizbuch.*

DER SANITÄTSRAT Meine sehrverehrten Kongreßkommilitionen! Meiner Überzeugung nach kann bei einem etwaigen Exporte, zum Beispiel nach meiner Heimat, von einer Zwangslage der Exportierten nicht gesprochen werden. Wir sind doch immerhin noch Menschen und haben unseren freien Willen. Ich wiederhole: es ist lediglich Degeneration. *Er setzt sich wieder, frißt und sauft.*

ALFRED Lediglich. *Er rechnet mit dem Finger in der Luft.* Lediglich.

SCHMINKE *erscheint.*

DER GENERALSEKRETÄR *schnellt empor und starrt ihn an.*

SCHMINKE *zu Alfred:* Lediglich? Lügen Sie nicht, lügen Sie nicht.

ALFRED *sieht ihn nicht, er hat noch den Finger in der Luft:* Hat wer was gesagt?

SCHMINKE Hier dreht es sich nicht um Degeneration.

ALFRED Sondern?

SCHMINKE Sondern lediglich um wirtschaftliche Not.

ALFRED Natürlich. Aber als Kaufmann muß man doch mit der wirtschaftlichen Not rechnen. Mit der Bedürfnisfrage. Wo käm man denn hin?

DAS FRÄULEIN *zu Alfred:* Mit wem sprechen Sie?

SCHMINKE Mit mir.

DAS FRÄULEIN *starrt ihn ängstlich an.*

ALFRED Mir wars nur, als hätt wer was gesagt – was ganz blödes – *Er rechnet weiter.*

SCHMINKE *zum Fräulein:* Fräulein, vielleicht finden Sie es eigenartig, daß ich Sie anspreche und daß es sich dabei um Prinzipielles dreht. Ich kenne Sie. Es dreht sich hier nicht um Sie persönlich.

DAS FRÄULEIN *weicht scheu zurück.*

SCHMINKE Ich persönlich will nichts.

DAS FRÄULEIN Sie reden wie ein Buch.

SCHMINKE Bitte bilden Sie sich ein, Sie wären ein Buch und existierten in Millionen Exemplaren. Allein Ihre deutsche Ausgabe hat bereits die hundertste Auflage überschritten. Ich kenne das Buch. Ich kenne die Leser. Ich kenne den Verfasser!

DAS FRÄULEIN Ich versteh Sie nicht.

SCHMINKE Ich versteh, was Sie wollen, und weiß, was Sie müssen.

DER GENERALSEKRETÄR *hat sich gefaßt und schreit Schminke an:* Raus! Raus! Augenblicklich raus!

SCHMINKE Machen Sie sich nicht lächerlich!

DER GENERALSEKRETÄR Ich pflege mich nicht lächerlich zu machen, Sie! Raus! Raus! Oder –

SCHMINKE *unterbricht ihn:* Was oder? Wer mir droht, den lach ich aus! Sie vergessen: ich bin ja bereits ausgezählt. Hier steht eine Idee, Herr Generalsekretär! Lassen Sie es sich sagen: selbst wenn das Fräulein degeneriert sein sollte, so verkauft sie sich dennoch lediglich unter dem Zwange der wirtschaftlichen Not, als Folge der bürgerlichen Produktionsverhältnisse!

DER GENERALSEKRETÄR *wischt sich den Schweiß von der Stirne und setzt sich erschöpft.*

DER PRÄSIDENT *zum Generalsekretär:* Ist Ihnen schlecht?

DER GENERALSEKRETÄR Zur Zeit –

DER PRÄSIDENT Wohl noch die gestrige Affäre?

DER GENERALSEKRETÄR Ja.

DER VORSITZENDE Was war das für eine Affäre?

DER SANITÄTSRAT Unser lieber Herr Generalsekretär wurde gestern von einem Raubmörder überfallen.

HAUPTMANN Wir mußtn sogar von der Schußwaffe Gebrauch machn.

DIE VORSITZENDE Ah!

SCHMINKE Das war kein Raubmörder.

DER GENERALSEKRETÄR *verzweifelt:* So schweigen Sie doch! Schweigen Sie, ja!

Stille.

DER PRÄSIDENT Mit wem reden Sie denn da?

DER GENERALSEKRETÄR Mit dem dort –

DER PRÄSIDENT *glotzt Schminke an:* Wo?

DER GENERALSEKRETÄR Sehen Sie denn nicht –?

DER PRÄSIDENT Ich sehe überhaupt nichts.

DER SANITÄTSRAT *zum Generalsekretär:* Ich glaube, Herr Generalsekretär sind überarbeitet – darf ich Ihren Puls – *Er fühlt ihn.* Ja, Sie opfern sich für uns.

SCHMINKE *grinst.*

DER GENERALSEKRETÄR Jetzt lacht er.

DER SANITÄTSRAT Wer?

DER GENERALSEKRETÄR Dort. Jener.

DER PRÄSIDENT *nervös:* Wer jener? Ich seh keinen jenen! Wer sieht hier jenen? Meine Damen und Herren! Wer jenen sieht, der erhebe sich bitte!

Niemand erhebt sich.

Niemand. Hier sieht niemand was. *Zu Alfred.* Sehen Sie vielleicht jenen?

ALFRED Nee.

DAS FRÄULEIN Ich hab was gehört.

DER PRÄSIDENT Was denn?

SCHMINKE Mich.

HAUPTMANN *erhebt sich:* Meiner Seel, jetzt hab ich auch was gehört. *Er deutet plötzlich auf Schminke* – dort! Jenen! Mir scheint gar, des is a Jud.

DER GENERALSEKRETÄR Jener behauptet, er sei eine Idee.

DER PRÄSIDENT Wie kommt hier der Jud herein.

DER GENERALSEKRETÄR Er behauptet, daß mit der Aufhebung der bürgerlichen Produktionsverhältnisse auch die aus ihnen hervorgehende Prostitution verschwinden wird. Schrecklich!

DER PRÄSIDENT Ein Bolschewist!

DER SANITÄTSRAT Wie töricht!

DIE VORSITZENDE Die Prostitution ist zu tief in uns Menschen verankert.

ALFRED Sehr richtig.

DIE VORSITZENDE Eine Änderung der Produktionsverhältnisse kann und kann die Prostitution nimmermehr irgendwie, mit Verlaub zu sagen, beeinflussen! Alles auf das Materielle zurückzuführen, das hieße doch die Seele leugnen.

SCHMINKE *lacht.*

EIN DELEGIERTER *springt erregt empor:* Lachen Sie nicht, junger Mann! Ich bin Studienrat in Lissabon und wenn Sie mal zwanzig Jahre älter sind, dann denken Sie auch anders darüber!

SCHMINKE Über was?

DER STUDIENRAT Über Gott.

SCHMINKE Kaum.

DER STUDIENRAT Abwarten! *Er deklamiert.* Rasch tritt der Tod den Menschen an –

SCHMINKE *unterbricht:* Ich bin kein Mensch, ich bin doch eine Idee. Sie Idiot!

DER STUDIENRAT *brüllt:* Zur Geschäftsordnung!

ZURUFE Bravo! Sehr wahr! Richtig!

DER GENERALSEKRETÄR *erhebt sich:* Zur Geschäftsordnung. *Er setzt sich.*

DER VIERTE DELEGIERTE *erhebt sich:* Wir lassen uns nicht beirren. Der Kongreß läßt sich nicht nehmen, an der Zusammenarbeit der Völker symbolisch mitzuwirken. Ich würde mich ehrlich freuen, wenn das schöne Zusammenarbeiten der kommerziellen Kreise –

DER PRÄSIDENT *unterbricht ihn:* Der Wirtschaft!

DER VIERTE DELEGIERTE Natürlich der Wirtschaft.

SCHMINKE Das Kapital.

DER PRÄSIDENT Natürlich das Kapital! Ich verbitte mir diese ständigen Selbstverständlichkeiten!

DER VIERTE DELEGIERTE Wer würde sich nicht freuen über das völkerversöhnende Hand-in-Hand-Arbeiten des Kapitals, wo es gilt Kulturgüter zu schützen?! Zur Geschäftsordnung! *Er setzt sich und leert hastig sein Glas.*

DER ERSTE DELEGIERTE Bitte, dürfte ich noch etwas Gemüse –

DER SANITÄTSRAT Oh, bitte!

DER ERSTE DELEGIERTE Oh, danke!

Fressen und Saufen.

SCHMINKE Ich ersuche den Kongreß, das Fräulein nicht zu vergessen.

DER STUDIENRAT *wirft wütend seine Gabel auf den Boden.*

Fressen und Saufen.

DIE VORSITZENDE *erhebt sich:* Erlauben Sie mir nun zur zweiten Frage überzugehen, da wir bereits festgestellt haben, daß sich diese Person aus freien Stücken verkauft.

SCHMINKE Lügen Sie doch nicht!

DIE VORSITZENDE *kreischt:* Keine Kritik! Keine Kritik!

SCHMINKE Sie wissen es doch, daß das Fräulein lediglich ein Opfer der bürgerlichen Produktionsverhältnisse ist!

DIE VORSITZENDE *kreischt:* Für die Allgemeinheit zu wirken ist Mannespflicht. / Einen Dank dafür erwart Dir nicht. / Faulpelze und Quertreiber können Erfolg nicht leiden. / Um deren Gunst bist Du wahrlich nicht zu beneiden! *Sie bricht auf ihrem Stuhl zusammen und schluchzt.*

DER PRÄSIDENT *zu Schminke:* Was wollen Sie hier eigentlich?!

SCHMINKE Beweisen, daß Sie Betrüger sind!

DER PRÄSIDENT Zur Geschäftsordnung!

DIE VORSITZENDE *kreischt:* Zur Geschäftsordnung!

DER GENERALSEKRETÄR *erhebt sich:* Wir hörten soeben ein schlimmes Wort. Das Wort ›Betrüger‹. Selbst wenn wir uns die Argumentation verantwortungsloser Berufshetzer zu eigen machen, daß sich nämlich dies Fräulein ausschließlich unter dem Zwange ihrer wirtschaftlichen Not verkauft, so entkräftigen wir dennoch jede Gemeinheit mit der frommen Feststellung, daß es in keines Menschen Macht liegt, die, zu guter Letzt auch über dem Kongreß lastende wirtschaftliche Not zu beseitigen. *Er leert sein Sektglas.*

ZURUFE Hört! Hört!

SCHMINKE Sagen Sie nur nicht ›Erbsünde‹ statt ›Kapitalismus‹!

ALFRED Was mich betrifft, so glaub ich an Gott.

SCHMINKE Sie müssen es ja wissen.

ALFRED Dem einen hilft der liebe Gott und dem anderen hilft er nicht.

SCHMINKE Man müßte den lieben Gott besser organisieren.

ALFRED Halt ich für ausgeschlossen.

SCHMINKE Hat er Ihnen geholfen?

ALFRED Gott sei Dank!

SCHMINKE *grinst:* Der liebe Gott wird mir immer sympathischer –

DER PRÄSIDENT Zur Geschäftsordnung!

DER GENERALSEKRETÄR *leert noch ein Glas Sekt:* Ich bin schon heiser, aber weiter! Nicht nur dieses Fräulein, sondern Millionen Fräuleins leiden unter akkurat derselben typischen Not, ohne sich dieserhalb zu verkaufen. Wir kommen jetzt zum psychologischen Kern. Wir fragen das Fräulein: warum verkaufen Sie sich? Warum bringen Sie sich nicht um?

DIE ALTMODISCHE DELEGIERTE Wäre ich gezwungen, zwischen Tod und Prostitution zu wählen –

DIE VORSITZENDE *schnellt empor und unterbricht sie kreischend:* Meine Herren! Wir alle würden uns erschießen!

ZURUFE Bravo! Bravo!

DAS FRÄULEIN Ich wollt mich schon mal umbringen, aber dann hab ich mir gedacht, ich verkauf mich doch lieber. Weil es leichter geht.

Pause.

DIE ALTMODISCHE DELEGIERTE Ist das noch ein Mensch?

DER STUDIENRAT Ist denn diese schamlose Person bar jeder menschlichen Scham?

DER PRÄSIDENT Bitte Herr Studienrat, nehmen Sie trotz Ihrer berechtigten Empörung Rücksicht auf die anwesenden Damen.

DER STUDIENRAT An mir zittert alles –

DIE ALTMODISCHE DELEGIERTE *zum Generalsekretär:* Bitte fragen Sie doch die Person, ob sie den Begriff ›reine Liebe‹ kennt?

DER GENERALSEKRETÄR Fräulein, kennen Sie –

DAS FRÄULEIN *unterbricht ihn:* Nein.

DER GENERALSEKRETÄR Und warum nein?

DAS FRÄULEIN Weils das nicht gibt.

HAUPTMANN *lacht hellauf.*

DIE ALTMODISCHE DELEGIERTE Charmant!

DER GENERALSEKRETÄR Geben Sie acht, Fräulein! Woher wollen Sie wissen, daß es keine reine Liebe gibt?

DAS FRÄULEIN Ich war mal verheiratet.

DER STUDIENRAT Korrekt?

DAS FRÄULEIN Sogar kirchlich. Aber nicht lang.

DER GENERALSEKRETÄR Weshalb nicht lang?

DER PRÄSIDENT Bitte um eine zusammenfassende Darstellung!

DAS FRÄULEIN Mein Mann war sehr moralisch. Er hatte ein Zigarettengeschäft und ließ sich scheiden, weil ich mal mit einem fremden Herrn zu einer Gartenunterhaltung ging. Mein Mann hieß Ferdinand.

DER PRÄSIDENT Weiter!

DAS FRÄULEIN Dann ließ mich aber auch der fremde Herr stehen, weil ich ihm auf die Dauer zu langweilig war. Ich glaub, er war ein Schuft.

HAUPTMANN So wird man zum Schuft, meine Sehrverehrten!

DER STUDIENRAT Toll! Fürwahr!

HAUPTMANN Ein Cabaret!

DER PRÄSIDENT *höhnisch:* Das gnädige Fräulein hofften wohl wieder kirchlich getraut zu werden?

DER SANITÄTSRAT *kichert.*

DAS FRÄULEIN Nein.

DER GENERALSEKRETÄR Sondern?

DAS FRÄULEIN Ich hätt nur nicht gedacht, daß er mich hernach sofort stehen läßt. Heut bin ich ihm ja nicht mehr bös.

DER PRÄSIDENT *spöttisch:* Was Sie nicht sagen!

DAS FRÄULEIN Er hieß Arthur.

DIE ALTMODISCHE DELEGIERTE Weiter!

DAS FRÄULEIN Dann gings halt so dahin mit mir.

DER PRÄSIDENT Wohin?

DAS FRÄULEIN Ich hatte halt nichts.

DER PRÄSIDENT *grinst:* Keinen Arthur?

DAS FRÄULEIN Kein Geld.

DER SANITÄTSRAT Wer arbeiten will, der kann.

SCHMINKE Verzeihung! Sie sind doch Sanitätsrat?

DER SANITÄTSRAT Ja. Und?

SCHMINKE Ihr Vater war doch Fabrikbesitzer?

DER SANITÄTSRAT Wer arbeiten will, der kann.

SCHMINKE Und Sie heirateten die Tochter eines Juweliers aus der Bremerstraße.

DER SANITÄTSRAT *brüllt Schminke an:* Wer arbeiten will, der kann!

DAS FRÄULEIN Ich konnt nicht.

DER SANITÄTSRAT *schlägt mit der Faust auf den Tisch:* Ich verbitte mir das!

DAS FRÄULEIN *zuckt die Achsel.*

DER PRÄSIDENT Also das mit dem Nichtkönnen ist keineswegs zwingend.

DAS FRÄULEIN *zuckt die Achsel.*

DER STUDIENRAT Faul und frech.

DER SANITÄTSRAT Und degeneriert.

DIE ALTMODISCHE DELEGIERTE *zum Generalsekretär:* Bitte, Herr Generalsekretär fragen Sie doch diese degenerierte Person, ob ihr die Ausübung ihres schändlichen Gewerbes besondere Lust bereitet?

DAS FRÄULEIN Pfui!

ALFRED *sieht auf seine Uhr.:* Darf ich den Kongreß darauf aufmerksam machen, daß sich das Fräulein bald einschiffen muß. Es wird allmählich Zeit. Ich bitte also die Fragen –

DER PRÄSIDENT *unterbricht ihn:* Ich glaube, der Kongreß kann auf weitere Fragen verzichten. Wir haben soeben schaudernd einen Fall außerordentlicher Gefühlsroheit erlebt.

SCHMINKE Wann werden Sie Wohlfahrtsminister?

DER PRÄSIDENT Zur Geschäftsordnung!

DER GENERALSEKRETÄR *erhebt sich:* Herr Alfred! Es bereitet mir eine besondere Freude und Ehre, Ihnen für Ihre aufopferungsvolle Mitarbeit den tiefempfundenen

Dank des internationalen Kongresses für internationale Bekämpfung des internationalen Mädchenhandels aussprechen zu dürfen. Ihre solide Sachkenntnis lieferte dem Kongreß neue Waffen, neuen Mut, neue Ausdauer in seinem homerischen Kampfe gegen die Hydra der Prostitution, in einem mörderischen Schlachten, das zu guter Letzt schlechterdings den Sieg des Irrationalen über das Rationale erstrebt!

SCHMINKE Bravo!

DER GENERALSEKRETÄR Ich erhebe mein Glas auf Ihr ganz Spezielles – *Er trinkt auf Alfreds Wohl.*

ALFRED *verbeugt sich vor dem Kongreß.*

DER KONGRESS *applaudiert.*

Musiktusch.

DER KONGRESS *erhebt sich, weil es nun nichts mehr zum Fressen und Saufen gibt, da das Bankett zu Ende ist.*

Die Kapelle spielt nun einen flotten Militärmarsch.

DER GENERALSEKRETÄR *tritt zu Alfred und drückt ihm die Hand:* Bitte hätten Sie nur noch die Liebenswürdigkeit, diesen Fragebogen über die Technik des Mädchenhandels auszufüllen – *Er überreicht ihm einen Bogen.* Es ist ein gedruckter Fragebogen, weil wir ja ungefähr fünftausend Persönlichkeiten aus dem Bereiche des Mädchenhandels befragen wollen.

ALFRED Zur Geschäftsordnung.

DER GENERALSEKRETÄR Ich wollte ja soeben – *Er überreicht ihm ein Kuvert.* Hier das Honorar.

ALFRED *zählt das Geld nach und schiebt es befriedigt ein:* Es bereitet mir eine besondere Freude und Ehre, mich in meinem Namen bedanken zu dürfen.

DER GENERALSEKRETÄR *verbeugt sich.*

ALFRED *klopft ihm auf die Schulter.* Wenn Sie mich wiedermal benötigen sollten: ich stehe dem Kongreß jederzeit mit Rat und Tat zur Verfügung. Aller Wahrscheinlichkeit nach werde ich wohl in vierzehn Tagen eine brünette Witwe nach Santa Fé de Bogota verkaufen –

DER GENERALSEKRETÄR Sie hören noch von mir! *Er schüttelt ihm die Hand, verbeugt sich, entdeckt Schminke und fixiert ihn.*

EINE ELEGANTE DELEGIERTE Herr Alfred! Ich würde mich sehr freuen, Sie Donnerstag abend bei mir begrüßen zu können. Darf ich Sie erwarten? Ich veranstalte ein kleines Privatkonzert zugunsten gefährdeter Mädchen. Mein Onkel erhielt bei dem letzten Autoschönheitswettbewerb den ersten Preis.

ALFRED *küßt ihr die Hand.*

HAUPTMANN *zur eleganten Delegierten:* Pardon, Gnädigste! Darf ich Ihnen meinen Arm – es gibt nämli no a kalts Buffet – *Ab mit ihr.*

ALFRED Das aber ein eifersüchtiger Soldat – *Er füllt den Fragebogen aus.*

DER GENERALSEKRETÄR *zu Schminke:* Darf ich Sie fragen, ob Sie nun endlich den Platz räumen wollen?

SCHMINKE Machen Sie sich nicht lächerlich.

DER GENERALSEKRETÄR Sie haben mich das Bankett über in die größte Verlegenheit gestürzt. Es hat mir schon nichts mehr geschmeckt. Jetzt kommt das kalte Buffet. Wollen Sie mir noch immer den Appetit verderben?

SCHMINKE So kleinlich bin ich ja gar nicht.

DER GENERALSEKRETÄR Aber Sie wirken noch kleinlicher. Bitte lassen Sie mich jetzt aufatmen, es folgt der gesellige Teil.

SCHMINKE *grinst:* Ich liebe die Geselligkeit.

Pause.

DER GENERALSEKRETÄR *grinst:* So wird man sich an Sie gewöhnen müssen. Hoffen Sie nur nicht, daß ich an einem inneren Zwiespalt zugrunde gehen kann. Ich sage Ihnen das als Generalsekretär. Ja! *Er läßt ihn stehen.*

DER KONGRESS *allmählich ab an das kalte Buffet.*

DAS FRÄULEIN *zu Alfred, der den Fragebogen ausfüllt:* Wann kann ich denn fort?

ALFRED Sofort.

DAS FRÄULEIN Es wird allmählich Zeit.

ALFRED Ja.

DAS FRÄULEIN Zu so einer Sache bringen Sie mich aber nicht mehr. Da geh ich schon lieber mit einem, der Prothesen hat.

ALFRED Kusch, Fräulein! Das ist nämlich ein komplizierter Fragebogen.

DAS FRÄULEIN Diese ganzen Fragen haben doch gar keinen Sinn – was man den Leuten antwortet, das glauben sie ja nicht. Man regt sich nur unnötig auf.

ALFRED Quatsch! Sie werden doch dafür bezahlt. Hier haben Sie Ihre zwo Mark.

DAS FRÄULEIN Sie sagten doch drei –

ALFRED *unterbricht sie:* Irren ist menschlich!

Pause.

DAS FRÄULEIN Ich hab Hunger.

ALFRED Beherrschen Sie sich, bitte! Ja?

DAS FRÄULEIN *starrt plötzlich hinaus:* Jetzt kommt er.

ALFRED Wer?

DAS FRÄULEIN Unser Ferdinand.

FERDINAND *kommt und verbeugt sich vor dem Fräulein.*

DAS FRÄULEIN *nickt.*

FERDINAND *unterdrückt:* Alfred.

ALFRED *ebenso:* Ha?

DAS FRÄULEIN *horcht.*

FERDINAND Ich hab es mir überlegt.

ALFRED Was denn?

FERDINAND Das südamerikanische Geschäft.

ALFRED Was heißt das?

FERDINAND Das heißt, daß ich dich bitte: gib mir meinen halben lieben Gott zurück.

ALFRED Meschugge?

FERDINAND Nein, ich meine das nur rein menschlich. Ich habe doch nicht gewußt, daß wir dieses Fräulein verkaufen –

ALFRED Rein menschlich darf man überhaupt kein Fräulein verkaufen!

FERDINAND Das ist zweierlei. Nämlich ich bin so menschlich, daß mir nichts Menschliches fremd ist, und deshalb versteh ich es ja auch, wie man ein Fräulein verkaufen kann, verdamm es nicht, sondern beteilige mich gegebenenfalls. Aber gerade dieses eine Fräulein – sie ist mir doch immerhin mal nahe gestanden.

ALFRED Kusch! Geschäft ist Geschäft!

FERDINAND Ich verkauf jede, nur jene nicht. Ich weiß nicht, warum nicht. Das ist keine Sentimentalität. Weißgott, was das ist!

ALFRED Kusch! Wenn ich dir jetzt deinen halben lieben Gott zurückgeben würde – wie steht es denn dann mit deinem Kännchen?

FERDINAND *starrt ihn an.*

ALFRED Mit deinem Kännchen Kaffee?

FERDINAND *ist sprachlos.*

ALFRED Du tust doch alles nur um das Kännchen –

FERDINAND Ja, das Kännchen –

ALFRED Denk real und reell! Tasse oder Kännchen?

Pause.

FERDINAND *nach innerem Kampf:* Tasse.

ALFRED Nimmermehr wirst du dein Kännchen –

FERDINAND *unterbricht ihn; bösartig:* Gut! Trink ich kein Kännchen!

SCHMINKE Halt! Sie werden Ihr Kännchen trinken! Sie vergessen wohl, daß dem Fräulein persönlich nicht geholfen werden kann! Prinzipiell!

DAS FRÄULEIN Finden Sie?

SCHMINKE Ja!

FERDINAND *erkennt Schminke:* Prinzipiell –

SCHMINKE Nach den unerbittlichen Gesetzen der kapitalistischen Gesellschaft muß das Fräulein in Südamerika enden. Krank, verkommen und vertiert!

ALFRED Na hörst du?

FERDINAND Prinzipiell –

SCHMINKE Wir sehen einen typischen Fall –

FERDINAND *unterbricht ihn:* Wir wollen es doch sehen! Ich erkläre hiermit mit erhobener Stimme, daß ich auf die Hälfte meines lieben Gottes verzichte, daß ich das Fräulein wieder zu meiner Frau mache, daß ich mit der anderen Hälfte meines lieben Gottes abermals ein bescheidenes Zigarettengeschäft gründe und daß ich nie wieder in meinem Leben nach einem Kännchen Kaffee trachten werde!

SCHMINKE *zum Generalsekretär:* Hören Sie sich das nur mal an, Herr Generalsekretär!

DER GENERALSEKRETÄR Was soll ich denn hören?

SCHMINKE Das Fräulein wird nicht verkauft, sondern geehelicht.

DER GENERALSEKRETÄR Oho! Zur Geschäftsordnung!

FERDINAND Verzeihung! Ich bin nämlich fremd und kenn mich nicht aus. Wer ist denn das?

DER GENERALSEKRETÄR Der Kongreß.

FERDINAND Zur Bekämpfung des Mädchenhandels?

DER GENERALSEKRETÄR Ja!

FERDINAND So wird es Sie freuen, daß es mir gelungen ist, das Fräulein zu retten.

DER GENERALSEKRETÄR Zur Geschäftsordnung!

SCHMINKE Ich protestiere gegen diese Verfälschung der wirklichen Verhältnisse durch die sogenannte Menschlichkeit dieses Herrn!

DER GENERALSEKRETÄR Im Namen des Kongresses schließe ich mich diesem Proteste an. Wo kämen wir denn hin, wenn wir für das Studium einer Prostituierten achtundvierzig Mark bezahlen würden und dann würde es sich plötzlich herausstellen, daß wir ja nur das Seelenleben einer kleinbürgerlichen Ehefrau durchleuchtet haben! Ich wäre die längere Zeit Generalsekretär gewesen! Sie mit Ihrer Menschlichkeit haben kein Recht den geschäftsordnungsmäßigen Gang der Bekämpfung des Mädchenhandels zu durchkreuzen! Ja!

ALFRED Ganz Ihrer Ansicht, Herr Generalsekretär! Ich habe mit der Firma Ibanez in Parana bereits fest abgeschlossen. Abgesehen von der Konventionalstrafe würde auch mein kaufmännisches Renommee beträchtlich leiden, du Idiot.

FERDINAND *zum Fräulein:* Bin ich ein Idiot?

DAS FRÄULEIN Nein.

FERDINAND Ich war aber ein Idiot, als wir nämlich verheiratet waren. Ich war nämlich zu moralisch, wahrscheinlich weil ich aus einer verkommenen Familie stamm. Heut bin ich nicht mehr korrekt, heut bin ich menschlich. Komm. Komm, bitte.

DAS FRÄULEIN Nein.

FERDINAND Wie?

DAS FRÄULEIN Nein.

SCHMINKE Richtig!

DER GENERALSEKRETÄR Gottlob!

ALFRED Bravo!

FERDINAND Nein –?

DAS FRÄULEIN Als ich dich zuvor im Café Klups gesehen hab, da hab ich geschrien, so bin ich erschrocken – über das Frühere, weil es wieder da war. Ich hab nämlich geglaubt, in mir ist alles kaputt, aber derweil ist noch was ganz in mir. Ich kann das nicht anders erklären. Die Herren hier haben sehr recht –: ich kann ja nicht mehr zurück, weil –: es wär ja alles anders und ich mags nicht mehr anders. Jetzt bin ich schon mal so weit.

ALFRED *sieht auf die Uhr:* Es wird allmählich Zeit –

FEDINAND *zum Fräulein:* Komisch. Hast Du mir sonst nichts zu sagen?

DAS FRÄULEIN Trink nur dein Kännchen –

FERDINAND Kaum. Hab keine Freud mehr dran –

ALFRED Na denn los! Höchste Zeit!

EIN VERTRETER DES PUBLIKUMS *erscheint:* Halt! Ich protestiere gegen diesen Betrug!

ALFRED Pfuschen Sie mir nicht ins Geschäft, Herr! Wer sind Sie denn überhaupt?

DER VERTRETER DES PUBLIKUMS Ich sitze dort links in der siebenten Reihe. Ich habe mir eine Karte gekauft, weil auf dem Theaterzettel stand, hier steigt eine Posse in fünf Bildern! Und jetzt gehts auf einmal tragisch aus! Ich laß mir das nicht gefallen! Das ist eine Vorspiegelung falscher Tatsachen!

SCHMINKE Das ist die Wahrheit! Die unerbittliche Wahrheit!

DER VERTRETER DES PUBLIKUMS Ich verzichte auf Ihre Wahrheit! Ich bin ein müder abgearbeiteter Mensch und möchte abends meine Posse haben! Verstanden? Entweder gibt es hier augenblicklich eine Posse, oder ich laß mir mein Geld herauszahlen!

SCHMINKE Bitte!

DER GENERALSEKRETÄR *zu Schminke:* Halts Maul!

DER VERTRETER DES PUBLIKUMS Ich will meine Posse! Ich schlage vor: das Fräulein fährt nicht nach Südamerika, sondern heiratet ihren Ferdinand, und beide leben glücklich, gesund und zufrieden in ihrem gemeinsamen Zigarettenladen!

SCHMINKE Das ist Betrug.

DER VERTRETER DES PUBLIKUMS Betrug ist eine Posse anzukündigen und derweil mit einem tragischen Klamauk zu enden.

ALFRED *zu Schminke:* Schmink dich ab! Schmink dich ab!

SCHMINKE *setzt sich, zieht eine Zeitung aus der Tasche und liest.*

FERDINAND *zum Vertreter des Publikums:* Verzeihung! Sie sind ein guter Mensch!

SCHMINKE *liest:* »Escheloher Hanf sieben zwölf – Enttäuschender Abschluß: nur zehn Prozent Dividende –«

DER VERTRETER DES PUBLIKUMS Na wirds bald?

Hochzeitsmarsch.

FERDINAND *schließt strahlend das Fräulein in seine Arme und küßt sie.*

DER VERTRETER DES PUBLIKUMS So ists richtig!

HAUPTMANN *erscheint und klopft Ferdinand auf die Schulter:* Pardon, mein lieber Ferdinand!

FERDINAND *läßt das Fräulein nicht los:* Bittschön?

HAUPTMANN Es ist eine Dame draußen, die das junge Paar sprechen möcht.

DAS FRÄULEIN Wir lassen bitten, Herr Hauptmann!

HAUPTMANN *winkt hinaus.*

LUISE GIFT *kommt in weißem Kleidchen und überreicht dem glücklichen Paar einen riesigen Strauß:* Meine herzliche Gratulation – *Sie rülpst.*

ALLE *zucken ob des Rülpsers zusammen.*

ENDE

Anhang

Entstehung, Überlieferung, Textgestaltung

Ödön von Horváths Freunde aus der Preßburger Schulzeit 1916/17 erzählten von kleinen Geschichten, die der Schüler heimlich unter der Bank schrieb[1], von einer Satire mit dem Titel *Professoren in der Unterwelt*[2], die er im »literarischen Bund der Schüler«[3] zur Vorlesung brachte; seiner Jugendliebe Gustl Emhardt schrieb er das Gedicht *Glück*[4] ins Poesie-Album, das erste bisher aufgefundene Zeugnis seiner schriftstellerischen Tätigkeit.[5]

Ein Epilog

ist die erste erhalten gebliebene Dialog-Szene des etwa 20jährigen Ödön Josef von Horváth, wie er sich auf dem Titelblatt des 10seitigen Typoskripts (die beiden Titelblätter sind unpaginiert) nannte. Aufgefunden wurde das Typoskript im Nachlaß seines Freundes Franz Theodor Csokor (1885-1969), der nach seiner Rückkehr aus der Emigration in der Wohnung von Horváths Eltern (Wien 3, Neulinggasse) wohnte. Zum ersten Mal veröffentlicht wurde *Ein Epilog* im Katalog zur Ausstellung *Ödön von Horváth 1901-1938*[6] im Jahr 1971. Hans F. Prokop schrieb dort: »Die Entstehungszeit des *Epilog* benannten Stückes dürfte um 1920 liegen. Vermutlich ist es ein Teil aus dem *Buch der frühen Weisen*, das verschollen ist.«[7] Das Typoskript, dem der Abdruck folgt, befindet sich in der Forschungsstelle Ödön von Horváth im Thomas Sessler Verlag, Wien.

Lajos von Horváth (1903-1968) berichtete, daß sein Bruder Ödön »unheimlich viel« schrieb (»Das meiste hat er aber gleich wieder vernichtet. Er war überhaupt recht unglücklich, fast mit allen Dingen, die er geschrieben hat«[8]), und erinnerte sich an ein in expressionistischer Manier geschriebenes Stück »in einem blauen Umschlag« mit dem Titel *Niemand*.[9]

Ende 1923 oder Anfang 1924 erzählte Ödön von Horváth seinem ungarischen Bekannten Géza von Cziffra in Berlin, »daß er an einem Theaterstück arbeitete, an einem Drama über den ungarischen Bauernführer Dózsa«.[10] Aber Horváths *Schauspiel aus Ungarns Ge-*

schichte, seine *Chronik aus dem Jahre 1495* mit dem Titel *Dósa* (Band 15), blieb Fragment. Auf einem der Manuskriptblätter zu *Dósa* findet sich der Titel *Mord in der Mohrengasse. Schauspiel in 4 Bildern von Ödön v. Horváth.* Darunter eine Liste von Personen, weitaus umfangreicher als in der Endfassung.[11]

Mord in der Mohrengasse

vermutlich 1923/24 entstanden, hält Dieter Hildebrandt für den aufregendsten unter Horváths frühen Versuchen: »während er Horváth einerseits in der Auseinandersetzung mit dem Expressionismus und in der Emanzipation davon zeigt, führt er andererseits deutlich Horváths Eigenart vor, ja, man kann es wie eine Ouvertüre zum gesamten Werk ansehen, in der alle Motive, viele Figuren, die entscheidenden Schauplätze und die charakteristischen ›Sprünge‹ (Handke) der Dialoge schon da sind.«[12] Das Bühnenstück liegt in einem von Horváth handschriftlich durchpaginierten 45seitigen Typoskript[13] vor, das diesem Abdruck als Vorlage diente. Die Erstveröffentlichung erfolgte in Band 1 der *Gesammelten Werke* Ödön von Horváths, Frankfurt/Main 1970 (S. 383-405). 1977 erschien in Wien eine Sprechplatte von *Mord in der Mohrengasse*, gelesen von Vera Borek und Helmut Qualtinger.[14] Die Uraufführung aber fand (zusammen mit einer szenischen Einrichtung des Hörspiels *Stunde der Liebe*) erst im Oktober 1980 im Akademietheater in Wien unter der Regie von Klaus Höring statt.

Revolte auf Côte 3018 und *Die Bergbahn*

bezeichnete Horváth als sein *erstes Stück*; es hatte *den Kampf zwischen Kapital und Arbeitskraft* zum Inhalt unter *besonderer Berücksichtigung der sogenannten Intelligenz im Produktionsprozeß*.[15] »Der äußere Anlaß zur Entstehung der *Bergbahn*«, schrieb Dr. Günther Stark, stellvertretender Direktor und Dramaturg der Berliner Volksbühne im Theater am Bülowplatz, »bildete ein Zusammenstoß zwischen Arbeitern und Betriebsleitung beim Bau der Zugspitzbahn, der nur mit Hilfe von Gendarmerie geschlichtet werden konnte. Drei Tote erforderte der Bau, aber es wurde nur der Ingenieur und der siegreiche Unternehmer gefeiert. Von den Toten sprach niemand.«[16] Ödön von Horváths erstes (uraufgeführtes) Stück ist gleichzeitig

auch der erste Beleg für Horváths Arbeiten *als dramatischer Chronist* und für sein Bestreben, eine *neue Form des Volksstückes zu finden.*[17] Die tatsächlichen Geschehnisse beim Bau der Zugspitzbahn aber hatte Horváth »nicht historisch geschildert oder schildern wollen, sondern er hat nur versucht, die Schattenseiten eines solchen berühmten Baues aufzuleuchten, die zwangsläufig aus der Unfreiheit aller wesentlichen Faktoren entstehen. Ehrgeiz, Macht- oder Geldgier treibt die beteiligten Kräfte vorwärts, es entsteht ein unheilvoller Druck von oben nach unten, der in der rücksichtslosen Ausnutzung derer, die nichts anderes einzusetzen haben als ihre Arbeitskraft, endigen muß.«[18] Die Geschehnisse, die Horváth zur *Revolte auf Côte 3018* Anlaß gaben, spielten sich im Herbst 1925 ab.[19]
Im August 1927 wurde im Anzeigenblatt für die dramatischen Werke der Volksbühnen-Verlags- und Vertriebs-G.m.b.H. zum ersten Mal auf Ödön von Horwáths [!] *Revolte auf Côte 3018* hingewiesen. »Ein junger, noch unbekannter Autor, legt hier eine überraschende Talentprobe ab. In den knappen, gelegentlich fast nur skizzenhaft angedeuteten Akten, die dem Regisseur ganz große Möglichkeiten zur Entfaltung lebendigen Spiels geben, finden die sozialen Gegensätze der Zeit im Zusammenprall von Vertretern der verschiedenen Schichten einen hinreißenden Ausdruck. Alles ist Bewegung, alles spannungsgeladen, die Katastrophe von selten erreichter Wucht.«[20] Danach noch der Hinweis: »Zur Uraufführung angenommen von den Kammerspielen Hamburg und den Vereinigten Deutschen Theatern Brünn.«[21] Auch Die Deutsche Bühne vom 27. 11. 1927 kündigte für die Hamburger Kammerspiele »*Revolte auf Höhe 3018* v. Adön [!] v. Horvath. Spiell. Hanns Lotz. Zugl. Vereinigte Th. in Brünn. 4. 11. (V.B.V.)« an.[22]
Unter diesem Titel (nämlich: *Revolte auf Höhe 3018*) fand am 4. 11. 1927 die Uraufführung in den Hamburger Kammerspielen unter der Regie von Hanns Lotz statt. Die Besetzung: Gerhard Mittelhans (Karl), Hans Stiebner (Schulz), Lotte Brackebusch (Veronika), Herbert Köchling (Xaver), Herbert Gernot (Sliwinski), Siegfried Schürenberg (Moser), Eugen Klimm (Oberle), Egon Clander (Maurer); Hans Hinrich (Ingenieur), Hermann Bräuer (Aufsichtsrat).
Otto Schabbel, Feuilletonchef der deutsch-nationalen Hamburger Nachrichten schrieb: »Im Programmheft annonciert sich der Verfas-

ser mit vagen, verschwommenen Gesten unreifer Geistigkeit als Sechsundzwanzigjährigen.[23] Das überrascht mich offen gestanden. Nach Kenntnis des Stückes hatte ich geglaubt, er säße noch auf der Schulbank.«[24] Carl Müller-Rastatt nannte Horváths Erstlingswerk ein »Stück, das noch keins ist. Allenfalls eine Studie. Vielleicht eine Talentprobe. Aber jedenfalls ohne Spur einer persönlichen Note des Autors.«[25] Ernst Heilborn schrieb: »Eine antikapitalistische Tendenz ist zu Wort gekommen. Sie schreit für die, die ohnedies von ihr überzeugt sind; sie flüstert für die andersgesinnten. Nur in der Milieuschilderung ist Leben und genügend Wärme, um künstlerisch eingestimmt zu werden. Eine Bergbahn, an der dreißig Jahre deutscher Literatur bauten und die unvollendet blieb. Eine Bergbahn, die nicht auf irgendwelche Höhen führt, sondern ins Volk hinein.«[26] Hans Leip bezeichnete das Stück von »einem jungen Manne«, der »jetzt wahrscheinlich in Deutschland lebt«, als »kleine (recht kleine) *Kolonne Hund*«[27], billigte Horváth aber immerhin »einige hübsche Dialogansätze in tirolender Mundart« zu.[28]

Der Mißerfolg entmutigte Horváth nicht. Auf Grund der Erfahrungen bei der Hamburger Aufführung arbeitete er die *Revolte auf Côte 3018* noch im selben Jahr um. Unter dem Titel *Die Bergbahn* gelangte die Neufassung an der Berliner Volksbühne im Theater im Bülowplatz am 4. 1. 1929 zur Uraufführung. Unter der Regie von Viktor Schwanneke spielten Wolfgang Helmke (Karl), Wolfgang Staudte (Schulz), Grete Bäck (Veronika), Siegfried Nürnberg (Xaver), Friedrich Gnas (Sliwinski), Hans Baumann (Reiter), Ernst Karchow (Moser), Adolf Mans (Oberle), Paul Kaufmann (Maurer), Ernst Ginsberg (Hannes), Fritz Klaudius (Simon), Peter Ihle (Ingenieur), Viktor Schwanneke (Aufsichtsrat). Die Bühnenbilder stammten von Edward Suhr.

Kurt Pinthus nannte in seiner Rezension *Die Bergbahn* »ein soziales Zeitstück, das in die Zukunft weist, auch in die Zukunft des Autors [...]. Kein Meisterstück; aber ein begabtes, klares, reinliches Stück.«[29]

Monty Jacobs wünschte sich, Horváth ließe »nur noch den Humor Macht über sich gewinnen, Humor, wie er ein wenig in der Figur seines Aufsichtsrats aufkeimt«, und registrierte im Hinblick auf die Inszenierung »vier Mordtaten, drei, die der Dichter vorgeschrieben hatte und eine vierte, die der Regisseur Viktor Schwanneke, ein Mann von mannigfachen Verdiensten, am Dichter beging.«[30] Bernhard Diebold bescheinigte Horváth »eine ganze Menge Gehör für das Wirkliche«, beklagte aber Mangel an Phantasie.[31] Erich Kästner, damals 30 Jahre alt, spöttelte: »Man erfährt, daß es im Gebirge kalt ist und in den Arbeiterbaracken droben mehr Männer als Frauen gibt, und man vermutet, zwei Akte lang, es handle sich um einen Lehr- und Propagandafilm irgendeiner Oberlandbahn-A.-G. Damit man doch endlich weiß, wie Kabel gerollt werden! Und das würde wohl auch im dritten Akt nicht anders werden, wenn nicht plötzlich schlechtes Wetter einträte. Da reißt dem Stück endlich die Geduld: Es schneit; der Weiterbau ist gefährdet; die Arbeiter wollen Feierabend machen; der Bergingenieur schießt einige von ihnen tot; die übrigen werfen ihn in eine Schlucht. Das hat er davon. Vier Tote bedecken die Volksbühne. Zur Ermunterung des Publikums dienten die Geräuschmaschinen. Es wird gesprengt, es blitzt und donnert; der Wind heult wie im Märchen; Steine prasseln, Ohrfeigen auch. Deshalb spricht sich der Autor mehrfach gegen den Bau von Bergbahnen aus. Arme Leute können die teuren Fahrkarten doch nicht bezahlen. Und so hat, da hilft kein Lachen, das Stück auch seine soziale Tendenz weg.«[32] Alfred Kerr billigte Horváths Stück »ein Verdienst« zu: »indem es Proletarier des Gebirgs mit ihrem beginnenden Dämmer von Klassenwillen, mit ihrem Uebergang von Klage zur Anklage zeigt. Ein Hinüberwehen von der industriellen Ebene zur Bergeinsamkeit. Alles in empfundener und kitschfreier Art. Es ist (relativ) ein ausgezeichneter Griff; für die Volksbühne. Just noch das Maß, das ihre Kleinbürger willig schlucken.«[33]

Im Programmheft der Uraufführung allerdings hatte Günther Stark in seiner Einführung zur *Bergbahn* geschrieben, der Autor »kommt nicht ›von unten herauf‹, er gehört nicht zu den proletarischen Schriftstellern, denen der Kampf gegen die Ausbeutung der Werktätigen durch eine unheilvolle Vereinigung von Geist und Kapital eine durch Erlebnisse und Erfahrungen begreifliche Selbständigkeit ist. Horváth gehört im Gegenteil von Hause aus zu der schmalen Gruppe der ›klassenbewußten‹ internationalen Aristokratie, denen die Ausnutzung von menschlichen Wertleistungen ihrerseits eine privilegierte Selbstverständlichkeit bedeutet. Er mußte also erst eine Unsumme von Vorurteilen und Anmaßungen seiner Kaste, von Familientradition und Schulweisheit überwinden, ehe er sich den Blick für die tatsächliche Welt frei und selbständig machen konnte. Und das hat er allerdings gründlich getan«.[34] Der Berliner Volksbühne hatte der Diplomatensohn sogar den Gefallen getan, anfangs die Rolle eines »echten Proletariers« zu spielen, eines »bayerischen Bahnarbeiters ungarischer Abstammung, der Stücke schreibt. [. . .] Jetzt lachte er darüber, wie über einen gelungenen Lausbubenstreich«, schilderte Carl Zuckmayer seine Begegnung mit Ödön von Horváth in der Kantine der Volksbühne.[35] Bei der *Revolte auf Côte 3018* hatte er sich noch Ödön von Horváth genannt, fortan nannte er sich Ödön Horváth.

»Er hat in der Tat nicht nur das Wörtchen ›von‹ abgelegt«, kommentierte Ludwig Sternaux im Berliner Lokal-Anzeiger Horváths Haltung, »es ist auch allerhand anderes dabei mit zum Teufel gegangen«, nämlich »der ›freie und selbständige Blick für die tatsächliche Welt‹, der ihm nachgerühmt wird [. . .]«, statt dessen »politische Propaganda, die Klassenhaß nährt«.[36] Oder, der konservativen Preußischen Kreuz-Zeitung des Majors a. D. Georg Foertsch folgend, Parteinahme, die »durch den Proletkult bleichsüchtiger Literaten bestimmt« wird.[37] Kurz: eine Gesinnung »unter dem Niveau abgedroschener Versammlungsphrasen«, insgesamt »ein naturalistischer Jahrmarkt mit antikapitalistischen Redensarten«, wie Emil Faktor im Berliner Börsen-Courier schrieb.[38] »Mit sozialistischen Phrasen umkleidet, mit piscatorischen Leitartikeln vesetzt – [. . .] radikales, politisches Theater«[39], die »lächerliche Proletarier-Farce des ungarischen Aristokraten«[40]: so die Wertungen in den Kritiken der deutsch-nationalen Presse. Horváth sei »kein Dramatiker«, sondern besitze nur »eine annehmbare Begabung für photographisch getreue Zeichnung von Menschen«, er sei ein »Zustandsschilderer, Neorealist«, ein »Peripherieschriftsteller« und »Klischeeschriftsteller«, der den Kapitalismus »nach der Schablone der kommunistischen Dutzendliteratur« zeichne, schrieb Julius Knopf.[41] Als *einen der größten Erfolge in dieser Saison in Berlin*[42] empfand Horváth die Uraufführung seiner *Bergbahn*, ärgerte sich aber über die *Münchner Weltblätter*.[43] Er schrieb:[44] *Ich verstehe ja die Wut: ganz Bayern bringt seit 1914 keinen Dramatiker heraus und nun kommt ausgerechnet ein*

»Ausländer«, der ein »bodenständig«, »völkisches« Stück schreibt! Das einzige, das die Bayern haben.[45] *Die Wut dieser Nationalisten ist ja verständlich: ich habe mir erlaubt durch ihre Rechnung einen Strich zu machen. – –*

Fünf Jahre später, am 18. 6. 1934, richtete Horváth einen Brief an seinen Verlag, den Neuen Bühnenverlag im Verlag für Kulturpolitik G.m.b.H. in Berlin. Sein Stück *Die Bergbahn*, schrieb Horváth, *war kein kommunistisches, sondern ein ausgesprochen antikommunistisches Stück. Es war seinerzeit das erste Stück, in dem Arbeiter nicht von dem üblichen doktrinär-marxistischen Winkel aus gesehen und zu gestalten versucht worden sind, weshalb mich auch die gesamte marxistische Presse, mit geringen Ausnahmen, verhöhnt und verdammt hat. Piscator hatte seinerzeit, bereits 1928, das Stück inszenieren wollen, allerdings unter der Bedingung, daß ich in das Stück eine kommunistische Tendenz ›hinzudichte‹. Ich hatte das immer wieder abgelehnt und bin daher erst ein Jahr später aufgeführt worden, unter der Regie des verstorbenen Viktor Schwanneke. Der Kreis um Piscator und Brecht tobte gegen mich und ›zerriß mich nach allen Noten der Kunst‹, wie man es so zu sagen pflegt. – Wie man unter solchen Umständen von einem ›kommunistischen Stück‹ sprechen kann, ist mir unerfindlich.* Horváths Brief, verbunden mit seiner Bitte, *zu intervenieren, und zwar so, wie* Sie es für gut halten, wurde vom Verlag an den Reichsdramaturgen Dr. Rainer Schlösser im Ministerium für Volksaufklärung und Propaganda weitergeleitet.[46]

Als Vorlage für diesen Abdruck dienten die »als unverkäufliches Manuskript vervielfältigt[en]« Textbücher der Volksbühnen-Verlags- und Vertriebs-G.m.b.H, Berlin: *Revolte auf Côte 3018. Volksstück in vier Akten*, 1927, und *Die Bergbahn. Volksstück in drei Akten*, 1927. Manuskripte bzw. Typoskripte Horváths zu diesen Stücken müssen als verschollen gelten.

Die erste Buchveröffentlichung der beiden Texte erfolgte in Band 1 der *Gesammelten Werke* Ödön von Horváths, Frankfurt 1970 (*Revolte auf Côte 3018*, S. 19-58; *Die Bergbahn*, S. 59-99).

Zur schönen Aussicht

Ein Manuskriptblatt[47] Horváths skizziert den Plan eines *Novellen-Bandes*, in dem enthalten sein sollten: *Lachkrampf. Die Versuchung. Großmutter. Legende vom Fußballplatz. Sportmärchen (Rennradfahrer / Was ist das?/Start und Ziel) Geschichte einer kleinen Liebe. Der Tod aus Tradition. Panne über Palästina.* Darunter notierte Horváth:

Nach der Saison

Komödie von Ödön von Horváth.

Personen:

Reichardt

Fräulein Stein, Theosophin

Gustl Müller

Gräfin

Graf

Kolsberger [?]

Rittmeister

Schnepf

Engelhardt

Oberst

Charlotte Klaus.

Es ist der erste (und einzig erhalten gebliebene) Entwurf zur Komödie *Zur schönen Aussicht*, deren Entstehungszeit das Jahr 1926 oder Anfang 1927 sein dürfte.[48]

Daß Ödön von Horváth mit dem *mitteleuropäischen Dorfe* (S. 135) Murnau am Staffelsee meinte, steht außer Frage. Murnau war damals »keineswegs, wie der Brockhaus aus dem Entstehungsjahr der Komödie definiert, nur ein ›Marktflecken in Oberbayern, am Nordrand der Alpen, am Staffelsee‹, also kein stilles, ländliches Refugium, sondern Murnau ist in den zwanziger Jahren eine Art Geheimtip, ein Stillhaltepunkt für verkrachte Existenzen, eine Sommerfrische für Leute, die aus nicht ganz durchsichtigen Gründen überwintern müssen, eine Tauchstation mit Gebirgspanorama. Ganoven aus dem Rheinland spielen hier, bis zu ihrer Entlarvung, Biedermänner. Eine überkandidelte Halbwelt mimt hier Idylle«.[49] Dieter Hildebrandts Reflexionen decken sich mit der Erinnerung von Gustl Schneider-Emhardt, die von einem »regen Sommerleben« im Murnau der

zwanziger Jahre spricht: »Je nachdem, welche Nation die gute Valuta hatte, waren die meisten Sommergäste Ungarn oder Schweden, Dänen oder Amerikaner.«[50] Nach Dietmar Griesers Recherchen[51] war das Vorbild zu Horváths Hotel zur schönen Aussicht »›Hotel und Pension Schönblick‹ in Murnau am Staffelsee. ›Ruhige staubfreie Lage.‹ [. . .] ›Schattiger Garten, Bad, Rundfunkstelle‹«. Nach Lajos von Horváth[52] war es das »Strandhotel« in Murnau, dessen Inhaber Reichardt hieß. Sein »Hotel war lustig, aber völlig verkommen«. Man sagte Reichardt, der nie Geld besaß, nach, daß er ständig Liaisons mit Gräfinnen suchte. Nach Lajos von Horváth gab es dort auch einen Kellner wie *Max*, der durch seine Präpotenz auffiel und den die Gäste »immer wieder in seine Schranken verweisen« mußten: er »servierte immer in Socken; seine Schuhe standen dann mitten im Lokal«.[53] Auch Horváths *Ada Freifrau von Stetten* hatte ein lebendes Vorbild in Murnau. Eine »Mitfuffzigerin, eine sehr lebenslustige Person«, die ihre Partner »unter der Jeunesse d'orée Murnaus« wählte und »einige Häuser von der Pension entfernt« eine Villa bewohnte. Dieter Hildebrandts Vermutung, »der zwielichtige Hotelbesitzer Strasser« sei eine politische Anspielung auf Otto Strasser«[54], soll nicht unerwähnt bleiben.
Die Berliner Volksbühnen-Verlags- und Vertriebs-G.m.b.H. nahm *Zur schönen Aussicht* vermutlich im Herbst 1927 in ihr Programm auf.[55] Das 1929 von Paul Verhoeven »als Uraufführungsbühne experimenteller Werke« gegründete Studio Dresdner Schauspieler plante nach der Uraufführung von Karl Kraus' *Die Unüberwindlichen* am 5. 5. 1929 im Dresdner Residenztheater, als zweite Premiere, die Uraufführung von Horváths *Zur schönen Aussicht*, die aber wegen Geldmangel des Ensembles nicht stattfand.[56]
Uraufgeführt wurde *Zur schönen Aussicht* erst am 5. 10. 1969 am Schauspielhaus in Graz unter der Regie von Gerald Szyszkowitz.
Der Abdruck in diesem Band folgt dem »als unverkäufliches Manuskript vervielfältigt[en]« Textbuch der Volksbühnen-Verlags- und Vertriebs-G.m.b.H., Berlin 1927.
Zum ersten Mal gedruckt erschien *Zur schönen Aussicht* in Band II der *Gesammelten Werke* Ödön von Horváths. Frankfurt/Main 1970 (S. 7-74).

Unmittelbar nach der Uraufführung der *Bergbahn* am 4. 1. 1929, hatte Ödön von Horváth vom Ullstein Verlag ein Vertragsangebot erhalten, das er am 11. 1. 1929 unterschrieb. Horváth verpflichtet sich, »seine gesamte schriftstellerische Produktion an dramatischen, erzählenden und lyrischen Werken während der Zeit bis 15. Januar 1930 dem Verlag Ullstein einzureichen«. Ullstein bot Horváth »beginnend am 15. Januar 1929 und endigend am 15. Dezember 1929 monatliche Pränumerando-Zahlung in Höhe von je Mk 500,– (fünfhundert Mark) am 15. Januar und 15. Februar 1929 und je Mk. 300,– (dreihundert Mark) am 15. der weiteren Monate«.[57]

Rund um den Kongreß

eine »Posse in fünf Bildern«, entstanden etwa 1928. Als Student hatte Horváth an der Ludwig-Maximilians-Universität in München im Sommersemester 1921 bei Professor von Notthaft Vorlesungen über *Die Bekämpfung der Prostitution* besucht.[58] Nun griff er, angeregt durch aktuelle Ereignisse und Berichte[59] die Thematik ›Mädchenhandel‹ und ›Prostitution‹ auf.

Konzepte zu einem Lustspiel in sieben Bildern mit dem Titel *Von Kongreß zu Kongreß*, ein Lustspiel in zwei Teilen mit dem Titel *Die Mädchenhändler* sind erhalten geblieben und ausgearbeitete Szenen in mehreren Fassungen mit dem Titel *Ein Fräulein wird verkauft*.[60] Auf Grund des mit Ullstein abgeschlossenen Vertrages, hatte der Volksbühnen Verlag auf *Rund um den Kongreß* verzichten müssen.[61] Am 31. 7. 1929 bestätigte Ullstein brieflich die Annahme des Stückes, der »Bühnenvertrieb [werde] durch die Arcadia-Verlag GmbH« besorgt.[62] Mit dem Copyright-Vermerk des Jahres 1929 erschien *Rund um den Kongreß*, »als Manuskript vervielfältigt«, im Arcadia Verlag, Berlin. Da das Manuskript bzw. Typoskript Horváths als verschollen gelten muß, diente das Textbuch des Arcadia Verlages diesem Abdruck als Vorlage. Über eine geplante Aufführung zu Lebzeiten Horváths ist nichts bekannt. Die Uraufführung fand (in einer Bearbeitung) am 5. 3. 1959 am Theater am Belvedere in Wien (Regie: Irimbert Ganser) statt. Die Originalfassung wurde zum ersten Mal am 29. 1. 1970 am Hessischen Staatstheater in Wiesbaden gespielt, unter der Regie von Horst Siede. Zum ersten Mal abgedruckt wurde *Rund um den Kongreß* 1970 in Band II der *Gesammelten Werke* Ödön von Horváths (S. 75-138).

Erläuterungen

Mord in der Mohrengasse

20 *Beobachtungen* – Anspielung Horváths auf die zahlreichen zeitgenössischen Publikationen, die sich mit dieser Thematik befaßten; beispielsweise die zweibändige *Geschichte der Hexenprozesse* von W. G. Soldan und Heinrich Heppe, deren 3. Auflage (1912) von Max Bauer, einem Redakteur des Berliner Tagblattes und Verfasser einer Reihe von kultur- und sittengeschichtlichen Werken, bearbeitet und heausgegeben wurde. Das 8. Kapitel behandelt das »Ketzerwesen«, das 10. Kapitel befaßt sich mit der »Teufelsbuhlschaft« und mit dem »Koitus der Dämonen mit den Weibern«, das 15. Kapitel mit den »Verbrechen der Hexerei«.

21 *Aschenbrödel* – Aus »Asche« und dem mittelhochdeutschen »brodelen«, »brodeln«; Bezeichnung für ein Mädchen, das niedrigste Küchendienste zu verrichten hat, nämlich Linsen aus der Asche zu lesen; »wenn es sich müde gearbeitet hatte, kam es in kein Bett, sondern mußte sich neben dem Herd in die Asche legen. Und weil es darum immer staubig und schmutzig aussah, nannten sie es Aschenputtel« (zit. nach: Brüder Grimm, *Kinder- und Hausmärchen*, Nr. 21: *Aschenputtel*, Stuttgart 1980, Band 1, S. 137.)

24 *der verlorene Sohn* – Nach dem *Gleichnis vom verlorenen Sohn* bei Lukas 15, 11-32.

30 *Auch ich war ein Jüngling mit lockigem Haar* – Zit. nach: *Der Waffenschmied* nach Albert Lortzing (1801-1851); der Text der »komischen Oper in drei Akten und fünf Bildern«, die 1846 uraufgeführt wurde, war von Lortzing nach dem Lustspiel *Liebhaber und Nebenbuhler in einer Person* von Friedrich Wilhelm Ziegler (1759-1827) verfaßt worden.

31 *Ich schlürfe durch die Lüfte* – Paraphrase zu Salomos *Hohes-*

lied 2,8: »Siehe, da kommt er, springend über die Berge, hüpfend über die Hügel.«

32 *Kamel [. . .] durchs Nadelöhr* – Nach Matthäus 19.24: »Es ist leichter, daß ein Kamel durch ein Nadelöhr geht als ein Reicher in das Himmelreich«; auch bei Markus 10,25 und Lukas 18,25. Siehe auch *Jugend ohne Gott* 13,51.

40 *Kanari* – In Österreich umgangssprachlich für: Kanarienvogel.

41 *Glotzt doch nicht so dämlich* – Paraphrase zu Brechts »Glotzt nicht so romantisch!« in seinem Stück *Trommeln in der Nacht*, das am 22. 9. 1922 an den Münchner Kammerspielen uraufgeführt wurde.

43 *Mich friert* – Vgl. hierzu in Horváths letztem Roman *Ein Kind unserer Zeit* den Satz: »›Es ist kalt‹, das bleibt meine erste Erinnerung« (Bd. 14, S. 13, 110, 126) als Beleg für den auf S. 284 zitierten Hinweis Dieter Hildebrandts. – Vgl. zu dem Motiv ›Kälte als Schuld‹ (Franz Werfel) auch Wolfgang Heinz Schober, *Die Jugendproblematik in Horváths Romanen*, in: K. Bartsch, U. Baur, D. Goltschnigg (Hg.), *Horváth-Diskussion*, Kronberg/Taunus 1976, S. 124-137, bes. S. 135; Jürgen Schröder, *Das Spätwerk Ödön von Horváths*, in: Traugott Krischke (Hg.), *Ödön von Horváth*, Frankfurt/Main 1981, S. 125-155, bes. S. 141 ff. – Siehe auch Bd. 13, Erläuterung zu S. 32.

Revolte auf Côte 3018 und *Die Bergbahn*

46/90 *Hochgebirge* – Der konkrete Schauplatz von Horváths Volksstück ist das von Obermoos in Tirol zur Zugspitze (2963m) ansteigende Gebiet.

Dialekt – Siehe dazu das *Interview mit Ödön von Horváth. Fassungen und Lesarten*, in: Traugott Krischke (Hg.), *Materialien zu Ödön von Horváths »Glaube Liebe Hoffnung«*,

Frankfurt/Main 1973, S. 7-32, bes. S. 13 f., 20 u. 29; sowie Ödön von Horváths *Gebrauchsanweisung. Fassungen und Lesarten*, in: Traugott Krischke (Hg.), *Materialien zu Ödön von Horváths »Kasimir und Karoline«*, Frankfurt/Main 1973, S. 99-117, bes. S. 105 f.

47/– *Côte* – Nach dem frz. côte für: Ansteigung bzw. Abhang; hier eine Höhenmarkierung während des Bergbahnbaues.

47/91 *Bergbahnbau* – Im Mai 1925 wurde in Ehrwald (Tirol) mit dem Bau einer Seilschwebebahn zur Zugspitze begonnen, die am 5. 7. 1926 eingeweiht und als eine der kühnsten Bahnanlagen der Welt bezeichnet wurde. Ausgehend von der Talstation Obermoos (1225 m) überwand die Tiroler Zugspitzbahn bei 3362 m Länge in 16 Minuten einen Höhenunterschied von 1580 m bis zur Bergstation am Zugspitzkamm (2805 m). Das 48 mm starke Tragseil lief über 6 Eisenbetontürme von 12 bis 32 m Höhe. In jeder der 3 Kabinen waren 19 Stehplätze, der Fahrpreis betrug 10, mit Talfahrt 16 Schillinge bzw. 6 und 10 Mark.

49/– *Linz* – Linz an der Donau, Landeshauptstadt von Oberösterreich; damals ca. 70 000 Einw.

50/93 *Stettin* – Damalige, an der Oder gelegene Hauptstadt der preußischen Provinz Pommern, 236 000 Einw.

51/94 *Warnemünde* – Ehem. Ostseebad in Mecklenburg-Schwerin, 6400 Einw.; heute ein Stadtteil von Rostock.

mein goldenes Zeitalter – Nach Hesiod (8. od. 7. Jhd. v. Chr.) war »das goldene Zeitalter« das des Kronos (im lat. Sprachbereich mit Saturnus gleichgesetzt, daher »Saturnia regna«). Die Menschen lebten ohne Krankheit, Kampf und Arbeit; da es keine Verbrechen gab, waren auch keine Gesetze nötig. Der Herrschaftsantritt von Zeus beendete das »Goldene Zeitalter«.

kriegsgefangen in der Mongolei – Hinweis auf die Teilnahme an der Niederschlagung des Boxeraufstandes in China. Am 20. 6. 1900 war der deutsche Gesandte in China, Klemens Freiherr von Ketteler (1853-1900), in Peking auf offener Straße ermordet worden. Am 27. 7. 1900 wurden unter dem Kommando des Chefs des Generalstabs, Alfred Graf von Waldersee (1832-1904), deutsche Truppen nach China entsandt. Die Aktion, die dem deutschen Generalstab vor allem Gelegenheit zur Erprobung der Zusammenarbeit von Heer und Marine gab und dazu diente, die Ausrüstung zu testen, kostete insgesamt 152 Millionen Mark. Siehe auch *Sladek* 2,164 u. 173.

51/95 *Sphinx* – Gestalt aus der griech. Mythologie: ein geflügelter Löwe mit dem Kopf einer Frau. Vor den Toren Thebens sitzend, gab die Sphinx den Vorübergehenden Rätsel auf; wer sie nicht lösen konnte, wurde von ihr verschlungen. Hier, wie oft bei Horváth, im übertragenen Sinn für das schwer zu enträtselnde Wesen der Frau. Vgl. hierzu u. a. *Geschichten aus dem Wiener Wald* (Band 4) und *Der ewige Spießer* (Band 12).

52/95 *Dichter* – Anspielung auf Friedrich Schiller (1759-1805) und seine Ballade *Die Kraniche des Ibykus* (1797), in der es heißt: »Wie weit er auch die Stimme schickt,/Nichts Lebendes wird hier erblickt.«

onduliert – Vom frz. onde (dt.: Welle) abgeleitet; mit einem Brenneisen die Haare wellen, 1872 durch den Pariser Friseur François Marcel eingeführt.

52/96 *Fetzn* – In Österreich gebräuchlicher Ausdruck für ein minderwertiges Mädchen, Prostituierte.

53/97 *sakrisch* – Mundartl. für: verdammt, verflucht.

56/98 *Wampn* – In der österr. Umgangssprache: dicker Bauch.

goldene Kalb – Nach Exodus 32,4 das aus Gold gegossene Standbild eines Kalbes als Sinnbild für Reichtum.

Brotzeit – In der süddeutschen Umgangssprache Begriff für eine Zwischenmahlzeit, meist am Vormittag.

bal – Bayerische Mundart für: sobald, wann, wenn.

56/99 *Lefzn* – Eigentlich die Lippe bei Tieren; abwertend auch für den Mund eines (unsympathischen) Menschen.

Schmarrn – Im bayerischen und österreichischen Raum eine Mehlspeise; in der Umgangssprache dieser Gegend auch für: wertloses Zeug.

57/99 *Zawalier* – Wörtliche Aussprache der veralteten Schreibweise Cavalier; Bezeichnung eines Frauenhelden (urspr.: ritterlicher Mann bzw. Weltmann).

58/100 *schnupfn* – Das Aufziehen des aus zerstampften Tabakblättern gewonnenen Pulvers.

59/101 *ohne Schmalz* – Mundartlicher Ausdruck für: ohne Kraft.

60/102 *Pfaffenhofen* – Ehem. Bezirksstadt in Oberbayern mit damals 4500 Einw., heute Kreisstadt.

Odlgrubn – Eigentlich Adel, mundartlich in Bayern und Teilen Österreichs auch Odel für: Mistjauche.

60/103 *kapitalistische Produktionsweise* – Begriff aus der Wirtschaftslehre des Marxismus. Die kapitalistische Produktionsweise beruht auf der Ausbeutung des Arbeiters in der Aneignung unterbezahlter Arbeit. Da der Lohnarbeiter in der kapitalistischen Wirtschaft keinerlei Eigentum an Produktionsmitteln besitzt, muß er dem Eigentümer der Produktionsmittel (Kapitalist) seine Arbeitskraft als Ware zu einem Wert verkaufen, der geringer ist als der Wert des Arbeitsergebnisses.

61/103 *Anarchie herrscht* – Für Horváth typische Redewendung, die belegt, daß *Dialekt als Charaktereigenschaft der Umwelt, des Individuums* (S. 48/92) zu interpretieren ist. Vom griech. ánarchos (d. i. führerlos) als Begriff für Herrschafts- und Gesetzeslosigkeit und politisches Chaos. Von einer »Anarchie der kapitalistischen Produktionsweise« als Ursache für Krisenzeiten, die jedem wirtschaftlichen Aufschwung folgen, war auch im Programm der SPD vom 18. 9. 1925 die Rede, auf das sich Horváth hier vermutlich bezieht.

Befreiung der Arbeiterklasse – Vgl. das *Manifest der Kommunistischen Partei* (1848) von Karl Marx (1818-1883) und Friedrich Engels (1820-1895), das die »Geschichte aller bisherigen Gesellschaft« als »die Geschichte von Klassenkämpfen« darstellt. Nach Engels (*Vorrede* zur deutschen Ausgabe des *Manifests*, 1883) hatte der Klassenkampf ein Stadium erreicht, »wo die ausgebeutete und unterdrückte Klasse (das Proletariat) sich nicht mehr von der sie ausbeutenden und unterdrückenden Klasse (der Bourgeoisie) befreien kann, ohne zugleich die ganze Gesellschaft für immer von Ausbeutung, Unterdrückung und Klassenkämpfen zu befreien«. (Wolfgang J. Helbich in: *Kindlers Literatur Lexikon*. München: dtv 1974, S. 5982.)

letztn Wahl – Die Reichstagswahlen vom 7. 12. 1924 brachten vor allem den Kommunisten und den Nationalsozialisten Stimmverluste: Die KPD verlor 17, die Nationalsozialisten verloren 18 Sitze. Die SPD gewann 31 Sitze, DNVP und DVP gewannen je 7 Sitze, Zentrum und DDP je 4 Sitze. Die Stimmenanteile: SPD 26%, DNVP 20,5%, Zentrum 13,6%, DVP 10,1%, KPD 9%, DDP 6,3%, BVP 3,7%, die Nationalsozialisten 3%.

Kränz – Begriff beim Kegeln, bei dem möglichst viele der

insgesamt neun Kegel mit der Holzkugel auf einen Wurf (auch: Schub) zu treffen sind. Einen »Kranz schieben« bedeutet, nur die um den mittleren (König) stehenden Kegel zu treffen.

–/108 *Reith* – Gemeinde mit 700 Einw. bei Seefeld in Tirol, über dem Inntal gelegen.

–/110 *Es pressiert* – In Süddeutschland, Österreich und in der Schweiz umgangssprachlich für: es ist eilig.

66/110 *Kasemattn* – Urspr. ein Schutzraum in Festungen, später für jeden gepanzerten Geschützstand.

67/112 *Schellensolo* – Begriff aus dem Tarockspiel: ein Spieler tritt mit allen »Schellen« (d. i. eine Kartenfarbe) gegen die beiden anderen Spieler an.

68/112 *läufigs* – Aus der Tierwelt entlehnter Begriff für: Lust haben, brünstig, geil.

68/113 *Taler* – Die Silbermünze, als »Reichstaler« von 1566 bis ca. 1750 die amtliche Währungsmünze, wurde 1908 durch das Dreimarkstück ersetzt; umgangssprachlich allgemeiner Begriff für ein Zahlungsmittel.

Hotel mit Bad und Billard – Die Bergstation der Zugspitzbahn befindet sich in 2805 m Höhe, 160 m unter dem Zugspitzgipfel. Im Gelände der Bergstation wurde 1927 das in den Fels gesprengte Berghotel eröffnet.

Moskowiter – Veralteter Begriff für die Einwohner Moskaus; verallgemeinernd auch gebraucht für: typisch russisch.

69/– *Saxendi* – Fluch in bayer. Mundart; abgeleitet von Sakrament, Sakradi; mit Betonung auf der letzten Silbe.

69/113 *Überall Sport* – Vgl. hierzu über den *Sport in den ›Goldenen Zwanzigern‹*: »Zum erstenmal drang der Sport über den Bezirk seiner Amateure, seiner Profis und seiner Enthusiasten hinaus. Zum erstenmal wurde er ins gesellschaftliche Leben einbezogen, wo bisher allenfalls Künstler zugelassen worden waren. Zum erstenmal begannen sich Schriftsteller, Maler, Bildhauer, ja, Musiker für den Sport zu interessieren und ihn gar zum Gegenstand ihrer Werke zu machen.« (George F. Salmony, zit. nach: Uwe Baur, *Sport und Literatur in den Zwanziger Jahren. Horváths ›Sportmärchen‹ und die Münchner Nonsense-Dichtung*, in: K. Bartsch, Uwe Baur, D. Goltschnigg [Hg.], *Horváth-Diskussion*, Kronberg/Ts. 1976, S. 138-156; vgl. auch die erweiterte Neufassung: *Horváth und die Sportbewegung in den Zwanzigerjahren. Seine ›Sportmärchen‹ im Kontext der Münchner Nonsense-Dichtung*, in: Horváth Blätter 2 [1984, S. 75-97].)

70/115 *bis dato* – Aus der Kaufmannssprache: bis heute.

71/116 *piepe* – Berliner Ausdruck für: egal.

72/117 *Ditto!* – Recte: *dito!* Ebenso; nach dem lat. Wort für: besagt; in Bayern und Österreich auch nach dem ital.: detto, was Horváths Schreibweise erklärt.

Patent – Durch Gesetz geregeltes Recht, das dem Erfinder die alleinige gewerbsmäßige Nutzung sichert. 1877 wurde das Reichs-Patentamt eingerichtet, das im »Patentblatt« Erfindungen, Gebrauchsmuster etc. regelmäßig veröffentlichte.

Konzession – Erlaubnis zur Herstellung aufgrund eines Patenterwerbs. Die Seilschwebebahn auf die Zugspitze wurde »nach dem System Bleichert-Zuegg« erbaut.

Schwefel schneien – Nach Genesis 19,24 »ließ der Herr auf Sodom und Gomorra Schwefel und Feuer vom Himmel herab regnen«.

75/121 *Samariter* – Nach der Gestalt des Samariters bei Lukas 10,25-37 nannten sich Vereine, die ihre Mitglieder in Erster Hilfe und Krankenpflege ausbildeten, »Samariter«; so gab es auch einen weitverzweigten »Arbeiter-Samariter-Bund«.

77/123 *Litanei* – In der christlichen Liturgie eingeführtes Wechselgebet (Gespräch oder Gesänge) zwischen einem Vorbeter und der Gemeinde.

83/118 *Hotel Adlon* – 1907 erbaut, war das Hotel Adlon in Berlin, Unter den Linden 1, in der Weimarer Republik besonders populär, weil Gustav Stresemann (1878-1929; 1923 Reichskanzler und bis 1929 Reichsaußenminister) hier seinen Tee zu nehmen pflegte und viele prominente Künstler und Schriftsteller im Hotel Adlon Stammgäste waren.

Zur schönen Aussicht

137 *um die Ecke-bestraft* – Nach der Redewendung »jemanden um die Ecke bringen«, aus dem Weg räumen, heimlich umbringen.

Spiritismus – Glaube an die Möglichkeit eines Kontaktes mit den Seelen Verstorbener; ein bei Horváth häufig wiederkehrendes Motiv. – Vgl. *Die Unbekannte aus der Seine* (Band 7), *Mit dem Kopf durch die Wand* (Band 7); siehe auch *Jugend ohne Gott* 13,85 und die Erläuterung auf S. 172.

Menuett – Französischer Tanz im ¾ Takt, am Hof Ludwigs XIV. (1638-1715) eingeführt.

Bonvivant – Aus dem Französischen für »Lebemann«; später auch ein Rollenfach, bes. mit dem Aufkommen des Films.

Jupiterlampen – Nach der Berliner Firma »Jupiterlicht« benannte, sehr starke, mobile Lampen für Filmaufnahmen. – Vgl. *Rund um den Kongreß* S. 231.

140 *Pinke, Pinke* – Der Gaunersprache entlehntes Wort für: Geld.

Erdachse – Die Erde dreht sich von West nach Ost in 24 Stunden einmal um die eigene Achse; diese steht jedoch nicht senkrecht auf der Erdbahn, sondern ist um 66° 33′ gegen sie geneigt. Dieser Neigungswinkel verändert sich selbst in geologischen Zeiträumen nur um einige Grad; das könnte zu klimatischen Veränderungen führen.

Astrologie – Lehre von dem Einfluß der Gestirne auf das Leben des Menschen; ein bei Horváth häufig wiederkehrendes Motiv. – Vgl. z. B. *Sladek* 2,79, *Italienische Nacht* 3,34 u. 95, *Geschichten aus dem Wiener Wald* (Band 4), *Kasimir und Karoline* (Band 5) und *Der jüngste Tag* (Band 10).

142 *Kuratel* – Veralteter Begriff für Vormundschaft; *unter Kuratel* bedeutet bevormundet werden.

144 *Hebräer* – Semitisches Volk, das, aus Palästina kommend, sich den Israeliten anschloß. Vgl. 1. Samuel 14,21: »Auch die Hebräer, die seit langem zu den Philistern hielten und mit ihnen ins Lager gekommen waren, schwenkten ab, um sich den Israeliten unter Saul und Jonathan anzuschließen.« Seit dem 19. Jh. abwertend für: Juden.

145 *Ben Hur* – Titelfigur des 1880 in New York erschienenen historischen Romans *Ben Hur. A Tale of Christ* von Lew (Lewis) Wallace (1827-1905), der durch die spannenden Beschreibungen von Seeschlachten und Wagenrennen zu einem der meistgelesenen Bücher wurde. 1910 wurde *Ben Hur* unter der Regie von Sidney Olcott zum ersten Mal verfilmt; die 1925 von Fred Niblo bei Metro-Goldwyn-Mayer (1924 gegründet) inszenierte Version mit einem zehn Minuten dauernden Wagenrennen wurde mit einem Kostenaufwand von vier Millionen Dollar zum teuersten Film der Stummfilmzeit.

Paneuropa – Von Richard Nikolaus von Coudenhove-Kalergi (1894-1972) 1923 in Wien gegründete Bewegung (Paneuropa Union) eines vereinigten Europas ohne nationale, wirtschaftliche und strategische Grenzen, Ideen, die er im selben Jahr schon in der Schrift *Pan-Europa* umrissen hatte. Am 3. 10. 1926 trafen sich, unter dem Vorsitz des deutschen Reichspräsidenten Paul Löbe (1875-1967), Vertreter von 28 europäischen Staaten zum 1. Paneuropa-Kongreß in Wien. – Vgl. auch *Der ewige Spießer* (Band 12) und die entsprechenden Erläuterungen.

146 *Kind im Manne* – In Friedrich Nietzsches (1844-1900) *Also sprach Zarathustra* (1883/84) heißt es im Kapitel »Von alten und jungen Weiblein«: »Im echten Manne ist ein Kind versteckt: das will spielen/Auf, ihr Frauen, so entdeckt mir doch das Kind im Manne!« Christian Morgenstern (1871-1914) widmete seine *Galgenlieder* (1905; zusammen mit *Palmström*, 1910, *Palma Kunkel*, 1916, und *Der Gingganz*, 1919) »dem Kind im Manne«.

147 *die Welt [. . .] will belogen sein* – Nach dem lat. »Mundus vult decipi« (dt.: Die Welt will betrogen sein). Vgl. hierzu Sebastian Franck (1499-1542) *Paradoxa ducenta octoginta* (1534 bzw. 1542), wo es heißt: »Die Welt will betrogen und belogen sein« (Nr. 236 bzw. 247).

149 *Grammophon* – Von Emil Berliner (1851-1929) im Jahre 1887 erfundener Apparat zur Tonwiedergabe, der den Phonographen (1877) von Thomas Alva Edison (1847-1931) verbesserte und als Vorläufer des heutigen Plattenspielers gilt.

153 *Exposition* – Der einführende Teil eines Dramas, in dem durch die Vorstellung der Charaktere die Voraussetzung für das Verständnis der Handlung geschaffen wird.

154 *abgebaut* – Von Horváth häufig verwendete Bezeichnung für »durch Abbau von Arbeitskräften« arbeitslos gewordene

Angestellte. – Vgl. *Kasimir und Karoline* (Band 5), *Glaube Liebe Hoffnung* (Band 6) u. a.

liebe Gott – Über die religiöse Metaphorik bei Horváth vgl. u. a. Dieter Hildebrandt, *Liebe, Tod und Kapital* (1970), in: Traugott Krischke (Hg.), *Materialien zu Ödön von Horváth*, Frankfurt/Main 1970, S. 161-179, bes. S. 167 f.; Axel Fritz, *Ödön von Horváth als Kritiker seiner Zeit*, München 1973, bes. S. 146 ff.; Dorota Cyron-Hawryluk, *Zeitgenössische Problematik in den Dramen Ödön von Horvaths*, Wrocław 1974, S. 57 ff.

156 *Mandrill* – Westafrikanische Pavianart.

157 *Gassenhauer* – Urspr. für Nachtschwärmer und deren Lieder und Tänze; später für populäre Schlagermusik.

158 *Gretchen* – Die weibliche Hauptfigur in Goethes *Faust*: blonde Zöpfe, blaue Augen, Inbegriff des unschuldigen deutschen »Mädel«-Typs. – Vgl. auch *Italienische Nacht* 3,181 f.

160 *große Zeiten* – Wilhelm II. (1859-1941; Deutscher Kaiser und König von Preußen 1888-1918) hatte am 24. 2. 1892 in einer Rede erklärt: ». . . zu Großem sind wir noch bestimmt, und herrlichen Tagen [Zeiten] führe ich euch noch entgegen.«

Volk in Waffen – Flavius Josephus (ca. 37-ca. 100 n. Chr.) prägte in seiner Autobiographie *Vita* (5, § 22) den Begriff, den auch Fürst Wenzel Anton von Kaunitz (1711-1794) gegenüber Joseph II. (1741-1790; Deutscher Kaiser seit 1765) verwendete (»Ein ganzes Volk in Waffen ist an Majestät dem Kaiser ebenbürtig«); auch Wilhelm I. von Preußen (1797-1888; Deutscher Kaiser seit 1871 und König von Preußen seit 1861) sagte in seiner Thronrede am 12. 1. 1860, die preußische Armee werde »auch in Zukunft das preußische Volk in Waffen sein«.

161 *Mit dem Willen [. . .]* – Im Buch Job (9,5) ist von Gott, »der Berge versetzt« die Rede; auch der Apostel Paulus schreibt im 1. Brief an die Korinther (13,2) vom Glauben, der Berge versetzt. Vgl. auch Matthäus (17,20): »Wenn ihr Glauben habt, wie ein Senfkorn, so werdet ihr zu diesem Berg sagen: Geh von da weg dorthin! und er wird weggehen und nichts wird euch unmöglich sein.« Hier vermengt mit Friedrich Nietzsches (1844-1900) »Willen zur Tat« (beeinflußt durch Friedrich Schopenhauers *Die Welt als Wille und Vorstellung*) und Nietzsches *Der Wille zur Macht* (1886).

162 *Cäsar* – Gaius Iulius Caesar (13.7.100 - 15.3.44 v. Chr.), röm. Feldherr und Staatsmann.

Nero – Claudius Drusus Germanicus Caesar (37-9. 6. 68), röm. Kaiser (seit 54).

Quo vadis? – Der Legende nach richtete der aus Rom fliehende Petrus auf der Via Appia an Christus die Frage »Domine, quo vadis?« (dt.: Herr, wohin gehst du?). Der polnische Autor Henryk Sienkiewicz (1866-1916) wählte die Frage als Titel für seinen, zur Zeit Kaiser Neros spielenden, historischen Roman, der die Christenverfolgungen und den Brand Roms behandelte. Seit Erscheinen (1895/96) zählt der in 30 Sprachen übersetzte Roman (dt. Erstausgabe 1899) zu den meistgelesenen Büchern der Welt. 1911 wurde *Quo vadis?* unter der Regie von Arthuro Ambrosio zum ersten Mal verfilmt. In der dritten Filmversion, die mit ungeheurem Aufwand 1923 erfolgte, spielte Emil Jannings (1884-1950) den Nero. Regie führte Georg Jacoby (1882-1964) gemeinsam mit Gabriellino d'Annuncio. Es war einer der ersten Monumentalfilme der Filmgeschichte.

163 *Die Würfel sind gefallen* – Eigentl. »Der Würfel ist gefallen«; nach Plutarch (um 46-120 n. Chr.) und Sueton (70-140 n. Chr.) Ausspruch (»Iacta alea est«) des röm. Feldherrn Caesar (100-44 v. Chr.), als er den Entschluß faßte, den

Rubikon (49 v. Chr.) zu überschreiten; es bedeutete dies den Beginn eines neuen Bürgerkrieges.

164 *Kreuzige mich!* – Nach den von den Evangelisten Markus 15,13, Lukas 23,21 und Johannes 19,6 überlieferten Zurufen, während Jesus vor Pilatus stand: »Kreuzige ihn!«.

bunter Rock – Nach Genesis 37,3 ließ Israel für den 17jährigen Joseph, den er »mehr als seine anderen Söhne« liebte, einen »bunten Rock« (in späteren Übersetzungen: »Ärmelkleid«) anfertigen. Dieser »bunte Rock« zeichnete Joseph gegenüber allen anderen Söhnen Israels aus, wie – in übertragenem Sinn – der bunte Rock, der später zum »grauen Rock« wurde, den Soldaten.

165 *Fähnrich* – Im Mittelalter der die Fahne tragende Soldat; später (bis 1807) war es die Bezeichnung für den jüngsten Offizier der Kompanie, ab 1920 für den Offiziersanwärter.

Pazifist – Unter Bezug auf Immanuel Kants (1724-1804) Alterswerk *Zum ewigen Frieden* (1795) organisierten sich lokale Friedensgesellschaften in den USA (1815), England (ab 1816) und in Genf (1834). Bertha von Suttner (1843-1914; *Die Waffen nieder!* 1889) gründete 1891 in Wien die »Österreichische Friedensgesellschaft«, Alfred H. Fried (1864-1921) 1892 in Berlin die »Deutsche Friedensgesellschaft«. Die Haager Friedenskonferenzen (1900 und 1907) und nach dem 1. Weltkrieg die Gründung des Völkerbunds (1920) standen unter dem Einfluß der Pazifisten. 1926 gründete der Schriftsteller Kurt Hiller (1885-1972) die »Gruppe revolutionärer Pazifisten«; darauf spielt Horváth hier vermutlich an.

Militarismus – Urspr. von den politischen Gegnern Napoleons III. (1852-1870) polemisch verwendeter Ausdruck zur Charakterisierung einer Denkweise, in der militärische Aspekte und Verhalten überwiegen. Vgl. den Ausspruch von Honoré Gabriel de Riqueti, Graf von Mirabeau (1749-1791):

»Preußen ist kein Staat, der eine Armee hat, sondern eine Armee, die einen Staat hat.« (1786)

Weisheit, die schweigt – Nach dem lat. »O si tacuisses, philosophus mansisses«, das dem Buch *De consolatione philosophiae* (dt.: *Vom Trost der Philosophie*) von Anicius Manlius Severinus Boëthius (470-524) entnommen ist. – Vgl. auch im Buch Job 13,5: »O daß ihr endlich schweigen wolltet; das wäre an euch ein Zeichen der Weisheit« und im Buch der Sprüche 17,28: »Auch ein Tor kann, wenn er schweigt, als weise gelten, und als verständig, wenn er seine Lippen schließt.«

167 *Die Treue [. . .]* – Nach Friedrich Schillers (1759-1805) Ballade *Die Bürgschaft* (1798): »Die Treue, sie ist doch kein leerer Wahn.«

Vor uns die Sündflut! – Abwandlung des Ausspruchs der Marquise de Pompadour (Jeanne Antoinette Poisson, 1721-1764) »Après nous le déluge!« (dt.: Nach uns die Sintflut!) nach der Schlacht von Roßbach (am 5. 11. 1757), in der Friedrich der Große (Friedrich II., 1712-1786, König seit 1740) die Franzosen besiegte.

168 *tremoliert* – Zitternd, bebend; nach dem ital. tremolando in der Musiksprache.

169 *Das Leben ein Traum* – Deutscher Titel des dreiaktigen Versdramas *La vida es sueño* (1634/35) von Pedro Calderón de la Barca (1600-1681).

Stenotypistin – Christine als Prototyp der »Angestellten«, des *Produkt[es] aus allen Degradierungen* (Horváth, *Der Mittelstand*, Band 15). Vgl. hierzu auch Siegfried Kracauer, *Die Angestellten*, Frankfurt/Main 1971.

170 *Syphilis* – Geschlechtskrankheit, deren Erreger 1905 durch

Fritz Schaudinn (1871-1906) entdeckt wurde. In der Sitzung des Preußischen Landtages am 24. 3. 1926 wurden folgende Zahlen genannt: »In Berlin 80% aller Männer geschlechtskrank, 43% der Fünfzigjährigen syphilitisch, 45% aller Totgeburten durch Syphilis der Eltern verursacht. Die Zahl der Erkrankten in ganz Deutschland schätzt man auf mindestens 6 Millionen, wobei die östlichen Provinzen das stärkste Kontingent stellen.« (Zit. nach: Dr. Paul Englisch, *Sittengeschichte Europas*, Berlin 1931, S. 429.)

Berufstätige Frauen – Von 1919 an erhöhte sich in allen Ländern Europas die Zahl der erwerbstätigen Frauen ständig. In den Jahren 1919-1921 stieg in Jugoslawien die Frauenbeschäftigung um 100%, in Belgien und Luxemburg um je 90%, in Österreich um 70% und in Deutschland um 60%. Bis 1925 war in Deutschland die Zahl der berufstätigen Frauen auf 11,5 Millionen angestiegen, 1,5 Millionen davon arbeiteten als Angestellte in Handel und Gewerbe.

Barett – Ende des 15. Jhs. eine mit Perlen, Edelsteinen und Federn geschmückte Kopfbedeckung für Männer und Frauen. Auch Kopfbedeckung zur Amtstracht von Geistlichen, Richtern etc.

Müßiggang ist aller Laster Anfang – Vgl. hierzu auch *Der ewige Spießer* (Band 12).

Ordnung fehlt! – Hinweis auf die frühere Zugehörigkeit Müllers zu einem der Freikorpsverbände, die sich nach der Novemberrevolution 1918 als sog. »Einwohnerwehren« in vielen Orten »zum Schutz der Ordnung und des Eigentums« gebildet hatten, tatsächlich aber militante Gruppen faschistischer Prägung waren. »Aufgrund ihrer militärischen Einsätze (zur Grenzverteidigung im Osten und gegen linke Aufstände), ihres Erscheinungsbildes und Auftretens weitgehend von der Gesellschaft isoliert, von der Arbeiterschaft gehaßt und von der Regierung beargwöhnt, fanden die Freikorps kein positives Verhältnis zum neuen Staat. Ihre drohende Auflösung nach dem Inkrafttreten des Versailler Vertrages (Reduzierung auf ein 100 000-Mann-Heer) empfanden sie als Undankbarkeit einer Republik, für deren Grenzsicherung und innenpolitische Ruhe sie sich eingesetzt hatten.« (Michael Gollbach, *Die Wiederkehr des Weltkrieges in der Literatur. Zu den Frontromanen der späten Zwanziger Jahre*, Kronberg/Ts. 1978, S. 27.) – Siehe auch Band 2,151 und 157 f., Band 3,167, und S. 202 dieses Bandes, sowie die Erläuterung hierzu auf S. 313 f.

171 *bei uns Sitte* – Vgl. Emanuels Schilderung über die Rettung aus der »Liaison mit Folgen« mit den Gesprächen zwischen Krach und Stunk in den Vorarbeiten zu *Kasimir und Karoline* (Band 5).

Übervölkerung – Punkt 3 des Parteiprogramms der NSDAP vom 25. 2. 1920 lautete: »Wir fordern Land und Boden (Kolonien) zur Ernährung unseres Volkes und Ansiedlung unseres Bevölkerungsüberschusses.« Ende 1926 erschien Hans Grimms (1875-1959) Roman *Volk ohne Raum*, in dem versucht wurde, die nationalsozialistische Forderung nach fremdem Raum für das deutsche Volk literarisch zu behandeln. – Siehe auch Band 13,161.

172 *Kolonien* – Siehe Band 3, 161 f. und 174.

174 *Albdrücken* – Recte: Alpdrücken; nach dem Volksglauben wandert die Seele des Menschen im Traum und ängstigt andere.

179 *Psychoanalytisch* – Hinweis auf Sigmund Freuds (1856-1939) Werk *Die Traumdeutung* (1900). Am 24. 11. 1925 erschienen Freuds *Kleine Beiträge zur Traumlehre*. – Vgl. auch die Erläuterungen in Band 3,175-178.

180 *Der absolute Hölderlin* – Anspielung auf den deutschen

Dichter Christian Friedrich Hölderlin (1770-1843), der die letzten 35 Jahre seines Lebens in geistiger Umnachtung zubrachte.

an den Tag gekommen – Nach der Ballade *Die Sonne bringt es an den Tag* von Adelbert von Chamisso (1781-1838); vgl. auch das Märchen *Die klare Sonne bringt's an den Tag* in den *Kinder- und Hausmärchen* der Gebrüder Grimm, Nr. 115 (Stuttgart 1980, Bd. 2, S. 148 f.).

181 *Chemnitz* – Hauptstadt der Kreishauptmannschaft Sachsen; 305 000 Einwohner; 1953 umbenannt in Karl-Marx-Stadt.

Auge der Wahrheit – Das ›Allsehende Auge‹ oder das ›Auge der Vorsehung‹ im Dreieck, umgeben von einem Strahlenkranz, ist in vielen Logen der Freimaurer über dem Stuhl des Meisters, des III. und höchsten Grades, angebracht. – In früheren Katechismen der katholischen Kirche war die Dreieinigkeit der drei göttlichen Personen (Vater, Sohn und Heiliger Geist) symbolisiert durch ein Dreieck, in dessen Mitte ein Kreis die göttliche Vollkommenheit darstellte; ein davon ausgehender Strahlenkranz ließ das Symbol einem menschlichen Auge ähnlich erscheinen. Bekannt war auch der Kinderreim: »Es ist ein Aug', das alles sieht, / Auch was in dunkler Nacht geschieht!« – Vgl. dazu auch *Jugend ohne Gott* (Bd. 13, 148).

182 *der inneren Stimme* – Nach Friedrich Schillers (1759-1805) *Hoffnung* (1797): »Und was die innere Stimme spricht,/ Das täuscht die hoffende Seele nicht.«

183 *Tabula publico! Coram rasa!* – Recte: *Tabula rasa! Coram publico!* Reinen Tisch machen! Vor aller Welt! Die Umkehrung ist charakteristisch für das »bildungssprachliche Pathos«, für Fremdwörter und Zitate als »Idiome des Bildungsjargons« bei Horváth (Winfried Nolting, *Der totale Jargon. Die dramatischen Beispiele Ödön von Horváths*,

bes. S. 118-135). – Siehe auch: Dietmar Goltschnigg, *Pauschalierungen, Euphemismen, Anekdoten, Witze und Metaphern als Formen der Sprachklischees in Horváths Dramen*, in: K. Bartsch u. a. (Hg.), *Horváth-Diskussion*, S. 55-66, und Horst Jarka, *Sprachliche Strukturelemente in Ödön von Horváths Volksstücken*, in: Colloquia Germanica 1973, 1, S. 317-339. Dem entsprechen auch die darauf folgenden Sätze Strassers und Emanuels in dieser Dialogpassage.

Tabarin – Häufig verwendeter Name für Nachtlokale nach dem bekannten Pariser Vorbild »Tabarin de Paris«.

184 *Bankert* – Abwertend für: uneheliches Kind.

186 *Verdun* – Stadt im Nordosten Frankreichs. Während des 1. Weltkriegs endete die längste, schwerste und verlustreichste Schlacht bei Verdun (21. 2.-9. 9. 1916) mit der Niederlage der Deutschen.

Inflation – Siehe Band 2,152 f.

St. Gallen – Kanton in der Schweiz mit der gleichnamigen Hauptstadt; damals 71 000 Einw.

volljährig – Die Volljährigkeit trat damals mit Vollendung des 21. Lebensjahres ein.

188 *Himalaya* – Das höchste Gebirge der Erde zwischen der nordindischen Hochebene und dem Hochland von Tibet; der höchste Gipfel ist der Mount Everest (8848 m).

Kalkutta – Größte Stadt Indiens (1,22 Mill. Einwohner); von 1772 bis 1911 Sitz der brit. ind. Regierung.

p. t. – Abkürzung für lat.: Praemisso titulo (dt.: unter Vorausschickung des Titels); auch: pleno titulo (dt.: mit vollem Titel).

191 *auf die Toilette bitten* – Umschreibung für die Aufforderung, eine Auseinandersetzung unter Ausschluß der Öffentlichkeit auszutragen.

Gottes Ebenbild – Nach Genesis 1,27: »So schuf Gott den Menschen nach seinem Abbild, nach Gottes Bild schuf er ihn, als Mann und Frau erschuf er sie.«

194 *respektive* – In Österreich noch gebräuchliche veraltete Form für: beziehungsweise.

195 *Wer weitergeht, wird erschossen.* – Tafeln und Schilder im Kriegsgebiet und während der Revolutionstage 1918/1919. – Vgl. auch *Don Juan kommt aus dem Krieg* (Band 9).

196 *räudig* – Eigentl. von Krätze befallen; hier übertragen für: krankhaft.

Rembrandt – Eigentl. Rembrandt Harmensz van Rijn (1606 bis 1669), holl. Maler und Radierer.

Inzest – Blutschande; der geschlechtliche Verkehr zwischen nahen Verwandten oder Verschwägerten.

gebenedeit – Nach dem lat. segnen, seligpreisen. Im katholischen *Ave Maria-Gebet* heißt es: »Du bist gebenedeit unter den Weibern.«

Guillotine – Das vom Konvent während der Französischen Revolution zur Vollstreckung der Todesstrafe eingeführte Fallbeil, benannt nach dem Arzt Josephe Ignace Guillotin (1738-1814).

Kloake – Gemeinsame Ausmündung für Darm, Harnblase und Keimdrüse bei Haien, Lurchen, Kriechtieren und sog. Kloakentieren.

197 *Patriarch* – Urspr. für einen Stammesvater des israel. Volkes (bes. Abraham, Isaak und Jakob); später auch der Amtstitel von Bischöfen und oberen Geistlichen der Ostkirche. Umgangssprachl. aber auch für einen Mann, der nach überlieferter Sitte der Stammesväter verfährt.

198 *Max* – Vgl. hierzu Annas Sätze in *Sladek* 2,35 und 124 f.

201 *Inkarnation* – Fleischwerdung; hier jedoch (im Zusammenhang mit dem Hinweis »ich bin nämlich Buddhist«) ist es die Reinkarnation, basierend auf dem Karman, dem Hauptglaubenssatz des Buddhismus, der besagt, daß das Schicksal des Menschen von seinen Taten und früheren Daseinsformen abhängt; entsprechend seinen Taten wird der Mensch als Mensch, Tier oder Pflanze wiedergeboren.

Buddhist – Der Buddhismus wurde von Siddhatta (auch: Siddharta; um 560-um 480 v. Chr.) als Religion in Benares verkündet. 1922 erschien die »indische Dichtung« *Siddharta* von Hermann Hesse (1877-1962), 1924 gründete der Arzt und Religionsforscher Paul Dahlke (1865-1928) in Berlin ein buddhistisches Heiligtum.

202 *neuen Deutschland* – Auf S. 308 wurde bereits auf die frühere Zugehörigkeit Müllers zu einem Freikorps hingewiesen. Müllers Bemerkung (ein *neues Deutschland* mit *Sinn für Ordnung und Zucht* hinter dem *Stirnchen* von Christine, dem *kleinen Blondkopf*) charakterisiert diese Figur als Angehörigen jener Gruppe, deren »Hoffnungen auf eine Neugestaltung des deutschen Staates« bitter enttäuscht wurden. Sie hatten »mehr oder weniger auf eigene Faust Ordnung zu schaffen gesucht«, aber »nachdem die Ordnung einigermaßen gesichert schien«, entledigte sich die Republik ihrer und löste (scheinbar) die Einheiten auf. (Zit. nach: Kurt Sontheimer, *Antidemokratisches Denken in der Weimarer Republik. Die politischen Ideen des deutschen Nationalismus zwischen 1918 und 1933*, München [2]1983, S. 31 f.) Als »ein-

flußreiche Schriften« führt Sontheimer an: Othmar Spann, *Der wahre Staat. Vorlesungen über Abbruch und Neubau der Gesellschaft* (1921), Arthur Moeller van den Bruck, *Das Dritte Reich* (1923), Oswald Spengler, *Neubau des Deutschen Reiches* (1924), Paul Krannhals, *Das organische Weltbild. Grundlagen einer neuerstehenden deutschen Kultur* (1925), Carl Schmitt, *Der Begriff des Politischen* (1927), und Edgar Jung, *Die Herrschaft des Minderwertigen. Ihr Zerfall und ihre Ablösung* (1927). Edgar Jungs Absicht war, »den neuen deutschen Menschen, der aus dem wiedererwachenden Seelentum erstehen wird [. . .] in seiner gesamten geistig-seelischen Zuständlichkeit dem deutschen Volke« zu zeigen und »das erwachende Seelentum ins Bewußtsein zu überführen«. Noch 1932 hieß es in Walther Schottes, *Der Neue Staat*: »Darum rufen wir nach dem neuen Staat, der ein starker Staat sein muß, frei von Interessen, gerecht in sich, unabhängig von den Parteien.« (S. 25; zit. nach: Sontheimer, S. 161.)

Schwamm drüber! – Nach der Operette *Der Bettelstudent* (1882) von Karl Millöcker (1842-1899) und dem Libretto von F. Zell (d. i. Camillo Walzel, 1829-1895) und Richard Genée (1824-1895) nach Sir Edward George Bulwers (1803 bis 1873; seit 1843 Lord Bulwer-Lytton of Knebworth) Lustspiel *The Lady of Lyons* (dt.: *Das Mädchen von Lyon*, 1838).

Blondkopf – Siehe *Italienische Nacht* 3,181.

203 *nicht standesgemäß* – Die Gesellschaft unterschied zwischen verschiedenen Ständen, durch gemeinsame Art und gemeinsame Interessen verbundene Gruppen. So gab es ursprünglich die Erbstände (Adel, Freie), Berufs-Stände (Klerus, Herren, Ritter, Bauern). »Nicht standesgemäß« bedeutet, daß ein Freiherr infolge der Eheschließung mit einer »Bürgerlichen« (3. Stand) oder einer »Arbeiterin« (4. Stand) keinen Umgang mehr mit den Angehörgen seines Standes (zu der »anständigen Gesellschaft« der Adeligen) haben kann.

204 *im finsteren Mittelalter* – Horváth umreißt damit die Wandlung des durch die christliche Lehre geprägten Frauenbildes vom Mittelalter bis in die Neuzeit. Vgl. Eduard von Hartmann (1842-1906): »Im ganzen christlichen Mittelalter gilt das Weib als Inbegriff aller Laster, Schlechtigkeiten und Sünden, als Fluch und das Verderben des Mannes, als der teuflische Fallstrick auf dem Pfade der Tugend und Heiligkeit.« (Zit. nach: Karlheinz Deschner, *Das Kreuz mit der Kirche. Eine Sexualgeschichte des Christentums*, München ^{2}1977, S. 210.)

im Weibe den Menschen – Horváth nimmt Bezug auf Aktivitäten der Frauenbewegung. Erst die Weimarer Verfassung von 1919 sprach in Artikel 119 von »der Gleichberechtigung der Geschlechter«, auf der die Ehe beruhe. Vgl. auch die 1910 in der 50. Auflage erschienene kulturkritische Untersuchung von August Bebel (1840-1913), *Die Frau und der Sozialismus* (1879), in der anhand von Quellen und Forschungsergebnissen die jahrhundertelange Unterdrückung der Frau dargelegt wurde.

205 *Verlust der bürgerlichen Ehrenrechte* – Die bürgerl. Ehrenrechte sind vor allem das Wahlrecht und das Recht, öffentliche Ämter zu bekleiden. Die Ehrenrechte können auf Grund einer Straftat befristet oder auch für immer aberkannt werden.

207 *bürgerlichen Gesetzbuche* – Mit der Erstellung eines das Privatrecht regelnden Gesetzbuches war ab 1881 eine Kommission, bestehend aus 11 Juristen, befaßt, die 1887 einen ersten Entwurf und 1895 eine revidierte zweite Fassung dem Bundesrat vorlegte, die 1896 an den Reichstag weitergeleitet wurde. *Das Bürgerliche Gesetzbuch* (BGB) wurde am 18. 8. 1896 verkündet und am 1. 1. 1900 in Kraft gesetzt. Schon das »Einführungsgesetz zum Bürgerlichen Gesetzbuche« vom 18. 8. 1896 regelte mit Art. 21: »Die Unterhaltspflicht des Vaters gegenüber dem unehelichen Kinde und seine Ver-

pflichtung, der Mutter die Kosten der Schwangerschaft, der Entbindung und des Unterhalts zu ersetzen.«

Wo nichts ist – Zurückgehend auf den bei Matthäus 22,21 überlieferten Satz Jesu: »Gebt also dem Kaiser, was des Kaisers ist und Gott, was Gottes ist«. Vgl. auch Max Weber (1864-1920), *Politik als Beruf* (1919): »Wo nichts ist, da hat nicht nur der Kaiser, sondern auch der Proletarier sein Recht verloren.«

Rund um den Kongreß

211 *Schminke* – Ein bei Horváth mehrfach auftretender Name (außer hier in *Sladek*, Band 2, in den Vorarbeiten zu *Geschichten aus dem Wiener Wald*, Band 4, und in *Ein Fräulein wird verkauft*, Band 15). Dieter Hildebrandt sieht im Vorbild zu Schminke den ›kommunistischen Stadtarzt von Neukölln, Dr. Schmincke‹ (siehe Bd. 2,172). – Denkbar wäre auch, daß dieser Name bei Horváth eine Abwandlung der klassischen Figur des jüdischen Journalisten Schmock aus Gustav Freytags (1816-1895) Lustspiel in vier Akten *Die Journalisten* (1852) darstellt, dessen oft zitierter Satz: »Ich habe bei dem Blumenberg gelernt, in allen Richtungen zu schreiben. Ich habe geschrieben links und wieder rechts. Ich kann schreiben nach jeder Richtung« (II,2) lautet. – Axel Fritz schreibt: »Die Figur des Schminke ist in ihren Relationen zum Autor nicht so einfach zu deuten. Die Berechtigung der Kritik am Kapitalismus ist nicht von der Hand zu weisen und dürfte die Kritik des Autors widerspiegeln. Schminkes zweideutiges Verhalten läßt aber auch auf eine Kritik des Autors an dieser Figur schließen. Außer seinem Mangel an Teilnahme für das Einzelschicksal kann man in seinem Handeln Spuren eben jener Mentalität sehen, die er angreift. [...] Tatsächlich haben wir es hier mit dem gleichen Zwiespalt zwischen Leben und Lehre zu tun, der die meisten Marxisten in Horváths Werken um 1930 kennzeichnet. Das bedeutet, daß Horváth das Berechtigte an einer Ideologie von dem menschlichen Verhalten ihrer Verkünder zu unterscheiden weiß.

Vielleicht liegt Schminkes Verhalten auch eine Kritik des Autors an einem gerade um diese Zeit durch Brechts Lehrstücke aktualisierten ideologischen Grundsatz des Marxismus zugrunde: nämlich dem Vorrang des Klassenschicksals vor dem Einzelschicksal, dessen Linderung für den Augenblick bei dem Betreffenden Illusionen über die Lage der Klasse hervorrufen kann.« (*Ödön von Horváth als Kritiker seiner Zeit*, S. 192 f.)

Miramar – Anspielung auf das 1854-1856 erbaute Lustschloß Maximilians (1832-1867) nordwestlich von Triest.

217 *Luise Gift* – Vgl. auch die Vorarbeiten zu *Geschichten aus dem Wiener Wald* (Band 4)

maison de discrétion – Absteige, Stundenhotel nach dem Maison à partie Ludwigs XV., den Petite maisons, den Liebesnestern wohlhabender Franzosen im 18. Jh., den Maisons de Passe im 19. Jh. und den Maisons de Rendez-vous im Paris der Jahrhundertwende.

den Teufel nicht an die Wand malen – Nach Martin Luther (1483-1546), Sebastian Franck (1499-1542) u. a. Vergleichbar mit dem lat. Sprichwort »Lupus in fabula!« (nach Publius Terentius Afer, um 190-159 v. Chr., der in *Adelphi* von dem Ausruf des Syrus berichtet, als dieser jemanden erblickte, von dem er gerade gesprochen hatte).

213 *Ehrenwort* – Vgl. *Geschichten aus dem Wiener Wald* (Band 4).

214 *Bekämpfung der Prostitution* – In dem 1928 vom Institut für Sexualforschung in Wien herausgegebenen *Nachschlagewerk für die Begriffe und Erscheinungen auf dem Gebiete der Kulturgeschichte, Sittengeschichte, Folklore, Ethnographie, des Kult- und Mysterienwesens, Gesellschaftlebens, der Chronique Scandaleuse, für Zeitdokumente und Biographien* wird die Prostitution als »die gewerbsmäßig betrie-

bene Preisgabe des eigenen Körpers zur Unzucht, besonders von Weibern (Prostituierten) gegen Entgelt an jeden beliebigen Bewerber« definiert (S. 689). Über die »Bekämpfung der Prostitution« heißt es dort: »Die Geschichte der Bekämpfung der Prostitution und die Versuche sie auszurotten, erinnern an den Kampf Don Quichottes gegen die Windmühlen. Solange es ein Heer sexuell Unbefriedigter gibt, wird diese Ursache [...] immer wieder den Beruf dieser Dienerinnen der Venus schaffen.« (S. 696)
Seit 1915 versuchte der Berliner Polizeiarzt Dr. Heinz Dreun die Prostituion durch Hygienevorschriften zu reglementieren und forderte eine diskrete Anzeige- und Behandlungspflicht aller Geschlechtskrankheiten ohne Namensnennung unter Ausschaltung der Polizei. Parallel dazu gab es Bestrebungen, die Prostitution überhaupt zu verbieten. Das Gesetz zur Bekämpfung der Geschlechtskrankheiten vom 28. 2. 1927 beseitigte die Strafbarkeit der Prostitution. An die Stelle von Polizeimaßnahmen trat die Meldepflicht für Geschlechtskrankheiten. Aber das löste nicht die »brennende Frage, was aus den bisher reglementierten oder kasernierten Prostituierten werden soll. Diese Frauen ohne jede ärztliche Überwachung einfach auf die Straße zu setzen, ist natürlich unmöglich und könnte die Volksgesundheit erheblich gefährden«. Ein »Kardinalfehler« des neuen Gesetzes war, »daß der verordneten Behandlungspflicht kein absolutes Behandlungsrecht« gegenüberstand. (Hans Decker, *Das Gesetz zur Bekämpfung der Geschlechtskrankheiten*, in: Die Weltbühne XXIII, 19, 10. 5. 1927, S. 745 ff.) Dr. Paul Englisch schrieb 1931 in seiner *Sittengeschichte Europas*: »Nachdem die Bordelle geschlossen sind, sieht sich die frühere Insassin, will sie nicht verhungern (denn wo findet sie nach ihrem früheren Lebenswandel Arbeit!), gezwungen, auf der Straße und an Stätten, die für ihr Gewerbe besonders günstig sind, ihre Kundschaft anzulocken. Man kann nicht sagen, daß sich dadurch die Verhältnisse gebessert haben. Früher war bei dem Bestehen der kasernierten Prostitution doch wenigstens einigermaßen die Gewähr relativer Sauberkeit gegeben und

die Gefahr der Infizierung auf ein geringes Maß beschränkt. Das Laster zeigte sich nicht so sehr im Scheinwerferlicht der Öffentlichkeit. Es fehlte nicht, keineswegs, betätigte sich jedoch mehr im stillen. Heute macht es sich auf der Straße breit.« (S. 222 f.) – Siehe auch S. 323 f., 325 u. 329 f.

215 *Die Toten ruhen!* – Nach dem Gedicht »Laß ruhn die Toten!« von Adelbert von Chamisso (1781-1838). Vgl. auch das Gebet am Grabe eines Verstorbenen »Requiescat in pace!« (dt.: Er ruhe in Frieden!) nach Psalm 4,9.

217 *Coué* – Émile Coué (1857-1926), ursprüngl. Apotheker, begründete den »Couéismus«, ein der Autosuggestion verwandtes Heilverfahren, das er in seinem Vortrag *Die Selbstbemeisterung durch bewußte Autosuggestion* niederlegte. »Er [der Kranke] muß also am Morgen, bevor er aufsteht, am Abend, gleich wie er zu Bett geht, die Augen schließen und sich in Gedanken in Ihre, des Lehrers Nähe versetzen, dann muß er ganz eintönig zwanzigmal (an den zwanzig Knoten eines Bindfadens abzählend), folgende Sätzchen wiederholen: ›Mit jedem Tag geht es mir in jeder Hinsicht immer besser und besser.‹« (S. 39; zit. nach: Georg Büchmann, *Geflügelte Worte*, Berlin ³³1981, S. 333 f.) Vgl. auch *Kasimir und Karoline* (Band 5).

Henry Ford – (1863-1947), Sohn eines Farmers, konstruierte 1892 seinen ersten Kraftwagen und gründete 1903 die F.M.C. (Ford Motors Company), die sich zum zweitgrößten Kraftwagenunternehmen der Welt entwickelte. Im Oktober 1908 verließ der erste zweisitzige Roadster, »Tin Lizzi« (dt.: Blech-Liese) genannt, die F.M.C. in Detroit. Es war das erste »Automobil für die große Menge«. Bis 1927 wurden von diesem Auto über 15 Millionen Stück verkauft.

218 *›Das Liebesleben in der Natur‹* – Titel eines populärwissenschaftlichen dreibändigen Werkes von Wilhelm Bölsche (1861-1939); siehe auch *Italienische Nacht* 2,175.

Piano – Aus der Musiksprache des 17. Jhs. entlehnt für: leise.

219 *Hauer* – Eigentl. der Eckzahn eines Keilers (d. i. ein männliches Wildschwein); hier also Vulgärausdruck für die Zähne der Luise Gift, die Alfred damit gleichzeitig als »Wildsau« bezeichnet.

220 *Chonte* – Jiddischer Ausdruck für: miese Nutte.

Leichtathletik – Seit 1919 hatten sich innerhalb der Sportverbände immer mehr Frauenabteilungen gebildet. Am beliebtesten waren dabei Leichtathletik und Fechten. Bei den IX. Olympischen Spielen 1928 in Amsterdam nahmen, gegen den Willen des Begründers Pierre de Coubertin (1863-1937), zum ersten Mal auch Frauen teil. Unter den 2971 Teilnehmern aus 46 Ländern waren 288 Frauen; sie traten innerhalb der Leichtathletik beim 100-m- und 800-m-Lauf sowie bei der 4 × 100-m-Staffel an. Der Stabhochsprung blieb vorerst noch den Männern vorbehalten.

221 *okkulten Dingen* – Bezeichnung für Vorgänge des Natur- und Seelenlebens, die durch natürliche Kräfte nicht erklärbar sind. Der Okkultismus zählte – nach Horváth – neben Mystik und Spiritismus zu den *Vergnügungen* des Mittelstands (*Der Mittelstand*, Band 15). – Vgl. auch *Jugend ohne Gott* 13,172 f.

Im Sternbilde des positiven Wassermann – Das Sternzeichen des Wassermanns betrifft Menschen, die zwischen dem 20. Januar und dem 18. Februar zur Welt kommen, da die Sonne in dieser Zeit im elften Zeichen des Tierkreises, im Wassermann (auch: Aquarius oder Amphora), steht. – Die Anspielung »positiver Wassermann« nimmt Bezug auf die von dem Bakteriologen August von Wassermann (1866-1925) im Jahr 1906 entdeckte »Wassermannsche Reaktion« (WaR), eine Untersuchung des Blutes zur Feststellung einer Syphilis-Erkrankung. Eine positive Reaktion des Serums belegt die

Erkrankung; umgangssprachlich ist »positiver Wassermann« mit »an Syphilis erkrankt« gleichzusetzen.

222 *Parana* – Hauptstadt der argentinischen Provinz Entre Rios; die Einwohnerzahl dieser Hafenstadt stieg von 25 000 zu Beginn des Jahrhunderts auf ca. 72 000 in den 20er Jahren

kasernierte Liebe – Um die Prostitution besser und leichter überwachen zu können, entschlossen sich in manchen Hafenstädten die Behörden, den Prostituierten einzelne Häuser bzw. Straßen (sog. Kontrollstraßen) anzuweisen. 1927 wurde die »kasernierte Prostitution« in Deutschland aufgehoben. Siehe auch S. 317 ff.

223 *Gyanna* – Recte: *Guayana*, eine Landschaft im Norden Südamerikas zwischen Orinoco und Amazonas. British-Guiana mit der Hauptstadt Georgetown, zwischen Venezuela und dem Corentyne; Guyana Française mit der Hauptstadt Cayenne, zwischen den Flüssen Maroni und Oyapoc; Suriname (d. i. Niederländisch-Guayana) mit der Hauptstadt Paramaribo, zwischen den Flüssen Corentyne und Maroni gelegen. Die Republiken in Südamerika: Argentinien, Bolivien, Brasilien, Chile, Ecuador, Kolumbien, Paraguay, Peru, Uruguay und Venezuela.

Blondinen [. . .] bevorzugt – *Gentlemen Prefer Blondes. The Illuminating Diary of a Professional Lady* war der Titel eines humoristischen Romans von Anita Loos (geb. 1893), der 1925 in New York erschien und 1927 in deutscher Übersetzung unter dem Titel *Blondinen bevorzugt* herauskam. 1927 wurde der Roman unter der Regie von Malcolm St. Clair (1897-1952) mit Ruth Taylor in der Hauptrolle verfilmt.

225 *§ 181a* – Dieser Paragraph (und die §§ 180-184) des Reichsstrafgesetzbuches (vom 15. 5. 1871) war durch die Novelle vom 25. 6. 1900, die sog. Lex Heinze, ergänzt worden. Heinze war ein Berliner Zuhälter, dessen Prozeß die Ursache

war, die Strafvorschriften über Kuppelei, Zuhälterwesen und Verbreitung unzüchtiger Schriften wesentlich zu verschärfen.

227 *ersten heiligen Kommunion* – In der katholischen Kirche die erste Teilnahme eines Kindes am Abendmahl im Rahmen des Meßopfers, meist im Alter von 7 oder 8 Jahren.

228 *liebe Gott* – Siehe S. 303 in diesem Band.

229 *nicht absolut* – Das Absolute, ein durch sich selbst verursachtes und bedingtes Etwas, ist der Grundbegriff der Philosophien von Spinoza (d. i. Benedictus de Spinoza, eigentl. Baruch d'Espinoza, 1632-1677), Johann Gottlieb Fichte (1762-1814), Georg Wilhelm Friedrich Hegel (1770-1831), Friedrich Wilhelm Schelling (1775-1854) und Immanuel Kant (1724-1804).

230 *Wer nichts wagt, verdoppelt auch nichts* – Entsprechend dem griech. Sprichwort »Der Anfang ist die Hälfte des Ganzen (bei Plato in *Gesetze* und bei Aristoteles in *Nikomachische Ethik*) bzw. dem deutschen Sprichwort »Frisch gewagt ist halb gewonnen« (bei Horaz in den *Episteln*: »Dimidium facti, qui coepit, habet«).

Monte Carlo! – Kurort im Fürstentum Monaco, 10 000 Einw.; bekannt durch sein Spielcasino.

231 *Hoffnung der europäischen Filmindustrie* – Vgl. hierzu *Zur schönen Aussicht*, S. 138.

232 *Utopisten.* – Sir Thomas More (Morus, 1478-1535), Lordkanzler König Heinrichs VIII. von England (1491-1547; König seit 1509), schrieb 1516 einen staatspolitischen Dialog *[. . .] de optimo republicae statu deque nova insula Utopia* (dt.: *[. . .] über die beste Verfassung des Staates und über die neue Insel Utopia*; 1612). Die Marxisten benutzten das Wort

für die Theoretiker idealer Sozialformen vor Marx (1818-1883) und Engels (1820-1895).

Realpolitiker – Begriff, der von August Ludwig von Rochau (1810-1873) durch die Publikation *Grundsätze der Realpolitik* (1853-1869) geprägt wurde. Gustav Stresemann (1878-1929), dt. Reichsaußenminister von 1923 bis 1929, bezeichnete seine Verständigungspolitik als »nationale Realpolitik«. Vgl. auch den Ausspruch Otto von Bismarcks (1815-1898): »Politik ist die Lehre [auch: Kunst] des Möglichen« (1867).

Hast mich noch nie [. . .] – Vgl. hierzu *Geschichten aus dem Wiener Wald* (Band 4)

234 *Kongreß* – Die Engländerin Josephine Butler (1828-1906) gründete 1875 in Genf die F.A.I. (Fédération Abolitioniste Internationale), eine Föderation zur Abschaffung der reglementierten Prostitution. Im Lauf von 50 Jahren hielt sie 24 Konferenzen und 11 Kongresse zur Propagierung ihrer Ideen ab. – Siehe auch S. 317 ff. u. 321.

des internationalen Mädchenhandels – 1904 wurde in Berlin eine Zentralpolizeistelle zur Bekämpfung des internationalen Mädchenhandels eingerichtet. Verschiedene Vereinigungen hielten nationale und internationale Konferenzen zur Bekämpfung des Mädchenhandels (1903 in Berlin, 1905 in Frankfurt am Main) ab. 1923 setzte der Völkerbund eine achtköpfige Kommission unter Leitung von Robert Lord Cecil of Chelwoos (1864-1958) zur Bekämpfung des Mädchenhandels ein. Vier Jahre lang bereiste die Kommission 28 europäische und amerikanische Länder, um den Mädchenhandel und die soziale Lage der Frauen in den verschiedenen Gebieten zu untersuchen. 1929 beschloß der Völkerbund, seine Untersuchungen auch auf den Orient und den Fernen Osten auszudehnen. In der »Weltbühne« vom 5. 7. 1927 (XXIII, 27, S. 18-24) berichtet Peter Panter (d. i. Kurt Tucholsky, 1890-1935) unter dem Titel *Mädchenhandel in*

Buenos Aires über das Buch des französischen Journalisten Albert Londres, *Le Chemin de Buenos Aires* (dt.: *Der Weg nach Buenos Aires, die Geheimnisse des Mädchenhandels*), in dem er seine eigenen Recherchen über die Methoden des Mädchenhandels publizierte. »Was das Buch von Londres so überaus anziehend macht, ist die Bestätigung vom völlig kleinbürgerlichen Charakter des ›Lasters‹. [. . .] Denn was wollen diese Menschen? Sie wollen – und das ist durchaus französisch: ›la vie bourgeoise‹. Noch zwei, noch vier Jahre Arbeit; denn es ist, von ihnen aus gesehen, eine Arbeit, die sie da leisten, dann wird man sich eine kleine Kneipe in Marseille kaufen – ›et puis ça sera la vie bourgeoise‹.«

236 *sekundäre Rolle* – Vgl. hierzu Dr. Iwan Bloch (1872-1922): »Der moderne Mädchenhandel hängt aufs innigste mit dem Bordellwesen zusammen. Man kann den Satz aufstellen: ohne Bordelle kein Mädchenhandel. Und dieses letztere beweist eben die wachsende Unbeliebtheit der Bordelle bei den sich prostituierenden Frauen, die das freie Leben vorziehen. So wird es für die Bordellbesitzer immer schwieriger, Insassinnen zu bekommen, und der internationale Mädchenhandel soll die immer größer werdenden Lücken in der Zahl der Bordellmädchen ausfüllen.« (*Das Sexualleben in unserer Zeit*, S. 374 f.)

238 *aufopferungsvolle Arbeit* – Vgl. hierzu den kritischen Bericht in der »Weltbühne« über die Arbeit des Völkerbundes auf Grund der *Note sur l'activité de la société des Nations au cours du mois d'Avril [1930]. Section d'Informations:* »›Mit sozialen und humanitären Fragen werden sich drei Komitees befassen, nämlich das Komitee für die Bekämpfung des Mädchenhandels, das Komitee für Kinderschutz, und das ständige Opium-Zentralkomitee.‹ – ›Das Komitee für die Bekämpfung des Mädchen- und Kinderhandels wird von den Antworten auf den Fragebogen Kenntnis nehmen, der den Regierungen zwecks Stellungnahme zu der in dem Abkommen für die Bekämpfung des Mädchen- und Kinderhandels

vorgesehenen Aufhebung der Altersgrenze von einundzwanzig Jahren vorgelegt worden war.‹ – ›Das Komitee wird sich außerdem mit der Gründung eines Unterkomitees befassen, das die Frage der Strafmaßnahmen gegen die vom unmoralischen Verdienst der Frauen lebenden Personen zu prüfen und Maßnahmen vorzuschlagen hätte, um die in den einzelnen Ländern bestehenden Gesetze so auszubauen, daß die Gerichte wirksamer gegen die Zuhälter vorgehen können.‹ – ›Schließlich wird das Komitee die Zweckmäßigkeit der Einholung weiterer Auskünfte über die Ausdehnung des Handels mit unsittlichen Veröffentlichungen bei den einzelnen Regierungen in Erwägung ziehen.‹ [. . .] Die Zentralkomitees, die Komitees, die Subkomitees sitzen, Fräulein Bonnevie, Herr Casares und der berühmte Sir Malcolm Delevigne, Großbritanniens Vertreter in der ständigen Opiumkommission referieren – aber der Mädchenhandel, die Pornographie, die Opiumerzeugung und der Opiumhandel gehen lustig weiter, von den Rüstungen ganz zu schweigen. Über die Opiumkommission des Völkerbundes schreibt John Palmer Govit im ›Survey Graphic‹: [. . .] Session auf Session, Stunde auf Stunde sitzt die beratschlagende Kommission in Genf, sorgenvoll wie ein Uhu, über Statistiken und den Einzelheiten [. . .] Folgt man den Debatten der Kommission, so hat man das Bild einer Kinderschar, die eine Million Flöhe mit Kaffeelöffeln fangen will.‹« (Walther Rode, *Völkerbund April 1930*, in: Weltbühne XXVI, 17, 22. 4. 1930, S. 603-605.)

239 *Produkt wirtschaftlicher Not* – Vgl. hierzu Dr. Iwan Bloch: »Darüber, daß wirkliche absolute Not und Lebenssorgen viele Mädchen zur Prostitution treiben, kann nach den neueren statistischen Erhebungen gar kein Zweifel bestehen.« (*Das Sexualleben in unserer Zeit*, S. 367). Bloch nahm Bezug auf die Publikationen von Alfred Blaschko, »einem Hauptvertreter der ökonomischen Theorie der Prostitution« (Bloch), Oda Olberg (*Das Elend in der Hausindustrie der Konfektion*, Leipzig 1896), Anna Pappritz (*Die wirtschaftlichen Ursachen der Prostitution*, Berlin 1903) u. a. m.

241 *›Nicht der Mörder, der Ermordete ist schuldig‹* – Titel einer im Frühjahr 1920 erschienenen Novelle von Franz Werfel (1890-1945).

242 *Kladderadatsch!* – Titel einer politisch-satirischen Wochenschrift, die von 1848 bis 1944 in Berlin erschien.

Pontius Pilatus . . . – Röm. Landpfleger von Judäa (26-36 n. Chr.), von dem Matthäus (27,24) berichtet, er »wusch sich seine Hände vor dem Volk und sprach: ›Ich bin unschuldig am Blute dieses Gerechten –‹« Zurückgeführt wird das »Waschen der Hände in Unschuld« auf die im 5. Buch Moses (Deuteronomium 21,1-9) angegebene Anweisung zur »Sühne eines von unbekannter Hand verübten Mordes«.

Mein Name ist Hase – Das vollständige Zitat lautet: »Mein Name ist Hase, ich verneine die Generalfragen, ich weiß von nichts.« Redensart nach einer Erklärung Victor von Hases vor dem Universitätsgericht in Heidelberg (1854/55), als er verdächtigt wurde, seine Studenten-Legitimation mißbräuchlich verwendet zu haben.

243 *Deliquenterl* – Österr. verniedlichte Form von »Delinquent« als Bezeichnung für jemanden, der gegen das Gesetz verstoßen hat.

Hascherl – In Bayern und Österr. umgangsspr. für armes Kind. Ein »armes Hascherl« ist ein Pleonasmus.

derschießn – Österr. mundartl. für: erschießen.

sunst – Österr. mundartl. für: sonst.

Donauwalzer – Einer der bekanntesten Walzer von Johann Strauß (Sohn; 1825-1899), dessen vollständiger Titel *An der schönen blauen Donau* (1867) lautet. Den Text schrieb Josef Weyl (1821-1895).

244 *römischer Hauptmann* – Figur aus Markus 15,39, auch erwähnt bei Matthäus 27,54. Siehe auch *Jugend ohne Gott* 13,53 bzw. 172.

247 *kleiner Kaufmann* – Vgl. hierzu die Vorarbeiten zu *Geschichten aus dem Wiener Wald* (Band 4) und Horváths Entwurf *Der Mittelstand* (Band 15).

250 *ungeschehen machen* – »Unmöglich ist's, das Geschehene ungeschehen zu machen« bzw. »Factum illud; fieri infectum non potest« (dt.: Es ist geschehen und nicht mehr ungeschehen zu machen). Erstmals nachweislich formuliert bei Théognis (um 550 v. Chr.) und Titus Maccius Plautus (um 250-184 v. Chr.).

Strindberg – August Strindberg (1849-1912), schwedischer Dramatiker. Als Student hatte Horváth im Wintersemester 1919/20 bei Prof. Friedrich von der Leyen (1873-1966) Vorlesungen über *Ibsen – Björnson – Strindberg* gehört. Strindbergs *Ein Traumspiel* (Originaltitel: *Ett Drömspel*, 1902 erschienen und am 17. 4. 1907 in Stockholm uraufgeführt; dt. Erstaufführung am 13. 12. 1921 im Berliner Deutschen Theater) hatte am 5. 2. 1927 auch in der Berliner Volksbühne am Bülowplatz Premiere.

251 *Was hast du mit mir vor, lieber Gott?* – Textparallele zu *Geschichten aus dem Wiener Wald* (Band 4).

Jazzband – Die erste offizielle deutsche »Jazz-Band« war die »Piccadilly Four Jazzband« oder auch »Picadilly Four« im Jahr 1920 in Berlin, wo die Jazz-Begeisterung durch ein Gastspiel der Sam-Wooding-Jazz-Band, vom 25. 5. 1925 an im Admiralspalast, einen ersten Höhepunkt erreichte. Weitere Gastspiele amerikanischer Bands, u. a. von Duke Ellington, folgten. Der Absatz von Jazz-Schallplatten stieg rapide an. Einen Höhepunkt erlebte die Jazz-Begeisterung in Deutschland nach der Uraufführung von Ernst Křeneks

Jonny spielt auf am 10. 2. 1927 in Leipzig; etwa 50 deutsche Bühnen spielten die Jazzoper nach.

259 *des wirklichen Geheimen Rates* – Höchster Titel eines Beamten, der mit dem Prädikat »Excellenz« verbunden war.

honoris causae! – Korrekt: honoris causa; abgekürzt h. c. für die Verleihung des Doktor-Titels ehrenhalber auf Grund besonderer Verdienste.

260 *Wohlfahrtsministerium* – Veralteter Begriff für ein Ministerium mit sozialen Aufgaben.

Mazzesknedl – Mazze oder auch Matze sind dünne Fladen aus ungesäuertem grobem Weizenmehl und Wasser; zerstoßene Mazze wurde zu kleinen Knödeln (ohne Fett) geformt und als Einlage in Bouillon gegessen.

261 *Stolz weht und treu die Wacht am Rhein!* – Zusammengezogen aus dem *Flaggenlied* der wilhelminischen Marine: »Stolz weht / die Flagge schwarz-weiß-rot von unseres Schiffes Mast /« und der letzten Zeile der *Wacht am Rhein*: »Fest steht / und treu die Wacht am Rhein!« – Siehe auch *Italienische Nacht* 3,88 f. und die Erläuterungen dazu S. 184.

Czernowitz – Urspr. Hauptstadt der Bukowina, 1774-1918 österr.; der hohe Anteil der jüdischen Bevölkerung machte Czernowitz zum Schauplatz vieler jüdischer Witze. – Siehe auch *Italienische Nacht* 3,89 und die Erläuterungen dazu S. 184 f.

Vater, ich rufe dich! – Zit. nach Theodor Körners (1791-1813) *Gebet während der Schlacht* (1813): »Vater, ich rufe dich! / Brüllend umwölkt mich der Dampf der Geschütze, / Sprühend umzucken mich rasselnde Blitze. / Lenker der Schlachten, ich rufe dich! / Vater, du führe mich!« Die letzten beiden Zeilen der 6. Strophe lauten: »Dir, mein Gott, dir ergeb' ich mich! / Vater, ich rufe dich!«

263 *Stellenvermittler* – Vgl. Herma Waldheim (1931): »Der Mädchenhändler von heute geht nicht mehr so plump zu Werke, wie es seine Vorgänger taten. Er veranstaltet keine Treibjagden auf menschliches Wild, sondern bedient sich wie jedes andere kaufmännische Unternehmen zeitgemäßer und nach außen hin unverfänglicher Mittel. Am liebsten wählt er den Weg über den Anzeigenteil bekannter Zeitungen, in dem er in unauffälliger Weise von Zeit zu Zeit inseriert. Inhaltlich handelt es sich größtenteils um gut bezahlte ausländische Stellungen, für welche junge Mädchen gesucht werden.
Wirtschaftliche Not, Arbeitslosigkeit und der Hang aus der Enge der Heimat in die Weite der Welt zu gelangen, gestalten diese Art von Werbung zu einer äußerst erfolgreichen, und der Aufgeber solcher Annoncen bekommt eine Hochflut von Offerten mit Bildern, die er sachgemäß prüft. Je nachdem, ob er ein selbständiger Unternehmer oder bloß Mittelsmann ist, setzt er sich mit seinen Vertrauenspersonen in einem außereuropäischen Land in Verbindung und vermittelt den ihm tauglich erscheinenden Bewerberinnen die verlockendsten Stellungen. [...] Der Händler, der sich ja schon von vornherein auf einem ausländischen Territorium befindet, hat also bis zu diesem Entwicklungstadium noch nicht das geringste getan, was ihn mit den Gesetzen in Konflikt bringen könnte. [...] Er stattet die Bewerberin mit Reisegeld aus, avisiert ihre Ankunft zu einem bestimmten Tage, und die lebende Ware überquert vollkommen freiwillig den Ozean und wird am Bestimmungsort vom Partner des Händlers erwartet. [...] und in sehr vielen Fällen tritt ein solches in die Fremde gelocktes Mädchen tatsächlich eine Stellung in einem dortigen Haushalte an. Gleichzeitig damit sorgt der Händler aber dafür, daß sein Opfer diese Stellung ebenso schnell wie angetreten wieder verliert, indem er gegen den Ruf des Opfers geschickt intrigiert. Und eines Tages befindet sich die Auswanderin mittellos auf der Straße einer exoti-

schen Großstadt, ohne in der Lage zu sein, sich in den Verhältnissen eines fremden Landes zurechtzufinden. Jetzt setzt [. . .] die eigentliche Tätigkeit des Händlers und seiner Mithelfer ein, die sich den hilflosen Mädchen unter der Maske von menschenfreundlichen Landsleuten nähern [. . .] und ohne daß es in den meisten Fällen der Anwendung einer ernsthaften Drohung bedarf, landet die Unglückliche in einem öffentlichen Haus und taucht dort in die Schar von unzähligen Leidengefährtinnen unter.« (Zit. nach: Dr. Paul Englisch, *Sittengeschichte des Orients*, Berlin 1932, S. 355 ff.)

Degeneration – Nach der Theorie des Turiner Psychiaters und Anthropologen Cesare Lombroso (1836-1909; *Das Weib als Verbrecherin und Prostituierte*, Hamburg 1894) ist die Prostitution »nur ein besonderer Fall der frühzeitigen Neigung zu allem Bösen, der von Kindheit auf bestehenden Lust, Verbotenes zu tun, die den moralisch idiotischen Menschen charakterisiert« (S. 550). Dieser moralischen Entartung entsprechen körperliche Degenerationserscheinungen wie Zahnanomalien, gespaltener Gaumen, Abnormitäten der Behaarung, Henkelohren, Gesichtsasymmetrien u. a. m. Schon 1884 hatte der Hamburger Arzt Dr. H. Lippert in einer Publikation (*Die Prostitution in Hamburg in ihren eigentümlichen Verhältnissen*) auf verschiedene Veränderungen hingewiesen, die er vor allem bei Prostituierten beobachtet haben will: »Die Augen gewinnen durch die jahrelange tägliche Übung im Gewerbe etwas Stechendes, Rollendes, sie sind stärker gewölbt infolge der steten krampfhaften Spannung der Augenmuskeln, da ja die Augen zum Erspähen und Anlocken von Kundschaft hauptsächlich benutzt werden. Die Kau- oder, um den naturhistorischen Ausdruck anzuwenden, die Freßwerkzeuge sind bei vielen stark entwickelt, der Mund, durch Küssen und Kauen in steter Tätigkeit, prävaliert, die Stirn ist oft flach und unbedeutend, der Hinterkopf häufig stark vorragend. Die Haare wachsen vielen nur spärlich, ja es finden sich selbst zahlreiche Glatzen.

Hierfür fehlt es nicht an Gründen: vor allem die unruhige Lebensweise, das viele Herumtreiben bei jeder Witterung auf offener Straße, teilweise selbst mit bloßem Kopf, der oft andauernde weiße Fluß, an dem sie leiden, das beständige Zerren, Manipulieren, Frisieren und Einsalben der Haare, bei den niederen Klassen der Prostituierten der Branntweingenuß usw.« (Zit. nach: Dr. Iwan Bloch, *Das Sexualleben in unserer Zeit*, S. 365.)

267 *Bolschewist* – Eigentl. Bolschewik; abwertend für ein Mitglied der von Lenin (1870-1924) geführten revolutionären Fraktion in der Sozialdemokratischen Arbeiterpartei Rußlands vor 1917; auch verallgemeinernd für linksorientierte Kritiker.

Rasch tritt der Tod . . . – Zit. nach Friedrich Schiller (1759-1805), *Wilhelm Tell* (1804): »Rasch tritt der Tod den Menschen an, / Es ist ihm keine Frist gegeben.«

269 *›Erbsünde‹ statt ›Kapitalismus‹* – Anspielung auf die beiden Theorien über die Ursache der Prostitution. *›Erbsünde‹* steht für Lombrosos Degenerationstheorie (siehe S. 330) der »geborenen Prostituierten« (»Donna delinquente e prostituta«), *›Kapitalismus‹* steht für die von Blaschko (siehe S. 325) u. a. vertretene These, die Prostitution sei *unter dem Zwange der wirtschaftlichen Not, als Folge der bürgerlichen Produktionsverhältnisse* (Horváth, S. 265) entstanden.

Gott besser organisieren – Textparallele zu *Zur schönen Aussicht*, S. 207.

273 *homerischen Kampfe* – Dem »homerischen Gelächter« (vgl. *Ilias*: »Unermeßliches Lachen erscholl den seligen Göttern, /Als sie sahen wie Hephaistos im Saal so gewandt umherging«) folgend, ebenfalls in der *Ilias* von Homer (ca. 8. Jh. v. Chr.): »Über die Kraft kann keiner, wie sehr er auch eifere, kämpfen.« – Siehe auch weiter unten.

Hydra – In der gr. Mythologie eine neunköpfige Schlange, deren giftiger Atem alles vernichtet; von Hesiod (um 700 v. Chr.) in *Theogonia* (dt.: *Göttergeburt*) zum ersten Mal erwähnt. Herakles kämpfte gegen die Hydra und tötete sie schließlich.

279 *Vertreter des Publikums* – Nach Axel Fritz (*Ödön von Horváth als Kritiker seiner Zeit*, S. 191 f.) ist diese Forderung »keineswegs nur ein launiges Aperçu des Autors, sondern weist auf die mangelnde Bereitschaft des Kleinbürgers hin, die Wirklichkeit zu durchschauen. Statt dessen erzwingt er sich ein idyllisierendes Wunschbild bürgerlichen Familienglücks mit dem Hinweis, daß er ein ›müder, abgearbeiteter Mensch‹ sei, der abends seine Posse haben möchte, ein nicht unbekanntes Argument, von dem bis heute die Unterhaltungsindustrie zehrt.« Martin Hell (*Kitsch als Element der Dramturgie Ödön von Horváths*, Bern–Frankfurt/Main 1983) weist auf eine Forderung des Theaterwissenschaftlers Arthur Kutscher (1878-1960) hin, dessen Vorlesungen auch Horváth besucht hatte: »Der Erhebung muß auch der Schluß dienen. Er darf rührend sein, tränenselig, traurig, keinesfalls aber niederdrückend, pessimistisch. Er muß ›befriedigen‹. Das Volk ist überempfindlich, leicht verwirrt und hilflos, wenn im Sittlichen etwas nicht stimmt, und darauf ist ihm eben der Schluß die Probe. Er muß einen Sinn haben, der das Gewissen beruhigt und die gültigen moralischen Werte bestätigt.« (Arthur Kutscher, *Grundriß der Theaterwissenschaft*, München ^{2}1949, S. 121; zit. nach Hell, S. 231) – Vgl. auch die Schlußvarianten von *Geschichten aus dem Wiener Wald* (Band 4) und von *Glaube Liebe Hoffnung* (Band 6) mit den entsprechenden Erläuterungen.

Posse – Otto F. Best definiert die Posse als »niedrige, grobschlächtige Form der Komödie, die ›der Haufe fordert‹ (Goethe); trägt durch handfest-effektvolle, lebensnahe Stoffe und entspr. Darbietung durch wenig zimperliche, pointenreiche

Situations- und Charakterkomik vorwiegend dem Lachbedürfnis des Zuschauers Rechnung« (*Handbuch literarischer Fachbegriffe. Definitionen und Beispiele*, Frankfurt/Main 1972, überarb. u. erw. Ausgabe 1982, S. 392 f.).

Quellen und Hinweise

1 Jenö Krammer, *Ödön von Horváth. Leben und Werk aus ungarischer Sicht*, Wien 1969, S. 11 ff. – Traugott Krischke, *Ödön von Horváth. Kind seiner Zeit*, München 1980, S. 26 ff.

2 Eugen Holly, *Dichter auf der Schulbank*, in: A Nap (d. i. Der Tag), Preßburg, 17. 11. 1931; zit. nach dem Abdruck in: Traugott Krischke (Hg.), *Materialien zu Ödön von Horváth*, Frankfurt/Main 1970, S. 19 f.

3 Lt. Auskunft von Horváths Mitschüler Adolf Frankl, Wien, am 30. 11. 1977 hieß der literarische Bund der Schüler der kgl. ung. Staats-Oberrealschule in Preßburg »Ex VI«.

4 *Glück. Ein Gedicht von Ödön Josef von Horváth.* Faksimile in: Hováth Blätter 1/83, S. 53-61. Im Poesie-Album von Gustl Schneider-Emhardt zwischen den Eintragungen anderer Freunde vom 5. 5. 1918 und 16. 3. 1920.

5 Unberücksichtigt bleibt das »Gedicht« *Luci in Macbeth. Eine Zwerggeschichte v. Ed. v. Horváth* des 15jährigen Ödön. Faksimile in: *Ödön von Horváth. Leben und Werk in Dokumenten und Bildern*, hg. von Traugott Krischke und Hans F. Prokop, Frankfurt/Main 1972, S. 28 f.

6 Die Ausstellung der Dokumentationsstelle für neuere österreichische Literatur, Wien, in Verbindung mit der Akademie der Künste, Berlin, fand vom 26. 10.-5. 12. 1971 im Museum des 20. Jahrhunderts (Wien 3, Schweizergarten) statt. Die Gestaltung und Organisation der Ausstellung, auf der auch der Band *Ödön von Horváth. Leben und Werk in Dokumenten und Bildern* basierte, lag in Händen von Hans F. Prokop. Herausgeber des von ihm zusammengestellten Katalogs war die Dokumentationsstelle für neuere österreichische Literatur, Wien, Gumpendorfer Straße 15.

7 *Aus dem Buch der frühen Weisen von Ödön J. M. von Horváth* wurden im Rahmen des »Ersten Abends des Kallenberg-Vereins« am 7. 2. 1922 im Steinickesaal (München, Adalbertstraße 15) von Annie Marée *Ballade/Sonate/Nocturno* und *Requiem* rezitiert. Faksimile des Programms in: *Ödön von Horváth. Leben und*

Werk in Daten und Bildern, hg. von Traugott Krischke und Hans F. Prokop, Frankfurt/Main 1977, S. 59.

8 Lajos von Horváth in einem Statement innerhalb des Films *Das Porträt: Ödön von Horváth* von Traugott Krischke, WDR Köln 1966.

9 Vgl. den Hinweis auf einen Brief Lajos von Horváths an Walther Huder vom 2. 6. 1968 in: Axel Fritz, *Ödön von Horváth als Kritiker seiner Zeit. Studien zum Werk in seinem Verhältnis zum politischen, sozialen und kulturellen Zeitgeschehen*, München 1973, S. 274.

10 Géza von Cziffra, *Kauf dir einen bunten Luftballon. Erinnerungen an Götter und Halbgötter*, München 1975, S. 113.

11 Faksimile in: *Ödön von Horváth. Leben und Werk in Daten und Bildern*, S. 63.

12 Dieter Hildebrandt, *Ödön von Horváth in Selbstzeugnissen und Bilddokumenten*, Reinbek 1975, S. 30. – Vgl. hierzu auch die Ausführungen Ansgar Hillachs, *Ödön von Horváths dramatische Anfänge. Zur inhaltlichen Grundlegung seiner Dramaturgie*, in: Ödön von Horváth, *Mord in der Mohrengasse / Revolte auf Côte 3018*, Frankfurt/Main 1981 (Nachwort zur Ausgabe der Bibliothek Suhrkamp 768), S. 91-137, bes. 94-114.

13 Ödön von Horváth-Archiv, Berlin, lfde. Nr. 13a.

14 Preiser Records, Wien, SPR 3282.

15 Zit. nach: *Interview mit Ödön von Horváth. Fassungen und Lesarten*, in: Traugott Krischke (Hg.), *Materialien zu Ödön von Horváths »Glaube Liebe Hoffnung«*, Frankfurt/Main 1973, S. 7-32, hier S. 28. In der Fassung des Interviews mit Willi Cronauer (1901-1974), die am 5. 4. 1932 im Bayerischen Rundfunk gesendet wurde, sagte Horváth: *Der Held des Stückes, der zwischen beiden Parteien steht ist Ingenieur und durch ihn ist die Stellung der sogenannten Intelligenz im Produktionsprozeß charakterisiert* (Ebd. S. 12).

16 Günther Stark, *Einführung. Die Bergbahn*, in: Programmblätter der Volksbühne [Berlin] 4. Jg. H.5 (Januar 1929).

17 Ödön von Horváth, *Gebrauchsanweisung. Fassungen und Lesarten*, in: Traugott Krischke (Hg.), *Materialien zu Ödön von Horváths »Kasimir und Karoline«*, Frankfurt/Main 1973, S. 99-117,

hier S. 106. – Vgl. hierzu auch *Rund um den Kongreß* (in diesem Band), *Sladek* (Band 2), *Italienische Nacht* (Band 3) und vor allem den aufschlußreichen Materialienband von Jürgen Schröder, *Horváths Lehrerin von Regensburg. Der Fall Elly Maldaque*, Frankfurt/Main 1982.

18 Wie 16.

19 Siehe die Erläuterung zu S. 47 bzw. 91 auf S. 295 in diesem Band.

20 Anzeigenblatt für die dramatischen Werke der Volksbühnen-Verlags- und Vertriebs-G.m.b.H., 4. Jg., Nr. 2. (August 1927). Faksimile in: Gisela Günther, *Die Rezeption des dramatischen Werkes von Ödön von Horváth von den Anfängen bis 1977*, Diss. Göttingen 1978, *Band* II: *Anmerkungen, Materialien, Bibliographie*, S. 75.

21 Die am 14. 10. 1964 von Lajos von Horváth (in einem Gespräch mit dem Hg.) geäußerte Vermutung, die 19jährige Schauspielerin Jo Hoffarth habe den Kontakt zu Erich Ziegel, Direktor des Hamburger Schauspielhauses, vermittelt, konnte durch die bisherigen Recherchen nicht gesichert werden. (Vgl. hierzu: Traugott Krischke, *Ödön von Horváth. Kind seiner Zeit*, S. 60.) – Die Vereinigten Deutschen Theater in Brünn (damals ca. 220 000 Einwohner) bestanden aus dem Stadttheater (Fassungsraum: 1250 Personen), dem Deutschen Haus (Operettenhaus; 720 Personen) und dem Schauspielhaus (650 Personen). Eine Inszenierung von Horváths *Revolte auf Côte 3018* konnte nicht festgestellt werden.

22 Faksimile in: Gisela Günther II, S. 74.

23 Anspielung auf Horváths *Autobiographische Notiz (auf Bestellung)*, in: Der Freihafen. Blätter der Hamburger Kammerspiele 10. Jg., H.3 (November 1927). Abgedruckt in Band 15.

24 Otto Schabbel in seiner Rezension in den Hamburger Nachrichten, 5. 11. 1927; zit. nach den Anmerkungen von Hansjörg Schneider in: Ödön von Horváth, *Ausgewählte Werke*, Band 2: *Prosa*, Berlin (DDR) 1981, S. 471.

25 Undatierter Zeitungsausschnitt im Besitz von Lotte Brackebusch, Darstellerin der Veronika.

26 Ernst Heilborn, »*Die Bergbahn*«, in: Die Literatur, Berlin, 31. Jg. (1929), S. 347.

27 *Kolonne Hund*, Schauspiel von Friedrich Wolf (1888-1953).
28 Zit. nach dem undatierten Faksimile in: Gisela Günther II, S. 73.
29 Kurt Pinthus, *Horvath: »Die Bergbahn«. Volksbühne*, in: 8-Uhr-Abendblatt, Berlin 5. 1. 1929. Faksimile in Gisela Günther II, S. 80.
30 Monty Jacobs, *Oedön Horvaths »Bergbahn«. Volksbühne*, in: Vossische Zeitung, Berlin, 5. 1. 1929. Faksimile in: Gisela Günther II, S. 84.
31 Bernhard Diebold am 7. 7. 1929 in der Frankfurter Zeitung.
32 Erich Kästner, *Oedön Horvath. Die Bergbahn. Volksbühne*, [vermutl. in: Leipziger Nachrichten]. Undatiertes Faksimile in: Gisela Günther II, S. 86.
33 Alfred Kerr, *Oedön Horvath: »Die Bergbahn«. Volksbühne*, in: Berliner Tageblatt, 5. 1. 1929. Faksimile in: Gisela Günther II, S. 79.
34 Wie 16.
35 Carl Zuckmayer, *Aufruf zum Leben. Porträts und Zeugnisse aus bewegten Zeiten*, Frankfurt/Main 1976, S. 209.
36 Ludwig Sternaux, *Parole: Klassenhaß! Theater am Bülowplatz: »Die Bergbahn«*, in: Berliner Lokal-Anzeiger, 5. 1. 1929. Faksimile in: Gisela Günther II, S. 76.
37 -hl., *Volksbühne (»Die Bergbahn«)*, in: Neue Preußische Kreuz-Zeitung, Berlin, 5. 1. 1929. Faksimile in Gisela Günther II, S. 83.
38 Emil Faktor, *Die Bergbahn. Theater am Bülowplatz*, in: Berliner Börsen-Courier, 5. 1. 1929. Faksimile in: Gisela Günther II, S. 78.
39 Rezension von Dr. Richard Biedrzynski in: Deutsche Zeitung, Berlin; zit. nach: Ödön von Horváth, *Ausgewählte Werke* 2, S. 472.
40 Rezension von »dt« in: Deutsche Tageszeitung, Berlin; zit. nach ebd., S. 471.
41 Julius Knopf, *Oedön Horvath: »Die Bergbahn«. Volksbühne am Bülowplatz*, in: Berliner Börsen-Zeitung, 5. 1. 1929. Faksimile in: Gisela Günther II, S. 82.
42 Ödön von Horváth am 15. 1. 1929 an Lotte Fahr; zit. nach: *Ödön von Horváths Briefwechsel (1. Teil: 1908-1929)*, in: Horváth Blätter 1/83, S. 105.
43 Nach H. Strakulla, *Zur Geschichte der Presse in Bayern* (Bad

Godesberg 1961, S. 302) läßt sich zwischen 1925 und 1928 »das politische Meinungsbild der Presse folgendermaßen fixieren: 33,9% der Zeitungen wurden der bürgerlichen Rechten und der Mitte zugeordnet; 3,2% galten als linksliberal, 1% war in der Hand von Nationalsozialisten und der Rest (= 61,9%) nannte sich parteilos, war aber nicht ohne – meist rechtsorientierte – Tendenz«. (Zit. nach: Klaus Greiner, *Die Münchener Neuesten Nachrichten 1918-1933*, in: Christoph Stölzl, *Die Zwanziger Jahre in München*, Schriften des Münchner Stadtmuseums 8, München 1979, S. 27.)

44 Ödön von Horváth am 22. 1. 1929 an Lotte Fahr; zit. nach: *Ödön von Horváths Briefwechsel 1*, in: Horváth Blätter 1/83, S. 106 f.

45 Es scheint schwer verständlich, daß Horváth sowohl Bert Brecht (1898-1956) wie auch Marieluise Fleißer (1901-1974) unberücksichtigt läßt, deren *Fegefeuer in Ingolstadt* 1926 in Berlin und *Pioniere in Ingolstadt* am 26. 5. 1928 in Dresden uraufgeführt wurden. Zu erwähnen sind in diesem Zusammenhang auch noch die Autoren Leonhard Frank (1892-1961), Wolfgang Petzet (geb. 1896) und Arthur Ernst Rutra (1892-1939).

46 Zit. nach: Jutta Wardetzky, *Theaterpolitik im faschistischen Deutschland. Studien und Dokumente*, Berlin (DDR) 1983, S. 277. – Siehe auch: Traugott Krischke, *Ödön von Horváth und die Nationalsozialisten*, in: Horváth Blätter 3 (1985).

47 Ödön von Horváth-Archiv, Berlin, lfde. Nr. 66. Faksimile in: *Ödön von Horváth. Leben und Werk in Dokumenten und Bildern*, S. 59, und in: *Ödön von Horváth. Leben und Werk in Daten und Bildern*, S. 85.

48 Horváth notierte am Rand den Titel *Revolte auf Punkt 3018* und nicht *Revolte auf Côte 3018*.

49 Dieter Hildebrandt, *Ödön von Horváth in Selbstzeugnissen und Bilddokumenten*, S. 45.

50 Gustl Schneider-Emhardt, *Erinnerungen an Ödön von Horváths Jugendzeit*, in: Horváth Blätter 1/83, S. 63-81, hier S. 68.

51 Dietmar Grieser, *Ein sogenannter schmucker Markt. Murnau und seine Horváth-Schauplätze*, in: Ders., *Schauplätze der österreichischen Dichtung. Ein literarischer Reiseführer*, München [2]1974, S. 118-126, hier S. 118.

52 Lajos von Horváth am 14. 10. 1964 in einem Gespräch mit dem Hg.

53 Vgl. hierzu S. 140 in diesem Band.

54 Dieter Hildebrandt, *Ödön von Horváth in Selbstzeugnissen und Bilddokumenten*, S. 48. – Otto Strasser (1897-1974), seit 1924 unter dem Pseudonym Ulrich von Hutten Mitarbeiter des Völkischen Beobachters, wurde 1925 NSDAP-Mitglied. Am 24. 2. 1927 trat Strasser, Abgeordneter der NSDAP, aus der Völkischen Arbeitsgemeinschaft aus; dadurch verlor sie ihren Fraktionsstatus im Reichstag. Am 3. 7. 1930 sagte sich Strasser von Hitler und der NSDAP los.

55 Diese Datierung wird dadurch belegt, daß Horváth auf dem Titelblatt von *Revolte auf Côte 3018* als *Ödön von Horváth* zeichnet, wie auch auf dem Titelblatt von *Zur schönen Aussicht*. In dem Anzeigenblatt des Verlages (im August 1927) wird Horváths Stück jedoch noch nicht angeboten.

56 Nach Günther Rühle, *Theater für die Republik 1917-1933 im Spiegel der Kritik*, Frankfurt/Main 1967, S. 946.

57 Der Wortlaut des Vertrags ist abgedruckt in: *Ödön von Horváths Briefwechsel 1*, Horváth Blätter 1/83, S. 103 ff.

58 Faksimile des Belegbogens in: *Ödön von Horváth. Leben und Werk in Daten und Bildern*, S. 55.

59 Vgl. die Erläuterungen S. 317 ff., 322 bis 325 und 329 ff. Hinzu kommt noch Horváths grundsätzliches Interesse an »sittengeschichtlichen« Publikationen. Siehe den Hinweis dazu in: Traugott Krischke, *Ödön von Horváth und seine »Geschichten aus dem Wiener Wald«. Beiträge zu Biographie und Werk*, in: Ders. (Hg.), *Horváths Geschichten aus dem Wiener Wald*, Frankfurt/Main 1983, S. 64 f. (Anm. 63).

60 Da diese Konzepte und Entwürfe nicht nur Vorarbeiten zu *Rund um den Kongreß* darstellen, sondern auch zu anderen Arbeiten Horváths, wurden sie in Band 15 (*Skizzen und Fragmente*) dieser Werkausgabe verwiesen. – Vgl. auch Dieter Hildebrandt, *Liebe, Tod und Kapital*, in: Traugott Krischke (Hg.), *Materialien zu Ödön von Horváth*, S. 161-172, bes. 164 f.

61 Bruno Henschel am 23. 7. 1929 an Horváth; vollständig abgedruckt in: *Ödön von Horváths Briefwechsel 1*, Horváth Blätter 1/83, S. 110.

62 Ebd., S. 112.

Ödön von Horváth

Gesammelte Werke. Kommentierte Werkausgabe in 14 Bänden und einem Supplementband. Herausgegeben von Traugott Krischke unter Mitarbeit von Susanna Foral-Krischke. Auch einzeln erhältlich.

- Band 1: **Zur schönen Aussicht und andere Stücke.** st 3333. 339 Seiten. (3-518-39833-4)
- Band 2: **Sladek.** st 3334. 178 Seiten. (3-518-39834-2)
- Band 3: **Italienische Nacht.** st 3335. 201 Seiten. (3-518-39835-0)
- Band 4: **Geschichten aus dem Wiener Wald.** st 3336. 246 Seiten. (3-518-39836-9)
- Band 5: **Kasimir und Karoline.** st 3337. 159 Seiten. (3-518-39837-7)
- Band 6: **Glaube Liebe Hoffnung.** st 3338. 158 Seiten. (3-518-39838-5)
- Band 7: **Eine Unbekannte aus der Seine und andere Stücke.** st 3339. 487 Seiten. (3-518-39839-3)
- Band 8: **Figaro läßt sich scheiden.** st 3340. 217 Seiten. (3-518-39840-7)
- Band 9: **Don Juan kommt aus dem Krieg.** st 3341. 171 Seiten. (3-518-39841-5)
- Band 10: **Der jüngste Tag und andere Stücke.** st 3342. 455 Seiten. (3-518-39842-3)
- Band 11: **Sportmärchen und andere Prosa.** st 3343. 296 Seiten. (3-518-39843-1)
- Band 12: **Der ewige Spießer.** st 3344. 440 Seiten. (3-518-39844-X)
- Band 13: **Jugend ohne Gott.** st 3345. 182 Seiten. (3-518-39845-8)
- Band 14: **Ein Kind unserer Zeit.** st 3346. 272 Seiten. (3-518-39846-6)

NF 407b/1/6.01

- Supplementband I: **Himmelwärts und andere Prosa aus dem Nachlaß.** Herausgegeben von Klaus Kastberger. st 3347. 180 Seiten. (3-518-39847-4)

In den Romanen des Jahrhunderts

Ein Kind unserer Zeit. Roman. st 2716. 113 Seiten. (3-518-39216-6)

In der Suhrkamp BasisBibliothek

Jugend ohne Gott. Kommentar: Elisabeth Tworek. SBB 7. 210 Seiten. (3-518-18807-0)

Materialien

Horváths »Geschichten aus dem Wiener Wald«. Herausgegeben von Traugott Krischke. st 2019. 226 Seiten. (3-518-38519-4)

Horváths »Jugend ohne Gott«. Herausgegeben von Traugott Krischke. st 2027. 265 Seiten. (3-518-38527-5)

NF 407b/2/6.01

suhrkamp taschenbücher
Eine Auswahl

Theodor W. Adorno. Erziehung zur Mündigkeit. Vorträge und Gespräche mit Hellmut Becker 1959 bis 1969. st 11. 148 Seiten

Isabel Allende
- Aphrodite – Eine Feier der Sinne. Übersetzt von Lieselotte Kolanoske. Illustrationen von Robert Shekter. Rezepte von Panchita Llona. st 3046. 328 Seiten
- Das Geisterhaus. Übersetzt von Anneliese Botond. st 1676. 500 Seiten
- Paula. Übersetzt von Lieselotte Kolanoske. st 2840. 488 Seiten

Ernst Augustin. Gutes Geld. Roman in drei Anleitungen. st 2771. 170 Seiten

Ingeborg Bachmann. Malina. Roman. st 641. 368 Seiten

Djuna Barnes. Nachtgewächs. Roman. Übersetzt von Wolfgang Hildesheimer. Einleitung von T. S. Eliot. st 2195. 192 Seiten

Ulrich Beck/Elisabeth Beck-Gernsheim. Das ganz normale Chaos der Liebe. st 1725. 301 Seiten

Jurek Becker
- Jakob der Lügner. Roman. st 774. 283 Seiten
- Amanda herzlos. Roman. st 2295. 384 Seiten

NF 265/1/9.00

Louis Begley
- Lügen in Zeiten des Krieges. Roman. Übersetzt von Christa Krüger. st 2546. 223 Seiten
- Mistlers Abschied. Roman. Übersetzt von Christa Krüger. st 3113. 284 Seiten
- Schmidt. Roman. Übersetzt von Christa Krüger. st 3000. 320 Seiten

Walter Benjamin. Illuminationen. Ausgewählte Schriften. Herausgegeben von Siegfried Unseld. st 345. 417 Seiten

Thomas Bernhard
- Auslöschung. Ein Zerfall. st 1563. 651 Seiten
- Ein Lesebuch. Herausgegeben von Raimund Fellinger. st 2158. 365 Seiten

Peter Bichsel
- Kindergeschichten. st 2642. 84 Seiten
- Cherubin Hammer und Cherubin Hammer. st 3165. 112 Seiten

Volker Braun
- Hinze-Kunze-Roman. st 3194. 240 Seiten
- Trotzdestonichts oder Der Wendehals. st 3180. 160 Seiten

Bertolt Brecht
- Dreigroschenroman. st 1846. 392 Seiten
- Gedichte über die Liebe. Ausgewählt von Werner Hecht. st 1001. 240 Seiten

Hermann Broch. Kommentierte Werkausgabe. Herausgegeben von Paul Michael Lützeler. Sechs Bände in Kassette
- Band 1: Die Schlafwandler. Eine Romantrilogie. st 2363. 760 Seiten
- Band 2: Die Unbekannte Größe. Roman. st 2364. 258 Seiten

NF 265/2/9.00

- Band 3: Die Verzauberung. Roman. st 2365. 416 Seiten
- Band 4: Der Tod des Vergil. Roman. st 2366. 522 Seiten
- Band 5: Die Schuldlosen. Roman in elf Erzählungen. st 2367. 352 Seiten
- Band 6: Novellen, Prosa, Fragmente. st 2368. 358 Seiten

Antonia S. Byatt. Besessen. Roman. Übersetzt von Melanie Walz. st 2376. 632 Seiten

Guillermo Cabrera Infante. Drei traurige Tiger. Roman. Übersetzt von Wilfried Böhringer. st 2846. 541 Seiten

Truman Capote. Die Grasharfe. Roman. Übersetzt von Annemarie Seidel und Friedrich Podszus. st 3135. 208 Seiten

Alejo Carpentier. Le Sacre du printemps. Roman. Übersetzt von Anneliese Botond. st 2480. 682 Seiten

Paul Celan. Gesammelte Werke in sieben Bänden. Sieben Bände in Kassette. st 3202-st 3208. 3380 Seiten

Julio Cortázar. Die Erzählungen. Übersetzt von Fritz Rudolf Fries. Mit einem Vorwort von Mario Vargas Llosa. Vier Bände in Kassette
- Band 1: Die Nacht auf dem Rücken. Mit einem Vorwort von Mario Vargas Llosa. st 2916. 291 Seiten
- Band 2: Südliche Autobahn. st 2917. 350 Seiten
- Band 3: Beleuchtungswechsel. st 2918. 280 Seiten
- Band 4: Ende der Etappe. st 2919. 330 Seiten

György Dalos. Die Beschneidung. Eine Geschichte. Übersetzt von György Dalos und Elsbeth Zylla. st 2166. 199 Seiten

Marguerite Duras. Der Liebhaber. Übersetzt von Ilma Rakusa. st 1629. 194 Seiten

NF 265/3/9.00

Hans Magnus Enzensberger
- Ach Europa! Wahrnehmungen aus sieben Ländern. Mit einem Epilog aus dem Jahre 2006. st 1690. 501 Seiten
- Der Fliegende Robert. Gedichte, Szenen, Essays. st 1962. 350 Seiten

Marieluise Fleißer. Gesammelte Werke in vier Bänden. Herausgegeben von Günther Rühle. st 2274-2277. 1760 Seiten

Max Frisch
- Homo faber. Ein Bericht. st 354. 203 Seiten
- Mein Name sei Gantenbein. Roman. st 286. 288 Seiten
- Stiller. Roman. st 105. 438 Seiten
- Tagebuch 1946-1949. st 1148. 400 Seiten
- Tagebuch 1966-1971. st 256. 432 Seiten

Norbert Gstrein. Der Kommerzialrat. Bericht. st 2718. 148 Seiten

Peter Handke
- Kindergeschichte. st 1071. 105 Seiten
- Mein Jahr in der Niemandsbucht. Ein Märchen aus den neuen Zeiten. st 3084. 632 Seiten
- Wunschloses Unglück. Erzählung. st 146. 105 Seiten

Hermann Hesse
- Das Glasperlenspiel. Versuch einer Lebensbeschreibung des Magister Ludi Josef Knecht samt Knechts hinterlassenen Schriften. st 2572. 616 Seiten
- Siddhartha. Eine indische Dichtung. st 182. 136 Seiten
- Unterm Rad. Erzählung. st 52. 166 Seiten

Wolfgang Hildesheimer. Marbot. Eine Biographie. Mit zahlreichen Abbildungen. st 1009. 327 Seiten

NF 265/4/9.00

Ludwig Hohl. Die Notizen oder Von der unvoreiligen Versöhnung. st 1000. 832 Seiten

Ödön von Horváth. Jugend ohne Gott. st 2374. 182 Seiten

Bohumil Hrabal. Ich habe den englischen König bedient. Roman. Übersetzt von Karl-Heinz Jähn. st 1754. 301 Seiten

Peter Huchel. Die Gedichte. st 2665. 489 Seiten

100 **Wörter des Jahrhunderts.** st 2973. 351 Seiten

Yasushi Inoue. Das Jagdgewehr. Übersetzt von Oskar Benl. st 2909. 98 Seiten

Uwe Johnson. Jahrestage. Aus dem Leben der Gesine Cresspahl. Einbändige Ausgabe. st 3220. 1728 Seiten

Hans Jonas. Das Prinzip Verantwortung. Versuch einer Ethik für die technologische Zivilisation. st 1085. 426 Seiten

James Joyce. Ullysses. Roman. Übersetzt von Hans Wollschläger. st 2551. 988 Seiten

Franz Kafka. Der Prozeß. Roman. st 2837. 282 Seiten

André Kaminski. Nächstes Jahr in Jerusalem. Roman. st 1519. 392 Seiten

Hermann Kasack. Die Stadt hinter dem Strom. Roman. st 2561. 438 Seiten

Bodo Kirchhoff. Infanta. Roman. st 1872. 502 Seiten

NF 265/5/9.00

Wolfgang Koeppen
- Tauben im Gras. Roman. st 601. 210 Seiten
- Der Tod in Rom. Roman. st 241. 187 Seiten
- Das Treibhaus. Roman. st 78. 190 Seiten

Else Lasker-Schüler. Gedichte 1902-1943. st 2790. 439 Seiten

Stanisław Lem. Sterntagebücher. Mit Zeichnungen des Autors. Übersetzt von Caesar Rymarowicz. st 459. 478 Seiten

Hermann Lenz. Vergangene Gegenwart. Die Eugen-Rapp-Romane. Neun Bände in Kassette. 3000 Seiten

H. P. Lovecraft. Cthulhu. Geistergeschichten. Übersetzt von H. C. Artmann. Vorwort von Giorgio Manganelli. Ph.B. 19. st 29. 239 Seiten

Hans Mayer. Außenseiter. st 736. 511 Seiten

Robert Menasse »Trilogie der Entgeisterung«. Fünf Bände in Kassette
- Die Welt scheint unverbesserlich. st 2776. 365 Seiten
- Selige Zeiten, brüchige Welt. st 2312. 374 Seiten
- Phänomenologie der Entgeisterung. st 2389. 86 Seiten
- Sinnliche Gewißheit. st 2688. 329 Seiten
- Schubumkehr. st 2694. 180 Seiten

Eduardo Mendoza. Die Stadt der Wunder. Roman. Übersetzt von Peter Schwaar. st 2142. 503 Seiten

Adolf Muschg. Der Rote Ritter. Eine Geschichte von Parzivâl. st 2581. 1089 Seiten

NF 265/6/9.00

Cees Nooteboom
- Allerseelen. Übersetzt von Helga van Beuningen. st 3163. 440 Seiten
- Die folgende Geschichte. Übersetzt von Helga van Beuningen. st 2500. 148 Seiten
- Rituale. Roman. Übersetzt von Hans Herrfurth. st 2446. 231 Seiten

Flann O'Brien. Der dritte Polizist. Roman. Übersetzt von Harry Rowohlt. st 1810. 260 Seiten

Juan Carlos Onetti. Das kurze Leben. Roman. Übersetzt von Curt Meyer-Clason. Mit einem Nachwort von Durs Grünbein. st 3017. 380 Seiten

Amos Oz. Der dritte Zustand. Roman. Übersetzt von Ruth Achlama. st 2331. 366 Seiten

Ulrich Plenzdorf. Die neuen Leiden des jungen W. 148 Seiten. Englisch Broschur

Marcel Proust. In Swanns Welt. Auf der Suche nach der verlorenen Zeit. Übersetzt von Eva Rechel-Mertens. st 2671. 564 Seiten

Luise F. Pusch. Die Frau ist nicht der Rede wert. Aufsätze, Reden und Glossen. st 2921. 199 Seiten

João Ubaldo Ribeiro. Brasilien, Brasilien. Roman. Übersetzt von Curt Meyer-Clason und Jacob Deutsch. st 1835. 731 Seiten

Ralf Rothmann
- Flieh, mein Freund! Roman. st 3112. 278 Seiten
- Stier. Roman. st 2255. 372 Seiten

NF 265/7/9.00

Robert Schindel. Gebürtig. Roman. st 2273. 359 Seiten

Jorge Semprun. Was für ein schöner Sonntag! Übersetzt von Johannes Piron. st 972. 395 Seiten

Arnold Stadler. Mein Hund, meine Sau, mein Leben. Roman. Mit einem Nachwort von Martin Walser. st 2575. 164 Seiten

Galsan Tschinag. Der blaue Himmel. Roman. st 2720. 178 Seiten

Mario Vargas Llosa. Tante Julia und der Kunstschreiber. Roman. Übersetzt von Heidrun Adler. st 1520. 392 Seiten

Martin Walser
- Ein fliehendes Pferd. Novelle. st 600. 151 Seiten
- Halbzeit. Roman. st 2657. 778 Seiten
- Ein springender Brunnen. Roman. st 3100. 416 Seiten

Robert Walser
- Der Gehülfe. Roman. st 1110. 316 Seiten
- Geschwister Tanner. Roman. st 1109. 381 Seiten
- Jakob von Gunten. Ein Tagebuch. st 1111. 184 Seiten

Ernst Weiß
- Der arme Verschwender. st 3004. 498 Seiten
- Der Augenzeuge. Roman. st 3122. 302 Seiten

NF 265/8/9.00